幼儿园
优秀科学活动设计88例

主编：董旭花

副主编：赵福云　刘　霞　王翠霞　韩冰川

中国轻工业出版社

图书在版编目（CIP）数据

幼儿园优秀科学活动设计88例／董旭花主编．—北京：中国轻工业出版社，2013.10（2025.3重印）

ISBN 978-7-5019-9385-7

Ⅰ.①幼⋯　Ⅱ.①董⋯　Ⅲ.①科学技术－活动课程－学前教育－教学参考资料　Ⅳ.①G613.3

中国版本图书馆CIP数据核字（2013）第170506号

保留所有权利。非经中国轻工业出版社"万千教育"书面授权，任何人不得以任何方式（包括但不限于电子、机械、手工或其他尚未被发明或应用的技术手段）复印、拍照、扫描、录音、朗读、存储、发表本书中任何部分或本书全部内容（包括但不限于光盘、音频、视频等）。中国轻工业出版社"万千教育"未授权任何机构提供源自本书内容的电子文件阅览、收听或下载服务。如有此类非法行为，查实必究。

责任编辑：吴　红　　　责任终审：杜文勇
策划编辑：高　君　　　责任校对：刘志颖　　　责任监印：吴维斌

出版发行：中国轻工业出版社（北京鲁谷东街5号，邮编：100040）
印　　刷：三河市鑫金马印装有限公司
经　　销：各地新华书店
版　　次：2025年3月第1版第14次印刷
开　　本：710×1000　1/16　印张：17.5
字　　数：148千字
印　　数：33001—35000
书　　号：ISBN 978-7-5019-9385-7　定价：35.00元
读者热线：010-65181109
发行电话：010-85119832　　010-85119912
网　　址：http://www.chlip.com.cn　http://www.wqedu.com
电子信箱：1012305542@qq.com
版权所有　侵权必究
如发现图书残缺请拨打读者热线联系调换
250317Y1C114ZBW

前　言

　　幼儿园无论强调活动课程还是生活课程，教学活动都是其必不可少的一种活动类型，也是其一日生活重要的组成部分，是幼儿园有计划、有目的地实施教育的突出表现。教师们看重教学活动不但与传统有关，还因为它是教师专业素质的重要体现，全国各省市特级教师选拔、教学能手比赛、优质课比赛等各类选拔活动也均需要考察教师的教学设计能力和实施能力。无论怎样强调游戏与生活、强调幼儿的需要与兴趣，都不可能取消教学活动；教师们也不必一谈集体教学就觉得落伍。相反，教师应该转变儿童观、教育观，提高自己的课程设计和实施能力，结合幼儿的年龄特点和认知特点，设计符合幼儿兴趣的有意义和有意思的教学活动，提高教学的实效性。

　　现阶段我国各省市推行的地方课程大多是采用主题的模式编排的，但这并不意味着各领域教学活动就不必要了。《幼儿园教育指导纲要（试行）》（以下简称《纲要》）和《3—6岁儿童学习与发展指南》（以下简称《指南》）都是按照健康、语言、社会、科学、艺术五大领域提出的发展目标，教师们在实施主题课程时也会习惯性地把主题中的各个活动归结为领域活动（综合活动可能会涉及2～4个领域），由此来看，把提高教师的活动设计能力作为提高教师专业素质的重要方面是非常必要的。

　　在所有领域的教学设计当中，科学和数学领域可能更让老师们头疼。笔者经常会听到老师们诉苦，他们觉得科学和数学活动设计太难了，的确，在各种类型的观摩活动和公开课当中，很少见到科学和数学活动，日常工作中教师们的科学和数学活动也会出现很多的问题。这可能与科学、数学本身的系统性、科学性、专业性比较强有关。幼儿园的教师大多是女

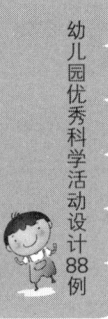

性，感性思维突出，兴趣偏向文、艺的比较多，她们往往在上学时就对科学和数学学科不太感兴趣，关注较少，所以在知识经验积累和认识上与幼儿园科学、数学教育的要求有差距，这是正常的，但并不是不可跨越的。笔者教授《学前儿童科学教育》课程超过24年，教授《学前儿童数学教育》也有4～5年时间，每学期开始时都会进行调查，结果发现仅仅有不超过5%的学生表示对这门课程比较感兴趣，但在学期结束时这个比例会大大提高，这令笔者对于教学效果颇为欣慰。当然，这并不意味着他们在学校期间就学得很好了，因为他们还需要经过长期的实践磨炼和积累才可能做得比较从容，但只要他们觉得科学和数学活动很重要，也很有趣，觉得应该让孩子们感受到学习和探索的乐趣，懂得各领域活动的基本规律、活动设计的基本步骤和要求，就很好了。

最近几年，笔者在幼儿园和教师们做过无数次科学和数学教学的教研活动，积累了很多优秀的教学案例，对于科学和数学活动的设计也有很多思考，所以，当中国轻工业出版社万千教育编辑部的编辑高君女士提出这个选题时，我欣然接受，因为我知道这样的书是参考资料，是他山之石，是幼儿园教师们很感兴趣的书，也会是对教师们进行活动设计颇有启示的书。感谢高君女士一直以来的信任和支持，是她的智慧付出保证了本书的顺利出版。

说实话，进行优秀教案的选择和修改，并写出较为到位的评析并不是一件容易的事，幸运的是，在本书的编写过程中，我得到了几位专业水平很高的业务园长的大力支持，她们是山东省淄博市实验幼儿园的王翠霞副园长、淄博市市直机关第一幼儿园赵福云副园长、淄博市市直机关第二幼儿园刘霞副园长、淄博市市直机关第三幼儿园韩冰川副园长，这是我们之间的第二次合作，合作过程极为顺利和愉快。我们经常在一起做教研，彼此比较了解，也彼此欣赏，她们的敬业、专业、爱业精神也让我十分钦佩，所以我选择她们作为合作伙伴，这是我们共同感受教研乐趣的过程，也是我们共同学习和进步的过程。在此一并感谢以上四个幼儿园的园长和教师们的大力支持。

这本书选择了88个教学案例，每篇教案的作者功不可没，有了他们的创意和优秀设计思路，才会有这本书的精彩。在教学活动案例的征集过程中，各地市学前科和教研室的领导以及各幼儿园园长也给予了我们热情的支持，有些幼儿园一次就发过来十几篇教案，这些教案都是他们在实践中检验过的感觉比较不错的教案，因为篇幅有限，并没有全部选用，在这里，我要对园长和没有选上教案的老师们说声抱歉。

本书的88个教学设计中，按活动类型分为科学活动和数学活动；按年级分为小班、中班和大班的活动。相对来讲，小班的活动少一些，中、大班的活动多一些。每篇活动设计均包括设计意图、活动目标、活动准备、活动过程、专家评析五部分内容。

在教案的选择和修改过程中，我们力求凸显以下两点：

第一，密切结合《纲要》中科学领域的发展目标，关注幼儿以具体形象思维为主的年龄特点，体现《指南》强调的"引导幼儿通过直接感知、亲身体验和实际操作进行科学学习"的精神，避免"讲科学、听科学、记科学"等不符合幼儿特点的教学活动设计。

第二，凸显有意义与有意思的有效教学理念，一方面让科学活动设计富有趣味性，让幼儿在实际的问题探究中感受科学学习的乐趣；另一方面强调活动设计的高效性，即在核心目标引领下，设计富有操作性和探究性的活动环节，层层递进，让问题和材料引领幼儿的自主学习和探究，并促进幼儿各个方面的和谐发展。

在每个活动设计后面都有"专家评析"，说实话，我们真不敢自称为"专家"，出版社编辑考虑到格式的规整，要在我们原有稿件的"评析"前面加上"专家"二字，着实让我们惭愧。对于教学活动设计的看法，其实大家彼此之间会有很大差异，所谓"教无定法"，必然是"仁者见仁，智者见智"。在"评析"中，我们尽可能结合科学活动的基本规律和幼儿的年龄特点，结合《纲要》和《指南》的基本目标要求，在分析每个活动设计的优点的同时，提出我们的建议，但也仅仅是一己之见，供大家参考而已。

无论从社会发展的角度还是幼儿个体发展的角度，幼儿园都应该加强科学领域教育教学的研究，提高科学教育的实效性，让更多的孩子喜欢上

科学、爱上科学。感谢您对于幼儿园科学活动的关注和热情,感谢您打开这本书寻找您感兴趣的教学案例。我期待这本书中的优秀案例能转化为幼儿园的教学实践,当然这应该是老师们灵活借鉴的结果。

董旭花

2013年4月于泉城

目 录

科学活动篇

小班 ··· 1
1. 了不起的轮子 ·· 2
2. 猜猜哪杯是清水 ·· 4
3. 耳朵听声音 ··· 7
4. 会"唱歌"的罐罐 ·· 9
5. 声音叮当当 ··· 11
6. 好玩的冰 ·· 13
7. 说说你的感觉 ·· 15
8. 大大小小的蛋宝宝 ··· 18
9. 感受绿色 ·· 20

中班 ·· 23
10. 顶纸板 ·· 24
11. 好玩的弹簧 ··· 26
12. 吹泡泡 ·· 28
13. 转起来 ·· 32
14. 旋转的莲花 ··· 34
15. 最先喝水的纸 ·· 36
16. 调皮的风 ··· 39

17. 手电筒亮起来 …… 42

18. 会变的颜色 …… 44

19. 袋子大聚会 …… 47

20. 聪明的黑猫警士 …… 49

大班 …… 53

21. 找平衡 …… 54

22. 有趣的扁担 …… 56

23. 陀螺转起来 …… 58

24. 多变的陀螺 …… 62

25. 不一样的滚动 …… 67

26. 滚进山洞 …… 69

27. 不倒翁 …… 71

28. 怎样让小球跑得更远 …… 75

29. 翻跟头的小胶囊 …… 78

30. 有趣的管道 …… 80

31. 纸桥游戏 …… 83

32. 会跳高的机器猫 …… 86

33. 神奇的纸圈 …… 89

34. 有用的网 …… 93

35. 奇特的建筑 …… 95

36. 潜水艇 …… 99

37. 让硬币浮起来 …… 101

38. 好玩的"水秤" …… 104

39. 乌鸦喝水 …… 107

40. 蜡烛熄灭了 …… 111

41. 好喝的茶饮料 …… 113

42. 神奇的中草药 …… 116

43. 天气预报 ··· 119
44. 温度变变变 ······································· 122
45. 会变化的影子 ····································· 125
46. 挑战空间 ··· 128
47. 什么东西不见了 ··································· 130
48. 空气真神奇 ······································· 133
49. 有趣的电动玩具 ··································· 136
50. 旅行者的家 ······································· 139
51. 蝙蝠是鸟类吗 ····································· 142
52. 狼该不该杀 ······································· 146
53. 找种子 ··· 149

数学活动篇

小班 ·· 153
54. 可爱的瓶子宝宝 ··································· 154
55. 喂喂小动物 ······································· 156
56. 小小运动会 ······································· 159
57. 会变的纸 ··· 162

中班 ·· 165
58. 逛超市 ··· 166
59. 奇妙的百宝箱 ····································· 168
60. 5以内数的守恒 ···································· 171
61. 蔬菜汤 ··· 175
62. 数一数，比一比 ··································· 178
63. 破译密码 ··· 181
64. 有趣的图书馆 ····································· 185

65. 开心小剧场 …… 188
66. 孙悟空选徒弟 …… 191
67. 比较高矮 …… 194
68. 认识梯形 …… 197
69. 和梯形宝宝做游戏 …… 200
70. 图形变变变 …… 203

大班 …… 207

71. 我的数字信息 …… 208
72. 10以内数的顺数和倒数 …… 211
73. 认识单双数 …… 215
74. 手拉手 …… 218
75. 艺术节的大舞台 …… 220
76. 上学路线 …… 223
77. 有趣的二等分 …… 227
78. 摩登派对 …… 230
79. 认识人民币 …… 234
80. 文具超市 …… 237
81. 购买文具 …… 241
82. 有用的统计 …… 244
83. 我给大树量腰围 …… 246
84. 比较远近 …… 250
85. 嘀嗒嘀嗒几点了 …… 253
86. 看电影 …… 256
87. 认识左右 …… 259
88. 认识正方体 …… 262

小班

1. 了不起的轮子

设计教师：谭植玲　评析专家：赵福云

幼儿园：山东省潍坊市奎文区樱园幼儿园

设计意图

生活中，孩子们随时在享受着轮子带来的好处：每天上下幼儿园乘上爸爸妈妈的各种车子，感受轮子的方便；玩扭扭车、滑板车，感受轮子的乐趣。选取这一活动，意在引起幼儿对生活中随处可见的轮子的关注，培养小班幼儿探索科学现象的兴趣和关心周围事物与现象的态度。

活动目标

（1）了解轮子是圆的、会滚动，能给人们的生活带来方便。

（2）感受轮子游戏的乐趣。

活动准备

（1）圆形、正方形、三角形的积木若干。

（2）课前幼儿搜集的玩具汽车。

（3）各种有轮子的物品的课件。

活动过程

1. 游戏导入，激发兴趣

（1）准备装有圆形、三角形、正方形积木的"百宝箱"，引导幼儿在"百宝箱"中摸一摸，感知物品的形状。

（2）幼儿自由探索积木的秘密——哪个会滚、哪个不会滚，并讨论为什么。

（3）教师小结：圆形的积木可以滚动。

2. 探索发现，认识轮子

（1）引导幼儿观察自己带来的玩具小汽车，启发幼儿找一找小汽车上哪些东西是圆形的。

幼儿自由观察讨论,并通过观察认识到轮子是圆形的这一特征。

(2)幼儿自由玩一玩自己带来的汽车玩具。教师提出问题:你是怎样玩玩具的?玩具汽车是怎样前进的?

3.拓展思维,启发联想

(1)谈话:你还见过哪些东西上有轮子呢?为什么要安装轮子?

(2)引导幼儿结合自己生活中的经验,谈一谈轮子的作用,使幼儿认识到轮子可以帮我们"走"得更快,还能省力,给我们的生活带来了很多方便。

4.轮子自述,拓宽视野

播放课件,引导幼儿看一看还有哪些东西上有轮子,了解它们有哪些了不起的作用。

5.创设情境,感受体验

(1)请幼儿分组感受搬动滑板车和拉动滑板车(轮胎)有什么不同,从而更直观、更深刻地了解轮子的作用,体验活动的乐趣。

(2)交流体验的过程和结果。

活动延伸

寻找生活中有轮子的物体,看谁找得多。

专家评析

"了不起的轮子"是小班科学活动中比较典型的内容。在这个活动中,教师围绕幼儿已有的经验和水平,把观察与探究带进了幼儿的"玩"中。

(1)**原理前置,解决重点**。针对幼小的孩子,带他们重新经历事物的发展过程、探索科学现象的原理,是非常重要的科学教育方法。本活动就以轮子的滚动原理为切入点展开教学,通过"滚一滚"的操作,让幼儿明白圆的东西易滚动的原理,从而为探索和认知轮子做好了铺垫。这种将原理前置的方法,有效地解决了活动的重点、难点。

(2)**取材典型,推动探索**。玩具汽车是孩子们经常接触的玩具。选取"小汽车"这一材料,让幼儿操作感知,不仅能够激发幼儿的兴趣,更重要的是能够非常顺利地在"圆的滚动"和"车轮的作用"之间建立连接。

（3）**巧妙归纳，提升经验**。在教学环节的设置中，教师以"感知原理—经验与原理的整合—提升认知、引发探究"为思路，较好地达成了目标。在最后的环节，教师利用课件拓展幼儿对轮子的认识，同时抛出"搬动滑板车和拉动滑板车的不同"的问题，引发幼儿对轮子的进一步关注和更深的探索。简简单单的一个小活动，引发的有可能是孩子不竭的探究兴趣和活动。

2. 猜猜哪杯是清水

设计教师：车红艳、付静　　评析专家：赵福云

幼儿园：山东省淄博市市直机关第二幼儿园

设计意图

　　小班阶段是儿童味觉、嗅觉等感觉迅速发展的时期。水是孩子们生活的必需品，也是他们最熟悉的，但对于水有哪些特征以及怎样才能在几种液体中分辨出清水等问题，小班幼儿却不是十分清楚。"猜猜哪杯是清水"这个科学活动，旨在引导幼儿运用视觉、味觉、嗅觉等多种感觉通道分辨出清水，从而了解清水的基本特征，同时培养幼儿乐于参与科学活动的兴趣，提高幼儿观察、比较、探究、表达的能力。

活动目标

（1）能运用多种感官感知辨别清水，了解清水的基本特征。

（2）能大胆地表述自己的发现，体验探索的乐趣及成功感。

活动准备

　　贴有不同颜色标记的透明杯子若干（里面分别装有清水、白糖水、白醋、牛奶），彩色棋子。

活动过程

1. 导入活动,引发探索兴趣

(1)儿歌导入:"揉揉我的小眼睛,摸摸我的小鼻子,嘟嘟我的小嘴巴,它们是我的好朋友,帮我找出清水来。"

(2)引导幼儿分别说说眼睛、鼻子、嘴巴的作用。

2. 感官探索游戏:找找哪杯是清水

(1)游戏:眨眨我的小眼睛,找出清水来。

环节目的:请幼儿看一看,用视觉分辨哪杯是清水。

出示两杯颜色不同的液体(分别装有清水和牛奶),提问:我们平时喝的水有没有颜色?两个杯子里的水颜色一样吗?哪杯是清水?

小结:用眼睛看一看,牛奶是白色的,而清水是无色透明的。

(2)游戏:摸摸我的小鼻子,找出清水来。

环节目的:请幼儿闻一闻,用嗅觉分辨哪杯是清水。

①出示两杯气味不同的液体(分别装有清水和白醋),提问:我们平时喝的水有没有气味?两个杯子里的水气味一样吗?哪杯是清水?(引导幼儿根据自己的判断把棋子作为标志放在相应的杯子旁边)

②幼儿分组实验并验证判断结果。

③小结:用鼻子闻一闻,白醋酸酸的,而清水是没有气味的。

(3)游戏:嘟嘟我的小嘴巴,找出清水来。

环节目的:请幼儿尝一尝,用味觉分辨哪杯是清水。

①出示两杯液体(分别装有清水和白糖水),提问:它们既没有颜色,也闻不出气味,你觉得哪杯是清水?(请幼儿根据自己的想法把棋子放在相应的杯子旁边)

②鼓励幼儿尝一尝,判断猜得对不对。在尝之前,提醒幼儿注意平时不能随便尝不知道是什么的东西。

③小结:用嘴巴尝一尝,甜甜的是糖水,没有味道的是清水。

3. 交流分享探索结果,激发进一步探究的兴趣

(1)交流分享,请幼儿说一说自己是请哪个器官帮忙才找出清水的。

教师小结:用眼睛看一看,白色的是牛奶;用鼻子闻一闻,气味酸酸

的,一定不是清水;用嘴巴尝一尝,甜甜的是糖水,没有味道的是清水。原来清水是没有颜色,没有味道的。眼睛、鼻子、嘴巴一起合作,本领可真大。

(2)带领幼儿学说儿歌:"眨眨我的小眼睛,摸摸我的小鼻子,嘟嘟我的小嘴巴,它们是我的好朋友,帮我找出清水来。"鼓励幼儿继续保持探究兴趣。

专家评析

本活动是小班阶段比较典型的科学活动,它以幼儿生活经验为基础,不仅帮助幼儿在已有经验和未知经验之间建立了连接,更重要的是,为幼儿探索世界做好了方法上的准备。

(1)**注重幼儿的直观感受,让操作体验更具科学性。**小班幼儿的观察能力处于较低水平,经常只关注到事物的表面特征和非常明显的现象。为此,整个活动中,教师注重让幼儿通过看、闻、尝多种方法充分地感知体验,以验证他们最初的判断。这样的操作探索更符合小班幼儿的年龄特点。

(2)**讲究材料投放,让层次性材料调动幼儿的思维。**在第一个操作环节,教师投放了一杯清水和一杯牛奶,让幼儿通过视觉来辨别。在第二个操作环节,教师投放了一杯清水和一杯白醋,这时幼儿单单通过视觉已经难以辨别,嗅觉的加入帮助幼儿解决了问题。第三次操作,教师将白醋换成了白糖水,推动幼儿通过味觉来辨别。三组材料的投放,简单、直观、有趣,循序渐进,遵循了幼儿探究的规律,引发并促进幼儿与材料的充分互动。

3. 耳朵听声音

设计教师：肖华军　评析专家：董旭花

幼儿园：山东省莱阳市实验幼儿园

设计意图

小班的幼儿对周围的事物、多彩的世界有着浓厚的探索兴趣。从幼儿喜欢的动物、熟悉的生活出发，让幼儿感受、倾听生活中的声音，会让幼儿对生活中的声音产生兴趣，发展幼儿的感知觉，引发幼儿对生活中的科学现象的关注，满足幼儿在丰富的生活中去探索、学习的欲望。

活动目标

（1）能用耳朵倾听和辨别不同的声音，了解保护耳朵的方法。

（2）喜欢听好听的声音，愿意参与到探索活动中。

活动准备

（1）响罐每人一个，魔术箱一个。

（2）大象、小蚊子的图片。

（3）一段美妙的音乐和一段噪音的录音。

活动过程

1. 游戏"魔术箱"，请幼儿倾听和模仿声音

（1）介绍魔术箱，请幼儿说说听到了什么声音，并模仿相关的声音。

（2）引导幼儿听拍手声，探索身体还可以怎样发出声音（拍肩、拍腿、跺脚、响指等）。

小结：我们的周围有各种各样的声音，我们的身体也会发出声音。

2. 游戏"响罐找朋友"，请幼儿辨别声音

（1）出示空罐子，请幼儿猜里面是否有东西并说说原因。

（2）在罐内装上核桃，请幼儿猜里面是否有东西并说说原因。

（3）请幼儿听一听，找一个有东西的罐子，摇一摇，玩一玩。

（4）请幼儿仔细听罐子的声音，给相同声音的罐子找朋友。

小结：用耳朵认真听，我们就能知道罐子里面有没有东西，还可以给小罐子找到朋友。

3. 故事《大象和小蚊子》，请幼儿用响罐模拟大声、小声

（1）教师即兴创编一个大象和小蚊子的故事，并用响罐模拟声音，请幼儿倾听米罐子的声音和核桃罐子的声音，说说哪个像大象、哪个像小蚊子。

（2）教师讲故事，幼儿用相应罐子的声音表现故事中的角色。

小结：米罐子的声音轻，像小蚊子；核桃罐子的声音重，像大象。

活动延伸

请幼儿听好听的声音和噪音，简单了解保护耳朵的方法。

（1）教师播放一段美妙的音乐和一段噪音的录音，然后和幼儿讨论耳朵喜欢倾听什么样的声音。

（2）引导幼儿讨论：如何保护耳朵？

小结：我们的耳朵都喜欢听好听的声音；如果我们在耳朵里面放了东西，或者用东西挖耳朵，小耳朵会受伤的，耳朵受伤听不到声音会很难受。让我们把这些告诉自己的朋友，一起保护耳朵。

 **专家评析**

在国家新颁布的《指南》科学领域中，特别强调培养幼儿的探究兴趣，提高幼儿的探究能力。对于小班的幼儿来讲，"能用多种感官或动作去探索物体，关注动作所产生的结果"就是探究兴趣和探究能力的体现。

肖老师设计的"耳朵听声音"活动，关注了声音这个科学现象，目标定位在"用耳朵倾听和辨别声音"上，符合小班幼儿的兴趣和发展水平。当然，活动过程不是仅仅停留在倾听上，而是包含了一系列小游戏和操作活动，引导幼儿全身心地投入活动，在活动的过程中感知声音、探索声音、模拟声音，同时简单了解保护耳朵的方法。

当然，关于声音的探索没有止境，教师可以组织很多次正规和非正规

的科学活动，也应该充分利用各种生活环节，引导幼儿关注声音，探究各种各样的声音。

4. 会"唱歌"的罐罐

设计教师：武晓蕾　评析专家：赵福云

幼儿园：山东省淄博市市直机关第一幼儿园

设计意图

生活中孩子们容易被各种声音吸引，他们也往往会出于好奇，或是因为想引起成人的关注而通过敲敲打打制造出各种声音。本次活动中，教师以"制造声音"为出发点，通过向罐罐里装入不同的东西来制作响罐的实践探索，让幼儿了解不同的东西装在罐罐里可能发出不同的声音。那么，都有哪些东西可以装在罐罐里制作成会"唱歌"的罐罐呢？师幼通过尝试探索及生活经验的共享，将科学活动继续延伸到日常生活中。

活动目标

（1）乐于探索尝试，知道不同的物品装在罐罐里可能发出不同的声音。

（2）会利用不同的材料制作响罐。

活动准备

糖豆、黄豆、回形针、硬币、红枣、纸、棉花、口香糖罐。

活动过程

1. 初次玩，产生玩罐罐的兴趣

（1）教师出示装了糖豆的口香糖罐，请幼儿摇一摇、玩一玩。

（2）提问："有声音吗？什么声音？为什么会有声音呢？""罐罐里装了一颗糖豆，快倒出来尝尝甜不甜！""现在还有声音吗？为什么没有声音了？"

小结：原来罐罐里装了东西才可能会有声音。

2. 再次玩,探索罐罐里声音的秘密

（1）猜一猜。教师出示三个不同颜色的封闭的口香糖罐,向幼儿介绍罐罐里三种不同的东西:红枣、黄豆和回形针。然后,教师提出"猜一猜"的任务:先来听听,声音一样吗?猜一猜,里面分别装的是什么?

幼儿操作后,教师梳理并小结:原来罐罐里装了不同的东西发出的声音就可能会不同。

（2）做一做。提供黄豆、红枣、回形针、硬币、纸、棉花等辅助材料,请幼儿自选材料制作罐罐。

①会"唱歌"的罐罐。提问那些拿着能够发出声音的罐罐的幼儿:"是什么声音?里面装的是什么呢?一起看看！"

②不会"唱歌"的罐罐。提问那些拿着不能够发出声音的罐罐的幼儿:"你的罐罐会'唱歌'吗?为什么不会呢?你往里面装了东西吗?为什么装着棉花就没有声音呢?"（鼓励幼儿大胆说出自己的想法）

小结:棉花很软、很轻,所以我们没听到声音。原来有的东西装在罐罐里能听到声音,有的东西装在罐罐里听不到声音。

3. 进一步玩,激发继续制作响罐的兴趣

（1）激励幼儿说一说还可以在罐罐里放入什么东西,让它们变成会"唱歌"的罐罐。

（2）鼓励幼儿到区域中继续尝试把石头、花生、小米、布片、餐巾纸、钥匙等分别放到罐罐里,看是否能制作成会"唱歌"的罐罐。

活动延伸

教师呈现两个都装满了黄豆的罐子,但量不相同。

问题:听听它们的声音,一样吗?想不想知道里面是什么?为什么都是黄豆,声音却不同呢?

专家评析

（1）**重难点解决分层递进**。活动的整个过程是:开始的初次玩——原来罐罐里装了东西才可能会有声音;再次玩——不同的东西装在罐罐里可能发出不同的声音,而且并不是所有的东西装在罐罐里都能够发出声音;最后,请幼儿想一想还可以在罐罐里装入什么东西制作成会"唱歌"的罐罐,鼓励幼儿进一步玩。可以看出,整个活动由易到难,层层递进,重难点也在悄然无声中巧妙地得到解决。

(2) **过程有趣且有挑战性**。对于小班幼儿来说,从拿到罐罐听声音发现一粒豆的惊喜,到听音辨物,再到同样是在罐罐里装了东西,为什么有的罐罐有声音,有的罐罐就没有声音,每一个环节都是具有挑战性的,而这种挑战性在他们得到答案后都会产生发现的小惊喜。正因为如此,所以他们乐于参与,喜欢操作,沉浸在做一做、听一听的乐趣中。活动最后,教师提出问题:"还可以把什么东西放在罐罐里做成会'唱歌'的罐罐呢?"在疑问中,教师将幼儿的科学尝试继续延伸到日常生活中。

5. 声音叮当当

设计教师:王蕾 评析专家:赵福云

幼儿园:山东省胜利石油管理局仙河社区第七幼儿园

设计意图

生活中有各种各样的声音,如鸟叫声、树叶沙沙声、汽车鸣笛声、流水声、清脆的琴声等,这些声音都会引起孩子们的好奇。为了满足孩子们的探索欲望,激发他们进一步寻找生活中更多的声音,我设计了这节科学活动,让幼儿通过学习和探索感受不同声音带来的乐趣。

活动目标

(1) 感知生活中各种不同的声音,尝试分辨一些不同的声音。

(2) 初步了解同种物体由于数量不同,发出的声音也不同。

活动准备

(1) 幼儿一日生活中的声音录音。

(2) 木桶娃娃每人1个,大米、黄豆、小米若干,玻璃瓶3个。

活动过程

1. 初次探索，感受声音

（1）播放幼儿一日生活中的声音片段，让幼儿仔细聆听，引导幼儿说出笑声、公鸡的叫声、水流的声音、汽车的声音等不同声音。

（2）出示木桶娃娃和小米、黄豆、大米若干，引导幼儿操作它们，让木桶发出声音。

（3）教师示范正确动作：选择一种材料（不能混装）—装入木桶娃娃—盖上盖子—摇一摇、听一听。

（4）幼儿自主选择材料进行操作、探索。

2. 再次探索不同的物品可以发出不同的声音

（1）鼓励幼儿换一种不同的物品，摇动木桶，比较声音有什么不同。

（2）请几名幼儿做示范，分别在木桶中装入不同的物品，探索声音的不同。

小结：不同的物品发出的声音是不同的。

3. 第三次探索不同数量的同一种物品发出的声音不同

（1）教师分别摇晃装有同种物品但数量不同的木桶娃娃，让幼儿比较声音有何不同。

（2）幼儿自主探索，体验其声音的不同。

小结：同种物品数量不同时，发出的声音也是不相同的。

活动延伸

（1）带领幼儿到户外散步，听一听自然界中的各种各样的声音。

（2）引导幼儿用不同的操作材料自制小摇鼓，为所学的歌曲打节奏。

专家评析

"兴趣是最好的老师。"本活动围绕对声音的探索，不断变化方式让幼儿听辨声音，而有挑战性的"听"，让幼儿兴致盎然，始终保持了探索的兴趣。

在环节的设置上，从日常生活中的声音，到摇动木桶中一种材料发出声音，到摇动不同的材料发出不同的声音，再到摇动同一品种但数量不同的材料发出不同的声音,最后回归自然界的各种声音,活动环节层层递进,引导幼儿的探索不断深入。

建议教师在执教这样的活动时,从生活中取材,因地取材,比如废旧的易拉罐、饮料瓶等都可以成为"木桶娃娃"的替代品。

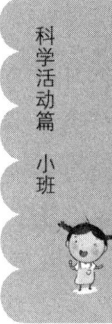

6. 好玩的冰

设计教师:于晓霞 评析专家:董旭花

幼儿园:山东省莱阳市温馨苑幼儿园

设计意图

冬天到了,幼儿园的院子里偶尔会出现一些小冰块。户外活动的时候,孩子们不再积极地参与游戏活动,而是津津有味地去把玩那一点点的小冰块。虽然天气很冷,小冰块很凉,孩子们的小手冻得红红的,可他们依然兴趣盎然。现在的孩子大都生活在温室里,天气一冷,就很少到户外活动,所以他们接触冰雪的机会真是少得可怜。我设计的这一活动,既可以满足孩子们玩冰的兴趣,还可以让孩子们更好地感知冰的特点,激发他们对科学活动的探索兴趣。

活动目标

(1)了解冰的特征,知道冰是由水变成的,冰遇热会化成水。

(2)学习制作冰花,感受玩冰的乐趣。

活动准备

(1)不同厚薄、大小的冰块若干,吸管若干,一盆40℃左右的温水。

(2)冰花范例4~5个;彩纸碎屑、颜料、不同形状的冻冰花器皿(果冻盒、纸杯、动物形状的盒子等)、30厘米左右的细线若干。

活动过程

1. 自由玩冰,感知冰的特征

(1)出示冰块,请幼儿自由玩冰,运用各种感官感知冰的特征。

可设计如下问题引导幼儿观察：
- 把冰放在手心里，有什么感觉？
- 手心里的冰有什么变化？手上的水是从哪里来的？

小结：冰是凉凉的、硬硬的、滑滑的。冰放在手心里会化成水，因为手是热的。

（2）师幼一起操作，探索冰的融化。

①每人一根吸管，请幼儿用吸管对着冰吹气，看看冰会怎样。

②请幼儿猜一猜把冰放到温水中会怎样。然后，师幼一起把冰放到温水中实验。

小结：冰遇到热能化成水，但当温度很低很低的时候，水就又变成冰。

2.制作冰花，感受冰花的美丽和玩冰的乐趣

（1）出示冰花范例，引导幼儿欣赏。

引导语：这是什么？好看吗？它和刚才玩的冰哪里不一样？它像什么？你喜欢哪个冰花？是什么形状的？里面有什么？

（2）引导幼儿制作冰花。

引导语：冰花是怎样做出来的？把水放在哪里会变成冰？

引导幼儿自由探索，尝试用提供的各种材料制作冰花，然后将装饰好的小盒子送到冷冻箱里。

活动延伸

（1）待冰花制作好后，和幼儿一起取出冰花，挂到户外的树枝上，一起欣赏冰花，并观察冰花的融化过程。

（2）冬天经常带领幼儿在户外玩冰、玩雪。

 **专家评析**

真的像于老师说的那样，现在的小孩子很少有机会在户外自由玩冰、玩雪，有些可怜。所以，如果幼儿园教师可以在课程中或日常生活中不断地创造条件，满足小孩子玩水、玩冰、玩雪的欲望，真的是体现了"以儿童为本"的教育理念。

于老师设计的活动很简单,就是两个大的环节:一是通过玩冰,感知冰的特性;二是动手制作冰花,感知冰花的美丽。这样既简单又相互衔接的环节设计符合小班幼儿学习的特点。每个环节的教学过程不是教师说教,而是让幼儿充分地感知和操作,满足幼儿在做中学的愿望,也体现了探究式科学教育的基本理念。

7. 说说你的感觉

设计教师:刘霞、付静　　评析专家:赵福云

幼儿园:山东省淄博市市直机关第二幼儿园

设计意图

小班的幼儿对周围世界新奇的事物、现象充满了好奇心和求知欲,会自然而然地去关注事物间的联系与变化,特别是那些与生活经验有关的现象,孩子们更是百问不倦、百试不厌。"说说你的感觉"这个科学活动,就是基于以上观点来设计并开展的。活动设置了一个有趣的情境,充分发挥了小班幼儿喜欢游戏、喜欢尝试的特点,让幼儿在已有经验的基础上,通过与不同材料的互动,感知物体带给人的软、硬,光滑、粗糙,冷、热等不同感受,并能积极地用语言表达出来,既积累了生活经验,又培养了幼儿的探究意识和探究能力。

活动目标

(1)知道用手触摸是感知物体性质的一种方法。

(2)学习用语言表达对不同物体的触觉感受:软、硬,光滑、粗糙,冷、热等。

活动准备

(1)幼儿人手一个操作小盒(内放积木块、海绵、砂纸板、洗碗布、搓澡巾、鹅卵石等物品)。

(2)热水和冷水各一瓶。

（3）轻松活泼的音乐。

活动过程

1. 游戏导入活动，激发探究兴趣

听音乐带领幼儿玩"毛毛虫散步"的情境游戏，引导幼儿感知爬过地板和地垫时软硬不同的感觉。

小结：我们的小手真能干，当我们看见一个东西，不知道它是软的还是硬的时，我们可以用手摸一摸。

2. 通过触摸感知物体的性质，并学习用简单的词语进行表述

（1）感知硬的和软的物品。

①拿出事先放在椅子下面的装着各种软硬不同的物品的盒子，让幼儿从盒子里找出硬的东西。

师：用我们的小手捏一捏、按一按，感觉一下，你捏得动积木吗？（捏不动）就像木地板一样，积木是硬的。

②请幼儿把积木放回盒子里，再从盒子里找出软的东西。

师：用我们的小手捏一捏、按一按，感觉一下，你捏得动海绵吗？哦，不但捏得动还可以拧几圈呢！刚才积木捏不动，因为它是硬的。这个捏起来很舒服，是柔软的！

③鼓励幼儿找一找、摸一摸身边的物品，并用"软的"和"硬的"来表述，比如坐的小椅子是硬的，小肚子是软软的……引导幼儿用完整的语言表达清楚。

（2）感知粗糙的和光滑的物品。

①请幼儿从盒子里找出单面砂纸，引导幼儿感受两面不同的手感。

小结：砂纸深色的一面，摸上去感觉涩涩的，这样的感觉叫粗糙；浅色的一面，摸上去感觉滑滑的，这样的感觉叫光滑。

②鼓励幼儿从盒子里找出其他粗糙和光滑的物品并用语言完整表述，比如搓澡巾是粗糙的，鹅卵石是光滑的等。

（3）感知热的和冷的物品。

出示一瓶冷水和一瓶热水（温度不宜太高，以免烫伤幼儿），让幼儿依次传递，体验冷热不同的感觉并表述。

经验拓展:还有什么让你感觉是热的?什么让你感觉是冷的?

3. 总结小手触摸到的各种感觉,培养自我保护意识

①小结:小手太厉害了,它能摸出硬的、软的、冷的、热的、粗糙的、光滑的东西,小手可真是了不起!

②进行安全教育:有些东西是不能摸的,如电源插座、开水、旋转的电风扇叶等,小朋友要学会保护好自己。

4. 游戏"照顾熊宝宝"

创设游戏情境:熊宝宝今天不舒服,它得了重感冒,需要照顾。熊宝宝想要一些热乎乎的东西来暖和一下。小朋友们,你们能给它送过来吗?熊宝宝想躺一下,请小朋友们帮熊宝宝拿点软的东西来好吗?熊宝宝有了小朋友的帮助,感觉好多啦!现在,咱们带着熊宝宝一起去外面玩一会儿吧!

(活动目的:巩固幼儿对于物品软硬等特征的认识,激发幼儿关爱他人的情感)

专家评析

小班年龄的幼儿正处于由直觉行动思维到形象思维的过渡阶段,他们对事物的认识很大程度上依赖于行动。本节活动就是以"摸一摸、说一说"为行动途径,促进幼儿科学探究能力的发展。

(1) 教师以生活中的材料为基础,从简单到复杂,从易到难,始终让幼儿保持了"触摸"的兴趣,让幼儿探究的触角不断延伸。

(2) 每次操作之后,教师都鼓励幼儿大胆说出自己的感受。"说",对于小班幼儿来说,就是思维的总结和表达。在积极的师幼互动中,幼儿的经验得到丰富和提升。

(3) 活动中,教师注重幼儿经验的拓展,比如通过"还有什么让你感觉是热的"这样的问题引导幼儿迁移经验,不断思考,在同伴经验的分享中获得进步。

更值得一提的是,教师在最后环节将幼儿的经验与情感巧妙地联系

起来。"熊宝宝想要一些热乎乎的东西来暖和一下,你们能给它送过来吗?""熊宝宝想躺一下,请小朋友们帮熊宝宝拿点软的东西来好吗?"这样的问题情境不仅让幼儿的认知经验得以巩固和应用,更增添了情感的成分,非常可贵。

8. 大大小小的蛋宝宝

设计教师:陈静   评析专家:赵福云

幼儿园:山东省胜利油田孤岛社区第五幼儿园

设计意图

什么是大,什么是小?孩子们各有说法。其实,世界上事物的大小是一种相对的概念,是通过比较得出来的。我利用大大小小的蛋让幼儿通过看一看、摸一摸、比一比、排排队,逐步获得大小概念的感性经验,养成观察、比较、思考的良好学习习惯。更重要的是,蛋是幼儿每天都要吃的食物,是来源于生活的好教材。日常生活中,孩子们经常接触到的蛋有很多种,如鸡蛋、鸭蛋、鹅蛋、鹌鹑蛋等。对煮熟的蛋,孩子们当然熟悉,那么生的蛋到底是什么样子的呢?孩子们很少有机会接触到。在尊重孩子认知的基础上,我设计并开展了这次活动"大大小小的蛋宝宝"。

活动目标

(1)认识各种各样的蛋,知道蛋有蛋清、蛋黄、蛋壳。

(2)知道不同的蛋有大小之分,能按照蛋的大小进行排队。

活动准备

(1)动物标本:鸡、鸭、鹅、鹌鹑。

(2)实物:鸡蛋、鸭蛋、鹅蛋、鹌鹑蛋。

(3)四只透明的玻璃碗。

活动过程

1. 出示鸭蛋，唤醒经验，引发对各种蛋的讨论

师：猜猜这是什么蛋？你还知道什么蛋？说说你都知道些什么？

2. 通过操作进一步增进对蛋的了解

（1）看一看，摸一摸，了解四种蛋外观的不同。

①鼓励幼儿看一看，引导幼儿从蛋的大小、颜色来比较。

②鼓励幼儿摸一摸，引导幼儿从蛋的大小、重量来比较。

③请幼儿互相交换手里的蛋宝宝，引导幼儿比较自己手中的和别人手中的蛋宝宝大小不同。

师幼共同小结：有的蛋大，有的蛋小；有的蛋轻，有的蛋重；有的蛋颜色偏红，有的蛋是浅绿色的，还有的蛋带有斑点。此外，不同的动物生的蛋也不一样。

（2）比一比，猜一猜，了解不同的动物生的蛋也不一样。

①幼儿分组，分别给蛋宝宝排排队。

②出示鸡、鸭、鹅、鹌鹑标本，提问：猜猜它们生的蛋分别是什么样的。（请幼儿将动物与蛋宝宝一一对应）

③除了这些动物，还有哪些动物会生蛋呢？

（3）打开来，看一看，进一步了解蛋的结构。

①提出问题：蛋的里面会是什么样子？（引导幼儿利用已知经验交流分享）

②请幼儿敲开蛋，仔细观察蛋壳、蛋清、蛋黄。

小结：所有的蛋都有外壳，且蛋壳很薄，容易碎。此外，蛋壳里面有蛋清和蛋黄。

3. 了解蛋的更多知识，提升对蛋的认识

（1）介绍蛋的营养价值，帮助幼儿了解蛋有营养，吃了对身体有好处，要多吃蛋。

（2）利用课件，让幼儿了解蛋可以孵化成小动物。

（3）请幼儿结合蛋问一问"为什么"，激发幼儿的求知欲。

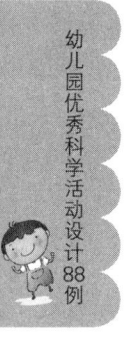

专家评析

日常生活中幼儿经常接触到各种各样的蛋，但由于成人常常有"不要碰碎了"的限制，幼儿对蛋没有更深入的了解。鉴于此，教师开展这样的活动，对小班幼儿来说就非常有必要，不仅能增进幼儿的认知和体验，更可以打开幼儿被禁锢的探索精神，促进幼儿对事物的探究。在"打开生蛋看一看"的环节，教师将打开生蛋的权利还给幼儿，让幼儿充分体验蛋壳很薄、易碎的特点以及蛋液的黏滑等特点，值得其他教师借鉴。

本活动中，教师还注重从"大大小小"的角度，将数学元素整合进来，使幼儿关于大小排序的学习自然无痕。

9. 感受绿色

设计教师：巩清照　评析专家：赵福云

幼儿园：山东省淄博市实验美达幼儿园

设计意图

生活中，多彩的颜色无处不在。幼儿在日常生活中对黄色和蓝色已有了初步的认识，本活动就是在此基础上，让孩子去认识绿色，探索颜色的变化，丰富他们对颜色的认知。活动通过绘本阅读的形式引起幼儿的兴趣，然后鼓励幼儿亲自去操作、实践、发现，以体验自主探索活动的乐趣，从而培养幼儿对色彩的兴趣，激发幼儿对事物的好奇心，培养其观察力。

活动目标

（1）在探索中，发现绿色是怎样来的。

（2）喜欢探索活动，对颜色的变化产生兴趣。

活动准备

（1）《小蓝和小黄》绘本一本、实物投影仪一台；画有蓝、黄两个圆圈的图画纸两张，地垫若干；蓝、黄、绿三种颜色的圆形即时贴若干；音乐。

（2）滴管4只，透明小瓶若干；宣纸四张，蓝、黄颜料各一瓶；涂有黄色或蓝色油画棒颜料的树叶四片，蓝、黄两色的油画棒若干；蓝、黄两色的橡皮泥若干，小模具若干。

（3）记录纸若干。

活动过程

1. 出示画有蓝色和黄色的图画纸，引起幼儿的兴趣

师：你们看，这是什么颜色？（蓝色）我给它取个名字，叫小蓝。这又是什么颜色呢？（黄色）那你们给它取一个名字吧。（小黄）小蓝和小黄还发生了一件非常有意思的事情呢，咱们来看一看。

2. 带领幼儿阅读图画书（读到"小蓝找到了小黄"）

①师：小蓝和小黄抱在一起后，会发生什么奇怪的事情呢？老师准备了很多蓝色和黄色的材料，咱们一起来试一试吧。

②教师介绍各组的活动材料。

3. 幼儿操作各组材料，教师巡回指导

第一组：涂色——绿绿的树叶。幼儿将蓝色的树叶涂上黄色油画棒颜料，观察颜色的变化并在记录纸上记录下来。

第二组：配颜料水——颜色变变变。幼儿用吸管将蓝色颜料水和黄色颜料水掺到一起，观察颜色的变化并在记录纸上记录下来。

第三组：橡皮泥变变变。幼儿将蓝色橡皮泥和黄色橡皮泥放在一起揉搓，观察颜色的变化并在记录纸上记录下来。

4. 活动分享

请每组指派一名幼儿来介绍自己的活动情况。

教师总结：蓝色和黄色抱在一起会变成绿色。

5. 验证活动结果

请幼儿看绘本，了解蓝色和黄色碰到一起会变成绿色。

6.音乐游戏：颜色宝宝蹲一蹲

师：原来颜色宝宝这么有意思呀，现在我们也来当颜色宝宝吧。

请幼儿将地垫放到指定位置，每人拿一张圆形即时贴，贴到自己的手背上，然后站到蒙氏线上开始游戏。

活动延伸

在日常生活中，引导幼儿寻找活动室里的绿色，寻找身边的绿色，加深幼儿对绿色的认识。

专家评析

怎样在小班更好地开展科学活动，是很多教师经常思考的问题，本活动在活动情境创设、操作方法应用等方面为其他教师提供了很好的参考。

(1) **与绘本自然结合，在情境中有效实现活动目标。** 对于具有情境性的活动，孩子是比较乐于参与的。这节科学活动巧妙地与绘本《小蓝和小黄》相结合，能够比较容易地激发起幼儿参与的兴趣。本次活动的三次操作中，幼儿在蓝色的树叶上涂多少黄色、对蓝色水和黄色水的配比把握以及蓝色橡皮泥和黄色橡皮泥的揉和程度，对于幼儿来说都有一定难度，并非每个孩子都能够成功，而该教师的设计比较巧妙，操作结束之后再次与绘本自然结合，对幼儿的操作结果进行验证，不仅再一次加深了幼儿的认识，有效实现了活动目标，而且使整个活动更加完整。

(2) **有效重复，帮助幼儿理解、巩固知识。** 由于小班幼儿的年龄特点，他们对于某些印象或知识的获得需要多次重复的认识才能够完成。所以，在第三个环节，幼儿的三次重复操作是非常有必要的。三种不同的操作体验，使幼儿充分认识到了黄色和蓝色融在一起会变成绿色。

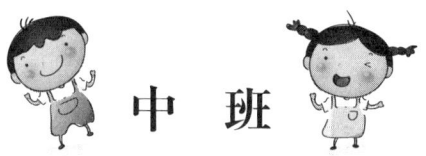
中 班

10. 顶纸板

设计教师：胡丽华 评析专家：董旭花
幼儿园：山东省淄博市儿童活动中心幼儿园

设计意图

孩子们喜欢看的电视节目中经常有杂技表演，如顶碗、顶缸、顶车等，这些表演让他们既惊讶又喜欢，所以我设计了这样一个充满趣味性与挑战性的"顶纸板"活动，让幼儿在尝试用食指顶各种各样的纸板的过程中，感知和体验物体的平衡，寻找奇妙的平衡点。活动全过程都是让幼儿在玩顶纸板和顶其他东西的游戏化操作中进行的，会深深地激发孩子们的参与兴趣。

活动目标

（1）能用手指顶起各种各样的纸板，探究物体的平衡点。

（2）体验顶纸板游戏的挑战性和乐趣。

活动准备

（1）正方形、长方形、三角形、梯形、半圆形等各种形状、大小不同的纸板若干。

（2）书本、笔、塑料小筐、娃娃等各种物品若干。

活动过程

1. 玩顶纸板游戏，体验物体的平衡

（1）出示正方形、长方形纸板若干，请幼儿用手掌顶起来走路，看谁走得又快又不会让纸板掉下来。

（2）请幼儿用拇指、食指、中指三个指头顶起纸板，看谁走得又快又不会让纸板掉下来。

（3）请幼儿用食指顶起纸板，看谁保持时间最长。

（4）讨论交流：为什么用一根手指顶纸板，纸板很容易掉下来。

小结：手指跟纸板接触的面越大越容易顶起纸板，而且纸板平稳不易掉落。

2. 再次玩顶纸板的游戏，寻找平衡点

（1）请幼儿再次任选一个长方形或正方形的纸板，用食指顶起来。

（2）寻找到平衡点，用笔记下来。

小结：正方形、长方形的纸板的平衡点一般在纸板的中心位置。

3. 顶各种形状的纸板，探究发现纸板的形状不同，平衡点也会发生变化

（1）出示三角形、梯形、半圆形等各种形状的纸板，请幼儿用食指顶起来。

（2）鼓励幼儿尽可能尝试各种形状的纸板，记录平衡点的位置。

（3）交流和讨论。

问题：手指顶在纸板的什么位置，纸板不会掉下来？和刚才正方形的纸板一样吗？

小结：因为纸板的形状变了，两边不一样大、不一样重了，所以纸板的平衡点就不一定在中间了。

4. 尝试顶起各种物体，体验立体物体的平衡，感受游戏的乐趣

（1）出示书本、笔、塑料小筐、娃娃等各种物品，请幼儿试试看是否能顶起来。

（2）鼓励幼儿尝试多种物品。

（3）鼓励幼儿尝试寻找一种物品的多个平衡点。

小结：一个物体，不管它的形状和大小如何，我们都可以从很多地方把它顶起来，只要找到那个奇妙的平衡点。

专家评析

想想我们每个人小时候好像都喜欢模仿电视中的杂技达人，玩过用食指顶东西的游戏，比赛谁顶的时间长。因为这个游戏具有极大的挑战性，所以很有吸引力。姜老师设计的"顶纸板"活动，不仅仅满足了幼儿对于冒险性、挑战性游戏的需要，而且让幼儿在游戏中体验和感知物体的平衡，目标定位准确，思路清晰，重点突出。所以，我们可以看到后面的

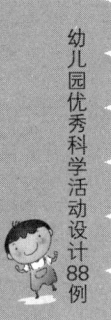

活动设计一直紧紧围绕着"顶纸板"的活动进行层层递进式的展开：顶纸板（感受平衡）—顶纸板（寻找平衡点）—顶各种形状的纸板（探寻不一样的平衡点）—顶立体的各种物体（进一步感知平衡，寻找多个平衡点）。从这样的活动流程，我们可以清晰地看到教师引领幼儿进行层层递进和层层展开的探究活动，简单而又高效。

一个科学活动的有效性，不仅仅在于内容选择的生活化、趣味化，而且要求教师要深入钻研，明确活动核心，并设计有效的、有趣的环节，帮助幼儿感受科学探究活动的魅力，使幼儿萌发科学探究的兴趣。

一个小小的富有成效的科学活动带给孩子们的影响是不可估量的。

11. 好玩的弹簧

设计教师：姜杰　评析专家：董旭花

幼儿园：山东省德州跃华学校幼儿园

设计意图

蹦蹦床是孩子们喜爱的玩具之一，孩子们在蹦蹦跳跳中，感受着一瞬间被弹高的新鲜感和喜悦心情。一次，在玩蹦蹦床时，我无意间听到大宝和硕硕的谈话，大宝说："我们家的床也能跳得很高！"硕硕说："我不信，你们家的床又不是蹦蹦床。"大宝说："反正就能跳！"简短的谈话让我捕捉到了孩子们对弹跳和弹簧的兴趣，于是我设计了"好玩的弹簧"这个科学探究活动，让孩子们通过一系列操作活动探索弹簧的特性，并学会利用弹簧的弹性制作简单的小玩具，感知弹簧带给我们的好处。

活动目标

（1）探索并初步了解弹簧的特性和作用。

（2）尝试自制弹簧小玩具，体验制作的乐趣。

活动准备

（1）小筐、带弹簧的圆珠笔、细铜丝、细圆柱积木、动物指偶若干。

（2）各种弹簧玩具若干。

（3）活泼的背景音乐，如《兔子舞》等。

活动过程

1. 寻找发现圆珠笔里的弹簧，产生探索的兴趣

（1）每人选取一支圆珠笔，自由地摆弄，发现弹簧。

幼儿自主操作，教师提出问题引发幼儿思考：圆珠笔为什么能按动？（引导幼儿发现弹簧，并拧开圆珠笔取出弹簧）

（2）玩弹簧，初步探索弹簧的特性。

幼儿玩弹簧，教师提出问题：按一按，弹簧会怎样？拉一拉，弹簧有什么变化？我们用力大，弹簧会怎么样？用力小，弹簧会怎么样？

小结：弹簧能缩短，能伸长，还能变回原来的样子，弹簧是有弹性的；圆珠笔就是利用弹簧的弹性制成的，我们按一按，笔芯出来了，我们就能用它写字了。

2. 玩弹簧玩具，进一步感受弹簧的弹性

（1）出示弹簧玩具，请幼儿自由选择玩。教师注意引导幼儿交换玩具，尽可能让幼儿玩多种玩具。

（2）教师提出问题：你是怎样玩的？怎样让玩具动起来？（请幼儿相互交流分享）

小结：这些玩具里有弹簧，是弹簧的弹性让玩具更加好玩的。

3. 尝试自制弹簧玩具

（1）出示动物指偶、细圆柱积木、细铜丝，请幼儿自制弹簧玩具。

①引导幼儿学习把细铜丝缠绕在圆柱形积木上，做成弹簧。

②幼儿自选喜欢的动物指偶，并将其固定在弹簧上，即可做成自己喜欢的弹簧玩具。

（2）播放背景音乐，师幼共同玩弹簧玩具，也可以请两个幼儿一组用刚做好的弹簧指偶玩具创编故事并表演。

活动延伸

（1）在区域里投放细铜丝或弹簧，请幼儿自主游戏或制作弹簧玩具。

（2）鼓励幼儿寻找家里、幼儿园里的弹簧物品，继续探索弹簧的用处。

专家评析

弹簧尽管在我们的生活中应用广泛,但它们大都被包裹在物体的内部,我们很少看到,所以经常也就忘了它们的存在。孩子们爱玩的蹦蹦床就不一样,不仅可以让小孩子们直接看到弹簧,而且可以让孩子们在弹跳的愉悦中感受弹簧的特性和作用。

姜老师设计的"好玩的弹簧"活动,在开始环节就选用我们身边最平常的圆珠笔引入活动。选择圆珠笔是因为材料简单、好找,还因为圆珠笔容易打开,也容易把弹簧取出来,让幼儿看到完整的弹簧,从而了解弹簧的外部形态特征。

活动定位在"好玩"上,那就一定会围绕"玩"设计后面的活动环节,如玩弹簧玩具、制作弹簧玩具等,都很好玩,都符合幼儿园孩子的心理特点和兴趣需要。

为了降低幼儿制作弹簧玩具的难度,教师巧妙地选取了小圆柱状积木,将细铜丝缠绕在小圆柱状积木上,很容易就做成了弹簧。至于需要在弹簧上固定的小动物指偶,是现成的,幼儿自由选取即可。在此活动中,教师也可以提供橡皮泥,让幼儿用橡皮泥做一个自己喜欢的东西固定在弹簧上,即可做成弹簧玩具。

12. 吹泡泡

设计教师:马宗磊 评析专家:董旭花

幼儿园:山东省胜利石油管理局胜东社区学前教育中心

设计意图

幼儿园的科学探究活动应该让幼儿亲身经历真实的研究过程,"吹泡泡"活动就是围绕这一理念,通过一系列富有趣味的操作活动,让幼儿探究吹泡泡工具的多样性和可变性。在活动开始阶段，我为幼儿提供了钥匙、漏勺、苍蝇拍、刷子等生活中常见的物品，引导幼儿在操作中逐步发现吹泡泡工具的特点；再启发幼儿根据前面得出的结论把树叶、细铜丝等材料变成吹泡泡的工具。在层层递进的操作活动中，我遵照"做在前，说在后；感知在前，总结在后"的教育策略，给予幼儿适当的引导，让幼儿真正地做科学、体验科学，并体会探索、发现、成功的快乐。

活动目标

（1）探索各种吹泡泡的工具，了解有小洞和间隙的材料能吹出泡泡。

（2）尝试改变物体的形状，自制吹泡泡的工具。

（3）体验吹泡泡的乐趣。

活动准备

（1）吸管、钥匙、漏勺、苍蝇拍、刷子、树叶、细铜丝若干。

（2）泡泡液、小毛巾、筐子等。

（3）实验统计表（见下表）。

材　料	猜　猜（人数）	第一次实验验证（人数）	第二次实验验证（人数）
苍蝇拍			
漏勺			
鞋刷			
钥匙			

活动过程

1. 选用吸管吹泡泡，感知吹泡泡的技巧以及注意事项

（1）谈话活动：请幼儿说说自己喜欢的游戏。

（2）呈现材料（吸管、泡泡液），请幼儿选用吸管自由吹泡泡。吹泡泡之前，提示幼儿注意事项，比如：只能往外吹，不能吸；注意别把泡泡液洒在外面和身上，等等。

（3）幼儿自由吹泡泡，教师提示个别幼儿慢慢吹，才能吹出大泡泡。

如果有个别幼儿洒出泡泡液，提示幼儿用小毛巾擦干净。

2.尝试运用多种特别的材料吹泡泡，了解吹泡泡工具的共同特点

（1）讨论：还有什么东西可以吹出泡泡。

（2）教师一一呈现苍蝇拍、漏勺、鞋刷、钥匙等材料，请幼儿猜想是否可以吹出泡泡。

教师可以每呈现一种材料就询问幼儿是否可以吹出泡泡，统计一下认可的人数，并记录下来（记录在"猜猜"一栏中）。

（3）每个幼儿四种材料，分别进行实验验证。请幼儿把能够成功地吹出泡泡的材料收集到一个筐子中，把不能吹出泡泡的材料仍然放进自己手中的材料袋中。

（4）交流分享：哪一种材料能吹出泡泡？哪一种吹不出泡泡？再次统计人数，记录在前面的实验统计表中。对于幼儿吹不出泡泡的材料，教师带领幼儿重新试一试，尽可能让每个幼儿都能体验成功。

（5）探究泡泡是从哪里出来的。请幼儿认真观察，感知材料的共同特点。

小结：苍蝇拍、漏勺、鞋刷、钥匙等材料能吹出泡泡，是因为它们都有小洞和间隙，有小洞和间隙的材料就能吹出泡泡。

3.创造性地迁移和运用经验，自制吹泡泡工具

（1）探索如何利用树叶制作吹泡泡的工具。

①呈现树叶，请幼儿观察，询问：用树叶可以吹出泡泡来吗？为什么？

②每人一片树叶，请幼儿尝试用树叶吹出泡泡。

③讨论交流：自己是如何把树叶变成吹泡泡的工具的。

小结：在树叶上穿出小洞就可以吹出泡泡。

（2）探索如何改变铜丝形状制作吹泡泡的工具。

①呈现铜丝，询问幼儿：用铜丝可以吹出泡泡来吗？怎样做就可以让铜丝变成吹泡泡的工具？

②每人一根铜丝，请幼儿尝试用铜丝吹出泡泡，并请幼儿相互交流。

小结：改变铜丝的形状，扭出任意形状的小孔或间隙就可以吹出泡泡。

4.活动结束

（1）吹泡泡大赛：比比谁能吹出最大的泡泡。

（2）延伸讨论：不同形状的吹泡泡工具会吹出不同形状的泡泡吗？泡泡是什么颜色的？

专家评析

吹泡泡几乎是每个小孩子都会钟情的游戏。现在的孩子们吹泡泡都是用买来的工具和材料，没有机会自己制作吹泡泡的工具和泡泡液。由此，我们可以找到两个探究点：一是自制吹泡泡工具，二是自制泡泡液。马老师设计的"吹泡泡"活动聚焦在吹泡泡的工具上，符合中班幼儿的兴趣、特点和能力，又具有可操作性和变化性。

此活动的核心目标有两个：一是探索各种吹泡泡的工具，了解有小洞和间隙的材料能吹出泡泡；二是尝试改变物体的形状，自制吹泡泡的工具。这两个目标之间具有密切的逻辑关系，后面的目标的实现依赖前面的目标，是前面的目标的迁移运用，体现的是幼儿运用知识和经验解决问题的能力。

此活动聚焦在吹泡泡的工具上，尤其是第二次操作活动，即运用"苍蝇拍、漏勺、鞋刷、钥匙"等特别的材料吹泡泡这个环节既有创意，可以开拓幼儿的思路，又具有承上启下的作用，帮助幼儿感知吹泡泡工具尽管多种多样、五花八门，但具有共同特点。只有找到它们的共同点（有小洞或间隙），才有可能在后面的环节中，把树叶和铜丝创造性地变成吹泡泡的工具。

正规的幼儿园科学探究活动的设计很重要的一点是寻找到一个既让幼儿感兴趣，又值得挖掘的、有意义的探究点（如吹泡泡工具），这个探究点引发的探究活动可以层层递进，可以连接幼儿的已有经验和发展目标。教师的任务就是创造条件，为幼儿的自主探究搭建阶梯，提供有效的支持。

13. 转起来

设计教师：李冬梅　评析专家：刘霞
幼儿园：山东省淄博市市直机关第二幼儿园

设计意图

在我们的生活中，有许多有趣的转动现象：风车转、风扇转、车轮转、陀螺转、钟表里的指针在转……这些现象时常会引起孩子们的兴趣，有时甚至会让他们流连忘返，驻足观看。为了梳理孩子们有关转动的经验，也为了培养孩子们对生活中事物的探究兴趣，根据中班孩子的年龄特点，我设计了本次活动，旨在以游戏的形式、循序渐进的环节，让孩子们在玩中感受转动的特点，并将鼓励幼儿勇于尝试、动脑筋解决问题的教育思想贯穿始终。

活动目标

（1）探索使各种物体转动起来的方法。
（2）关注生活中的转动现象，发现转动现象在生活中广泛存在的意义。

活动准备

风车、呼拉圈、书、光盘、陀螺、筷子、绳子、勺子、铁丝等生活中常见的各种物品。

活动过程

1. 游戏"迷迷转"导入活动

请幼儿做游戏"迷迷转，迷迷转，大风吹来我就转"，引出活动内容。

师：小朋友，刚才我们的身体在做什么？真有趣，原来我们的身体还可以转动的。

2. 第一次尝试：让玩具转起来

（1）熟悉材料，提出要求。

师：你觉得这些玩具都能转起来吗？

师：请你们玩一玩，并说一说你用了什么方法使什么转动起来了。

（2）幼儿尝试，教师巡回观察，关注幼儿有关转动的操作经验。

引导每个幼儿选择一至两种材料，并鼓励幼儿动脑筋想办法，让手中的材料转起来。

（3）交流分享让物体转起来的经验。

①请幼儿交流，用完整的语言讲述自己让材料转动起来的方法。

师：你刚才用了什么方法让什么转起来了？请小朋友分享自己的发现，并演示给大家看看。

②提出问题：这些玩具中，你觉得有什么玩具不能转动吗？有没有办法让它也转起来？

③鼓励、肯定幼儿的发现。

师：只要我们肯动脑筋，我们也能想出一些办法让一些看起来不能转的东西转起来！

3. 第二次尝试：两种材料合作，使其中一种转起来

（1）观察材料，激发探索的兴趣。

师：刚才小朋友能玩出那么多转动的花样，我真为大家感到骄傲！这一次，我还想让大家玩，不过难度有点儿高，怕不怕？

师：请大家用两样东西合作，让它们互相帮忙，使其中的一样东西转动起来。

（2）教师巡回指导，参与到幼儿的探索中去。

教师发现问题应及时提醒幼儿自己解决，同时提醒幼儿要坚持探索，遇到困难不后退，要勇于尝试。

（3）让幼儿边演示边讲述自己的办法，教师适当提炼总结。

4. 游戏"想得快，说得多"，了解转动在生活中的应用

问题：生活中有哪些东西可以转动呢？看哪个小朋友想得快、说得多。

活动延伸

请幼儿在生活中继续关注转动的现象，了解更多转动的物体和现象及其与人们生活的关系。

 **专家评析**

就像李老师分析的那样,各种转动的现象在生活中随处可见,而有关转动的探究活动呢,也是符合中班幼儿的年龄特点和发展水平的。

活动中,教师设计了两个层次的探索,一是让幼儿想办法让材料转动起来,特别是让原本看起来不容易转动的材料转动起来;二是让幼儿想办法通过两种材料合作让其中一种转动起来。两个层次的探索活动层层递进,第二个层次的探索建立在第一个层次的经验基础上。教师对环节的设计为幼儿解决问题搭建了适度的阶梯,使科学探索活动能够比较顺利地进行。

教师还特别重视操作后对操作过程的讲述,以及对幼儿探索活动的坚持性和克服困难的勇气的培养,这对培养中班形成幼儿清晰的思维、良好的学习品质有好处。在科学活动中,我们不仅应该关注幼儿探究精神的培养,更应该关注幼儿良好的做事习惯和学习品质的培养,因为这对他们将来的发展意义更加重大,更是需要我们注意的。

14. 旋转的莲花

设计教师:邢涛 评析专家:刘霞

幼儿园:山东省淄博市市直机关第一幼儿园

设计意图

水的特性有很多,怎样借助生活中简单的材料让幼儿了解水的吸附力这一特性呢?"旋转的莲花"这个活动便是利用乒乓球、光滑的垫板和少许水等材料,让幼儿在玩玩乐乐中不知不觉地发现水的吸附力这一科学现象。活动中,我注意让幼儿在操作中学习,在探索中感知现象,培养幼儿的科学探究精神和探究意识。

活动目标

（1）初步感知水有吸附力的特性。

（2）发展手眼协调动作的能力，萌发乐于思考、勇于尝试的科学探究意识。

活动准备

塑料垫板，乒乓球莲花（把乒乓球剪成月牙状并两两叠在一起），玻璃板两块（边缘要光滑，保证安全），装水的小碗，胶水。

活动过程

1. 演示旋转的莲花，激发幼儿的兴趣

师：这朵小莲花漂亮吗？它为什么会转？

2. 幼儿第一次尝试：无水情况下旋转莲花

（1）幼儿尝试操作小莲花，观察它是否能够旋转。

（2）提出问题：为什么莲花会掉下来？有什么方法不让它掉下来？

（3）教师再次旋转莲花，引导幼儿仔细观察垫板上教师用的材料。

师：你们看仔细了吗？原来垫板上除了小莲花，还有水呢！

3. 幼儿第二次尝试：有水情况下旋转莲花

（1）幼儿尝试用水操作。

师：那我们在垫板上放一点儿水再试试，看能不能让莲花漂亮地、稳稳地转起来。

（2）讨论不成功的原因。

师：莲花为什么还是会掉下来？

小结：除了要用到水，我们的手也要控制垫板的平衡，才能让莲花稳稳地在垫板上旋转。

（3）请个别操作正确的幼儿介绍操作方法，并进行演示。

4. 幼儿第三次尝试：掌握旋转莲花的正确方法

（1）学习旋转莲花的正确方法，尝试运用正确的方法让莲花转起来。

（2）尝试在垫板上同时旋转多朵莲花。

小结：水的力量真神奇，能让莲花吸在垫板上旋转起来，那它还能吸住别的东西吗？大家可以再去试一试，成功了再跟小朋友分享。

活动延伸

教师可以在科学区投放积塑、薄木片、水等材料,让幼儿尝试利用水的吸附力,将这些比较轻薄的物品贴在墙壁上、黑板上。

专家评析

水的吸附现象是很普遍的一种科学现象,但在常态环境下不容易被幼儿关注到,更不容易成为幼儿主动探究的活动。本活动中,教师利用简单的乒乓球制成的"莲花",让幼儿直观感受到这一神奇的现象,对激发幼儿对科学现象的探究兴趣很有帮助。

活动中,教师设计了层层递进的三个环节,让幼儿逐步感受到水在莲花旋转中的作用,感知水有吸附力的特性。教师的度把握得非常好,整个活动中没有给幼儿讲解复杂的关于水的"吸附力"的原理,而是将活动定位在"感知水有吸附力"的特性上,这符合学前阶段幼儿科学学习的规律。

"旋转的莲花"这个主题,使原本比较抽象的对科学现象的感知变得生动而有趣,整个活动中幼儿在快乐地玩中轻松地学,而活动对孩子的经验和能力又有一定的挑战性,这是本活动比较突出和值得推崇的地方。

15. 最先喝水的纸

设计教师:黄敏 评析专家:刘霞

幼儿园:山东省胜利油田临盘社区文教中心一幼

设计意图

各种各样的纸是孩子们经常见到和用到的物品。随着科技的进步,纸的种类越来越多。除了传统意义上的一些用途,人们还用它做成了纸杯、方便面盒等。不同的纸张,吸水性也不同。本次活动,旨在让幼儿通过感官上的多通道参与,在看看、摸摸、玩玩中体验不同纸张的特性,并通过亲身实验感知纸张吸水性的不同,培养幼儿对科学现象的探索精神。

活动目标

(1)感知四种纸张的不同特点,发现不同纸质的纸吸水性和渗透性的不同。

(2)初步感知了解纸的不同吸水特性在生活中的特殊作用。

活动准备

(1)宣纸、报纸、蜡光纸、牛皮纸各一张。

(2)记录表每组一张,记录笔若干支。

(3)塑料大盆4个,滴管20支,烧杯4个,水杯4个。

活动过程

1. 认识四种不同质地的纸张

(1)出示幼儿熟悉的报纸,让幼儿看一看、摸一摸、撕一撕,感受报纸表面有点毛糙的感觉,以及报纸的纤维不容易被撕断的特点。

(2)出示蜡光纸,请幼儿上来摸一摸,倒一点儿水试一试,观察和感受蜡光纸表面光滑的特点,并告诉幼儿蜡光纸的名称。

(3)出示牛皮纸和宣纸,让幼儿分别摸一摸、撕一撕、说一说。

(4)把四种纸张放在一起,请幼儿分辨、总结四种纸的不同特点。

小结:宣纸看上去很薄,摸起来很软;蜡光纸摸起来很光滑,看上去亮亮的;报纸看上去也很薄,摸起来有响声;牛皮纸看上去很厚,摸起来有些粗糙。

(5)请幼儿猜想:假如把这些纸放进水里会怎么样?假如把这四种纸同时放进水里,谁吸水最快?(将幼儿的猜测记录下来)

2. 分组实验验证猜想结果

(1)把幼儿分成四组,请幼儿自由选择实验方法进行实验。

第一组实验:看哪个纸船最先沉下去。分别把四种不同质地的纸折成纸船同时放进水盆中,引导幼儿观察细微的变化,并进行记录。

第二组实验:纸杯浸水。分别将四种不同质地的纸折成"杯子"状,并将"纸杯"悬空固定在烧杯的内壁上,同时向四个不同质地的纸杯内倒水，观察其渗透的情况，并进行记录。

第三个实验：睡莲花开。将四种不同质地的纸折剪成"睡莲"，同时放入水中，引导幼儿比较不同质地的纸在水中变化速度的差异，并进行记录。

第四个实验：水滴快快跑。在四张不同质地的纸上同一位置画上一个大小相同的圆圈，然后让幼儿将滴管里的水同时滴到四张纸的圆圈里，引导幼儿观察哪种纸的"小水滴"最先跑出圆圈外，并进行记录。

（2）请各组幼儿讲述实验结果，交流分享四种不同质地的纸张的吸水性及渗透性的不同。

小结：四种纸中，宣纸吸水最快，放到水里很快就沉下去，滴上水很快就散开；报纸的吸水性和渗透性比宣纸纸差一些；蜡光纸更慢一些；牛皮纸吸水很慢很慢，滴上水水滴会跑掉。

3. 简单了解不同纸张在生活中的应用，产生进一步探究的兴趣

（1）讨论几种纸张在生活中的用处。

师：刚才我们认识和了解了这四种不同的纸，那么它们在生活中有什么用？人们都用它们来做什么呢？

小结：宣纸吸水性特别好，我们的老祖宗很早就用它来画画、写毛笔字；报纸又软又轻但很结实，不容易被撕破，人们用它来做印刷；腊光纸又结实又光滑，小朋友可以用来折纸、剪纸；牛皮纸又结实又防水，人们用它来做包装纸，可以保护里面的东西不被损坏。

（2）出示纸杯、方便面盒等用纸做的防水的物品，了解纸制品在生活中的其他用途。

（3）小结，引发幼儿进一步的探究活动。

小结：今天我们做的这几个小实验，让我们知道纸质不同，吸水就有快有慢；不同的纸，在生活中的用途也不一样。我们还可以用其他纸试一试，看看还有哪种纸吸水比较快，哪种纸吸水比较慢。

活动延伸

在区域里投放多种材质的纸张，请幼儿自由探索。

**专家评析**

纸张具有吸水性和渗透性的特点，但对于学前阶段的幼儿来说，他们平时是不容易关注到这些现象的。本次活动中，教师精心挑选了宣纸、报纸、腊光纸、牛皮纸四种吸水性差别较大的纸张，让幼儿调动多种感官参与活动，感受不同质地的纸张的吸水性和渗透性的不同，核心目标确定得比较合理，对中班幼儿来说既有一定的挑战性，又能够促进自己原有经验的提升。

关于四种纸张的吸水性和渗透性的探究，教师设计了四种不同的实验，分别是看哪个纸船最先沉、纸杯浸水、睡莲花开、水滴快快跑，四种实验的方法都比较简单，但很有趣，实验结果也比较容易观察到。但如果组织全体幼儿依次进行实验，会非常耗费时间，教师于是就让幼儿自由分成四组分别进行实验，在交流分享时，全体幼儿可以从其他小组的讲述中轻松获得有关经验，有效提高了集体教学活动的效率。

科学活动来源于生活，最终还应回归生活，因此在了解了不同纸张的吸水性和渗透性后，教师引导幼儿简单了解这些纸张在生活中的用途，以及人们利用这些原理发明的纸杯等物品，是很有必要的。

16. 调皮的风

设计教师：侯永芹　评析专家：董旭花

幼儿园：山东省文登市教育实验幼儿园

设计意图

风在自然界无处不在，是最常见的自然现象，但幼儿园阶段的孩子们对于风的了解仅限于有风、没风等一般常识上。我设计了"调皮的风"这样一个科学探究活动，希望让幼儿通过身边随处可见的材料去自主探索、发现、制造风，以游戏的方式充分感知风的大小、方向的不同变化，借此来了解自然现象，探究科学的奥秘。

活动目标

（1）选用各种材料造风，感受风的大小、方向等变化。

（2）运用风向变化和风力玩游戏，体验共同游戏的乐趣。

活动准备

（1）硬纸板、布、报纸、塑料袋、小盆、布包等材料若干，小旗一面。

（2）小奶盒若干。

活动过程

1. 造风游戏一：感知空气流动形成风

（1）用身体造风。请幼儿想出用身体各部位造风的方法，并让小旗飘起来。

小结：身体的任何部位动起来，都会带动空气流动形成风。

（2）请幼儿用各种材料造风。

出示硬纸板、布、报纸、塑料袋、小盆、布包等材料，请幼儿任意选择材料，尝试造出风来。（鼓励幼儿尝试运用各种材料）

小结：任何东西动起来，都会带动空气流动形成风。

2. 造风游戏二：感知风的大小和方向

（1）请幼儿按教师指令造出大小不同的风，学会控制自己的力量。

小结：力气越小，风越小；力气越大，风越大。

（2）请幼儿按教师指令造出不同风向的风，感知风向的变化。

小结：风是有方向的，风向是可以变化的。

3. 奶盒移动游戏

（1）请幼儿用纸板扇动小奶盒前行。

教师给幼儿布置任务：每人都要用纸板把一个小奶盒扇到对面固定的地方。

小结：让纸板和奶盒保持一定的距离，尽量贴近地面往前扇动小奶盒，就会让小奶盒前行。

（2）探索奶盒前行时风向与风力的影响。教师和幼儿面对面站好，共同扇动一个小奶盒，观察和思考奶盒不动的原因。

小结：风要往同一个方向扇，盒子才能动。

（3）探索如何让大盒子移动。

把全班幼儿分成6个小组，每组有一个用5个小奶盒固定起来的大盒子，请幼儿合作，让大盒子移动到对面。

①请个别幼儿试一试，看能否扇动大盒子前行。

②请幼儿4人一组，合作探索如何让大盒子前行。

小结：大家一起往一个方向扇动奶盒，就会让大盒子前行。

活动延伸

带领幼儿到户外找风，或者玩风车、风筝游戏。

专家评析

关于风的游戏，在幼儿园有很多，但大多是玩风车之类的游戏，侯老师设计的"调皮的风"却让我们耳目一新。整个活动自始至终都让幼儿在操作和游戏中完成，孩子们喜欢极了。

活动一开始就让幼儿造风，先是用自己的身体造风，接着是运用各种材料造风，让孩子们在有趣的活动中感知：空气流动就能形成风。这样一个科学概念的获得过程如此简单又有趣。第二个环节还是造风游戏，却又进了一步，让幼儿学会控制自己的动作，制造出大小、方向不同的风来，进一步感知风力的大小和方向的变化。

奶盒移动的游戏可以说是前面环节的递进，也可以说是前面经验的迁移运用。要移动小奶盒，需要幼儿对准奶盒往一个方向用力扇动纸板，需要把握好动作和方向，需要一定的技巧。而要移动大纸盒，则需要几个幼儿合作，协调用力，避免方向不一致的问题出现。

"调皮的风"真的是好调皮，当所有的幼儿都大汗淋漓地扇动纸盒时，我们知道孩子们不仅喜欢这样的科学游戏，而且已经学会运用科学知识解决自己的问题了。

17. 手电筒亮起来

设计教师：周英　评析专家：董旭花

幼儿园：山东省淄博市市直机关第三幼儿园

设计意图

　　自幼儿园发生手足口病以来，每天早上孩子来园时，教师总会用手电筒照一照孩子的口腔，进行晨检。区域活动时，孩子们也喜欢拿着晨检筐里的手电筒给他们的"小病号"查查嗓子。个别孩子打不开手电筒就对病号敷衍地说："手电筒坏了，不给你检查嗓子了。"看来，在原有经验的基础上，组织一个集体学习活动，帮助幼儿了解手电筒的开关方式是一个不错的挑战。基于中班幼儿的经验和学习特点，本次活动在设计上凸显一个"玩"字，即让幼儿玩各种各样的手电筒，看看、说说、试试、照照手电筒，使幼儿在宽松的环境中快乐地学习和感知，激起他们科学探究的兴趣，丰富他们相关的科学经验。

活动目标

　　（1）了解手电筒是多种多样的，能帮助人们照亮。

　　（2）探究用推、按、转等不同方法让手电筒亮起来。

活动准备

　　（1）收集多个不同形状、不同开法的手电筒（数量超过幼儿人数）。

　　（2）3个仅有一个小洞的封闭式大纸箱，或毛毛虫隧道玩具，且将玩具的一头封闭。

　　（3）有关手电筒作用的图片或PPT课件。

活动过程

　　1. 引导幼儿观察各种各样的手电筒，引起探索的兴趣

　　出示准备好的多个手电筒，让幼儿自由观察、摆弄手电筒。

　　提问：这些手电筒一样吗？它们哪些地方不一样？

小结：手电筒有的大、有的小，有的长、有的短，手电筒是多种多样的。

2.请幼儿自主探索打开手电筒，让手电筒亮起来

（1）幼儿自由探索，尝试打开各种各样的手电筒。

注意：鼓励幼儿尝试打开多种手电筒，给予幼儿充分探索的时间。

小结：手电筒是各种各样的，开的方法也不一样，有的开时要推一下，有的要按一下，有的则要转一下。

（2）鼓励幼儿再次尝试操作，最好每个幼儿都尝试多个手电筒。

（3）引导幼儿按照推、按、转等不同的开关方式对手电筒进行分类，将不同类型的手电筒放在不同的篮子里。

3.用手电筒玩游戏，感知手电筒的作用

（1）出示3个仅有一个小洞的封闭式大纸箱，或者已将一头封闭起来的毛毛虫隧道玩具，让幼儿钻进去玩玩，感知黑暗。或者在活动室拉上窗帘，最好是完全遮光的窗帘。

（2）请幼儿拿着手电筒去照亮，感知手电筒的作用，体验游戏的快乐。

4.讨论手电筒的用途

教师可以设计如下问题，引导幼儿思考和讨论：

- 在早上入园时，老师为什么要用手电筒照小朋友的口腔？
- 你还见过谁在什么时候使用手电筒？它还有什么用处？

幼儿讨论后，教师引导幼儿通过课件欣赏人们使用手电筒的图片，了解手电筒的更多用处。比如：幼儿园的门卫爷爷晚上在幼儿园的院子里拿着手电筒巡逻执勤的图片；停电了，爸爸拿着手电筒在家找东西的照片；晚上，小朋友拿着手电筒在院子里寻找东西的照片，等等。

活动延伸

（1）把手电筒放置在区域中，鼓励幼儿在区域活动中或在家里继续玩手电筒。

（2）引导幼儿逐步探索手电筒里面是有电池的。

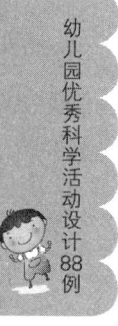

专家评析

手足口病期间,教师每天都要用手电筒检查幼儿的口腔,由此引发了幼儿对手电筒的关注。周老师真是一位敏感、有心的教师,她不仅在平时会把手电筒放在区域中供幼儿玩耍,而且通过这样一个教学活动,让幼儿不仅了解手电筒的多样性,而且学习探究各种手电筒的打开方式,既好玩,又具有操作性。

周老师设计的活动由幼儿观察、把玩手电筒开始,在这个过程中帮助幼儿简单了解手电筒的基本特征和多样性。活动的核心是引导幼儿探究手电筒的不同打开方式,这取决于教师提供的手电筒的款式,有的简单些,有的可能难一些,可能对于幼儿来讲,有一定的挑战性,但只要教师耐心观察、等待和引导,鼓励幼儿相互学习,尊重幼儿的自主性,幼儿自然就会寻找到问题的答案。此活动最好玩的环节可能是后面的用手电筒玩游戏,不论是在黑屋子里还是在黑箱子里,抑或在黑黑的毛毛虫隧道玩具里,幼儿都会体验到神秘感,他们打开自己的手电筒照照就会觉得很好玩。教师如果在其中暗藏一些小玩具或图片,请幼儿去寻找,那就更有意思了。

幼儿园科学探究的内容要贴近幼儿的生活经验,教师要敏锐地从生活中捕捉科学教育的素材,让幼儿积极主动地去探究,体验和领悟科学就在身边,并学以致用。

18. 会变的颜色

设计教师:李静　评析专家:刘霞

幼儿园:山东省济南市育贤第一幼儿园

设计意图

我们的生活,正是因为有了绚丽多彩的颜色才变得生机勃勃,正是因为有了变化才彰显妙趣横生。中班科学活动"会变的颜色",体现了"颜色"和"变化"两个要素,将红黄蓝三原色两两相配能变色的特点融入"抱抱"的游戏情境中,同时为幼儿提供了纸黏土和颜色水两种材料进行实验,让幼儿充分感受颜色变化的过程及其带来的快乐,并能用简单的符号和语言记录,在参与和体验中感受探索的魅力。

活动目标

(1)了解红黄蓝三原色两两相配会变色,知道蓝黄相配是绿色,红黄相配是橙色,红蓝相配是紫色。

(2)能用简单的方法记录实验结果。

(3)愿意和同伴一起玩游戏,感受颜色变化带来的快乐。

活动准备

蓝色、黄色纸黏土每人一份,红黄蓝三色的颜色水若干,棉签、记录纸每人一份,红黄蓝三色的圆形贴纸每人一张,课件,黑板。

活动过程

1.通过操作,观察、感受蓝色和黄色混合变成绿色的过程并记录

(1)结合课件,向幼儿介绍三位好朋友小蓝、小黄和小红,并创设问题情境:当小蓝和小黄抱在一起的时候,会发生什么事情呢?(激发幼儿探索的兴趣)

(2)请幼儿将手中的蓝色和黄色的纸黏土混合在一起,观察、感受颜色变化的过程。

(3)请幼儿观察实验结果,结合课件完成记录,并将记录编成一句儿歌:蓝色黄色抱一抱,变成绿色画树叶。

2.通过操作,观察、感受红色和黄色混合变成橙色的过程并记录

(1)请幼儿将黄色和红色的颜色水混合在一起,用棉签轻轻搅拌,观察实验结果。

(2)引导幼儿用棉签当笔蘸变化之后的颜色水完成手中的记录表。

(3)结合记录表编一句儿歌:红色黄色抱一抱,变成橙色画橘子。

3.自由选择操作材料,观察、感受蓝色、红色混合变成紫色的过程并记录

(1)请幼儿在纸黏土和颜色水两种材料中自由选择进行实验,观察、

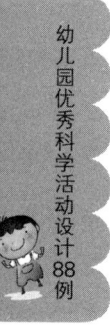

感受蓝红两色混合变色的过程。

（2）将结果记录在记录表上，并将记录编成一句儿歌：蓝色红色抱一抱，变成紫色画葡萄。

4.向幼儿介绍红黄蓝是三原色，激发幼儿对颜色变化继续探究的兴趣

（1）介绍三原色，请幼儿将三句儿歌串在一起朗诵。

（2）玩游戏"颜色对对碰"，巩固幼儿关于颜色变化的认知。

请幼儿分别扮演红黄蓝三色的小蜡笔，教师提示幼儿为橘子、西瓜和葡萄涂色，请幼儿根据三原色两两相配变色的原则两两抱在一起，看哪一个小朋友完成得又对又快。

（3）提出问题：绿色、紫色和橙色与别的颜色碰在一起，还会发生什么变化？（激发幼儿进一步探索的愿望）

活动延伸

在美工区投放三原色颜料及水、盘子等材料，让幼儿继续进行关于颜色的探究活动，并尝试将实验结果进行记录，与其他小朋友分享。

专家评析

关于颜色碰在一起会变化的现象，幼儿在生活中应该经常见到，但三原色两两相配如何变化以及会变出什么颜色，到中班他们才可能有比较明确的认识。

该活动中，教师精心投放了纸黏土和颜色水两种容易操作的材料，通过观看教师操作—自己尝试操作—自选材料操作等几个层层递进的环节，让幼儿感受三原色两两相配的变化，并自己记录颜色变化的结果，同时利用朗朗上口的儿歌帮助幼儿记忆实验结果，实用而有效。

作为科学操作技能中非常重要的一种能力，幼儿做记录的能力应该引起教师重视。小班时如果需要记录，多由教师来做，或者教师设计好表格，只需让幼儿做上简单的标记即可；从中班开始，教师就可以尝试让幼儿自己做记录了，不过要注意方法，遵循循序渐进的原则。本活动中，教师充分关注对幼儿记录能力的培养，在每个环节都让幼儿用自己的方式尝

试做简单的记录,这是很好的意识。

科学活动的设计应追求有趣和有效,让幼儿边玩边学、乐在其中,这是我们每个教师都应该学习和借鉴的。

19. 袋子大聚会

设计教师:王炳勤　评析专家:赵福云

幼儿园:山东省淄博市市直机关第二幼儿园

设计意图

花花绿绿、各式各样的袋子是孩子们日常生活中经常接触的一种物品,虽然经常接触,但孩子们对袋子的材质、形状、用途等还处于一种懵懂的状态。本次活动旨在引导孩子们对身边常见的袋子展开探索,让孩子们对平时常用但不特别注意的袋子产生好奇和兴趣。本次活动让孩子们在教师精心创设的"小兔一家去旅行"的情境中,通过摸一摸、看一看、比一比、装一装等几个环节,了解袋子的常见种类、外形、材质、功用等,同时通过实物操作等手段,让孩子们在愉悦的游戏情境中自然达成本次活动的目标。

活动目标

(1)认识生活中不同种类的袋子。

(2)对各式各样的袋子产生兴趣,产生关注生活中事物的好奇心。

活动准备

(1)大旅行袋一个(内装不同种类的袋子,如饼干袋、糖袋、糖葫芦袋、衣服袋、伞袋、化妆袋、笔袋、手机袋、橡皮泥袋等)。

(2)贝贝超市(内有适合装进各类袋子里的物品)。

活动过程

1. 创设情境,引出"袋子"的话题

导语:明天小兔一家要去旅行了,看兔妈妈准备了这么一大袋东西,里面会是什么呢？兔妈妈想请我们帮忙再检查一遍。

2. 幼儿观察、触摸，感知袋子的材质

（1）请幼儿依次摸一摸、猜一猜兔妈妈的旅行袋里装的是什么，感受袋子的材质是软的还是硬的。

（2）教师打开旅行袋，请幼儿选一个自己喜欢的袋子。

（3）请幼儿观察自己的袋子，然后相互交流。

小结：原来有的袋子是用纸做的纸袋子，有的袋子是用布做的布袋子，有的袋子是用塑料做的塑料袋子。

3. 幼儿玩袋子，探索袋子的用途、形状和分类

（1）出示糖袋和笔袋，请幼儿玩一玩、看一看。

（2）幼儿自由观察与交流：袋子是装什么的。

小结：装糖的袋子叫糖袋，装笔的袋子叫笔袋。（以此类推）

（3）请幼儿观察袋子的形状，并相互比较与交流。

问题：看看你的袋子是什么形状的？看看你的袋子和谁的袋子有点像？

小结：有的袋子是长方形的，有的袋子是圆形的，有的袋子是三角形的，还有的袋子是梯形的。

（4）请幼儿帮兔妈妈给袋子分家，巩固对袋子的认识。

导语：这么多的袋子，有纸袋、塑料袋、布袋、糖袋、衣服袋……多得都让小兔头晕了，我们来帮小兔把这些袋子分分家吧。看看你手中的袋子是装吃的东西的，还是装用的东西的？装吃的东西的袋子请放在绿色的筐子里，装用的东西的袋子请放在红色的筐子里。

小结：原来袋子有很多用处，有的袋子是用来装吃的东西的，有的袋子是用来装用的东西的。

（5）帮助兔妈妈将物品装到相应的袋子里。

导语：兔妈妈可真粗心呀，都忘了往袋子里装东西了，我们帮她装上旅行用的东西吧。

请幼儿选择合适的物品装进自己的袋子，并一起帮兔妈妈把装好物品的袋子装进旅行袋里。

活动延伸

（1）教师演示塑料袋风筝飞的小魔术，吸引幼儿。

（2）带领幼儿到户外玩塑料袋风筝，进一步感知塑料袋的特点。

专家评析

生活中袋子很常见，以袋子为材料在幼儿园开展科学教育活动，是便捷、有效、生动的。本活动是以袋子的多样性为着眼点开展的一节教育活动。

(1) **游戏情境贯穿始终是本活动的一大亮点**。以小兔一家要旅行为引子，教师先引导幼儿认识各种袋子，进而帮兔妈妈分袋子、装袋子以了解更多的袋子，让幼儿始终保持着较高的兴趣。

(2) **感知操作也是本活动比较突出的特点**。教师没有泛泛地讲解，而是让幼儿通过"摸一摸"、"分一分"、"装一装"、"玩一玩"等方式，对袋子有更深的了解，活动生动、有效。

此外，袋子还蕴含着很多的教育价值。在引导幼儿认识袋子之后，建议教师进一步跟进其他的活动，如"打开袋子"、"袋子上的小秘密"等。

20. 聪明的黑猫警士

设计教师：张海燕　评析专家：刘霞

幼儿园：山东省淄博市市直机关第二幼儿园

设计意图

平时孩子们特别喜欢吃食堂阿姨蒸的馒头和小花卷，那做馒头用的面粉里有什么样的小秘密呢？本次活动中，我借助孩子们非常喜爱的《黑猫警长》动画片中的角色，利用淀粉遇碘酒会变色的化学原理，以黑猫警士侦查破案的游戏来进行设计，带领孩子们感受来自生活中的科学和进行科学探索活动的乐趣。

活动目标

（1）知道面粉里含有淀粉，感知淀粉遇碘酒会变色的现象。

（2）探究蔬菜、水果中是否含有淀粉，感受科学游戏的乐趣。

活动准备

（1）电话铃声、音乐、黑猫警士牌、老鼠头饰、记录纸。

（2）面团、方盘、小盆、水、毛巾、碘酒、滴管、喷壶。

（3）果盘，切成片的黄瓜、胡萝卜、洋葱、土豆、西红柿、藕等。

活动过程

1. 请幼儿自己动手做淀粉水

（1）放《黑猫警长》的音乐，请全体幼儿一起做黑猫小警士。

（2）出示面团，请幼儿将它溶解到水里，变成糊状。

师：小朋友你们看，这是什么？（这是和好的一块面团）面团可以用来做什么呢？为了能够抓住坏老鼠，让我们一起来练习手和眼睛的本领吧。一会儿请你把盘子里的面团，轻轻地放在清水盆中抓一抓，一直到把面团抓小。看谁的本领最大，一滴水也不会洒出来！

（3）观察讨论：盆里的水为什么变浑浊了呢？

小结：原来呀，面团被小朋友抓小了，面粉和水混合在了一起，混合在水里的主要是面粉里的淀粉。

2. 请幼儿做实验，观察把碘酒滴到淀粉水里发生的奇妙变化

（1）出示碘酒，介绍名称。

师：这里有一瓶消毒用的药水，叫碘酒，我们打针的时候，都会用它来消毒。

（2）实验操作，把碘酒滴入淀粉水中，请幼儿猜猜看盆中的水会有什么变化。

（3）观察讨论：盆里的水变得怎么样了？

小结：原来把碘酒滴入淀粉水中，淀粉水就会变颜色。

3. 实验探索：除了面粉中有淀粉，蔬菜中是否也含有淀粉

（1）出示教师设计的记录表，帮助幼儿了解用简单的标记做记录的方法。

（2）请幼儿自己做实验：轻轻地取一点碘酒，在黄瓜、胡萝卜、洋葱、土豆、藕片的切面上滴上一滴，看看它们有没有变颜色。如果变了，就在记录表对应的蔬菜下面画上一个钩；如果没变，就在它的下面画上一个叉号。

（3）请幼儿说一说自己的发现。教师与幼儿一起验证，对含淀粉较少、幼儿有疑问的蔬菜，滴上碘酒，过一会儿再观察。

小结：原来蔬菜中也含有淀粉，有的含淀粉多，有的含淀粉少。淀粉是我们身体需要的东西，面粉、蔬菜里都有它。

4. 游戏"黑猫警士破案"

（1）教师与幼儿一起接听报警电话：面粉仓库丢了几袋面粉，仓库管理员很着急，想请黑猫警士帮助破案。

（2）出示印有作案者脚印的白纸（教师用面粉水画上老鼠的脚印，晾干），请幼儿想办法找出偷面粉的小动物。

（3）引导幼儿用喷壶向纸上喷洒稀释过的碘酒，根据变色后显形的脚印，判断出是小老鼠偷了面粉。（帮助幼儿巩固面粉遇碘酒会变色的经验）

专家评析

淀粉遇到碘酒就会变色，是一种比较常见的化学变化。对于中班孩子来说，这样的探究活动是凭借经验可以接受的。教师在活动中设计的几个环节也比较简单可行：给淀粉水里滴上碘酒，观察会变色的现象，让幼儿初步感知淀粉遇到碘酒会变色；然后引导幼儿运用获得的这个经验，探究几种常见的蔬菜里是否有淀粉，在此过程中还培养了幼儿猜测、验证和做记录的能力；最后破案环节的设计，可以让幼儿将获得的经验进行实际应用。这样层层递进的活动设计，能比较容易地达成预设的活动目标。

中班的科学探究活动，一定要好玩、有趣，才会让孩子喜欢和投入进去。张老师设计的这个活动，利用"黑猫警士"的角色，让幼儿在游戏和角色扮演中不知不觉地感知科学现象，学会实验操作的基本技能，设计比较巧妙和有趣，孩子一定很喜欢。

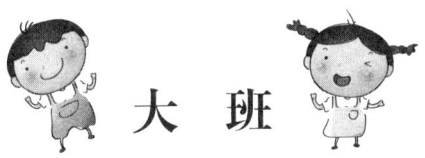

大 班

21. 找平衡

设计教师：马宁宁　评析专家：董旭花

幼儿园：山东省济南市育贤第一幼儿园

设计意图

生活中很多的物品都渗透着平衡原理。平衡原理在幼儿生活中随处可见，如撑起的雨伞、一上一下的跷跷板等。如何让深奥的科学道理贴近幼儿的生活和幼儿的思维方式，是"找平衡"这一科学探索活动最关注的问题。整个活动以各种有趣的游戏、探索操作等贯穿始终，引导幼儿亲身感受和体验平衡，从而萌发对平衡这一科学现象的探究兴趣。首先，通过"踩报纸"的合作游戏，让幼儿对平衡概念有初步的感受，激发其探索兴趣；其次，通过自主探索游戏"顶起来"，引导幼儿尝试用身体的各部位顶起生活中常见的事物，知道只要找到物体的平衡点，许多事物都能保持平衡的道理；再次，通过改变物体一端的重量从而改变平衡点，进一步探索平衡的秘密；最后，结合生活中常见的事物以及杂技视频等，让科学知识源于生活再回归生活。

活动目标

（1）初步感知物体的重心，寻找使不同的物体保持平衡的方法。

（2）对物体的平衡有探究兴趣。

活动准备

报纸、牙膏盒、橡皮泥、水彩笔、尺子、硬纸板、筐子、饮料瓶等。

活动过程

1. 导入："踩报纸"游戏，请幼儿感受平衡

指导语：小朋友们，咱们4人一组合作，玩一个"踩报纸"的游戏。

请幼儿4人一组，踩在一张报纸上，然后折叠报纸，继续游戏；再折叠报纸，请4个幼儿自己想办法在报纸上平稳站立。（报纸面积越来越小，

4个幼儿想要保持平衡站在上面,就必须紧紧地抱在一起,并且从双脚站立到单脚站立)

提问:我们一共玩了三次,你有什么不同的感觉?

结语:报纸越小,保持平衡越难。

2. 展开,探究寻找不同物体的平衡点

(1)游戏探索:顶起来。教师出示尺子、硬纸板、筐子、饮料瓶等材料,请幼儿想办法把它们平稳地顶起来。

①用头顶。

②用手掌顶。

③用拳头顶。

④用一根手指头顶。

结语:许多物体都能保持平衡,只要你能找到那个神奇的平衡点。

(2)探索牙膏盒的平衡点。

①初步探索:给每个幼儿发一个空的牙膏盒,请幼儿寻找牙膏盒的平衡点(一般在中间)。幼儿可以用手指头顶,也可以把牙膏盒放在桌边,慢慢往外推,直至快要掉下去为止。

②深入探索牙膏盒平衡点的改变。

展示"魔盒"(把橡皮泥粘贴在牙膏盒内部的一端),请幼儿继续探索寻找平衡点。

结语:物体的一端增加重量,物体原本的平衡点也会随之改变。

3. 生活经验拓展

(1)请幼儿欣赏图片、实物,感受生活中平衡的运用。

(2)请幼儿欣赏杂技视频《高车顶碗》。

专家评析

真的就像马老师说的那样,平衡现象在我们的生活中随处可见,不仅很多物品中隐含了平衡的原理,我们自己随时也都需要保持平衡,比如我们走路、拎东西、提东西、顶东西等等。

马老师的活动设计由一个中心点展开,包含三个小游戏。第一个小游戏是"踩报纸"。幼儿会很喜欢这个游戏,因为它简单有趣,同时告诉幼儿一个简单的道理,即面积越小,保持平衡越难。第二个游戏是"顶起来"。这个小游戏也很好玩,一方面教师鼓励幼儿尝试用身体的各个部位去顶,进一步体验"面积越小,保持平衡越难"的道理;另一方面,通过游戏让幼儿体验很多物体都可以顶起来,只要找到那个神奇的平衡点。第二个游戏具有承上启下的作用。第三个游戏是"神奇魔盒"。这个游戏让幼儿体验的是"物体一端的重量改变,平衡点随之改变"的道理,尽管是科学探究活动的递进,但这个游戏神奇有趣,仍然能吸引幼儿兴致勃勃地参与。

科学探究活动如果都是这样既神奇又有趣,相信会让所有的孩子都喜欢上科学。

22. 有趣的扁担

设计教师:孙晓芳　评析专家:董旭花

幼儿园:山东省德州市跃华学校幼儿园

设计意图

尽管对城市里的孩子来讲,扁担是很陌生的东西,但和扁担有关系的平衡现象在生活中比比皆是。扁担无论用来做什么,首先都要保持平衡。这个活动首先让幼儿认识扁担,体验扁担的用处;其次是让幼儿通过反复操作,体验两边小桶重量改变时,扁担的平衡点也会随之改变。

活动目标

(1)尝试运用木棍、绳子自制扁担。

(2)改变两边小桶的重量,不断探索能使扁担保持平衡的方法。

活动准备

扁担的图片和实物、木棍、等长的绳子、小桶、积木、水彩笔等。

活动过程

1. 认识扁担，简单了解扁担的用途

（1）出示扁担的图片，教师简单讲解扁担的用途。

（2）出示一条已做好的扁担，请幼儿担小桶，体验扁担的用途。

2. 运用木棍、绳子等材料，制作扁担

（1）出示木棍、绳子等材料，请幼儿两两合作，自己想办法制作扁担。教师提出制作扁担的要求：同时用到一根棍子和两根绳子，担起小桶。

制作扁担的难点在于如何利用绳子连接木棍和小桶，教师可以分小组个别指导幼儿。

（2）请幼儿用自制的扁担把装积木的小桶运到对面，进一步体验扁担的用途。

（3）交流、分享扁担的制作方法。

3. 探究如何让扁担保持平衡

（1）幼儿分组探究两桶积木重量相同时保持扁担平衡的方法。

两人一组，请幼儿在两只小桶中装进同样大的6块积木，然后把扁担放在小椅子的靠背上，想办法保持平衡，用笔在棍子上标记好平衡点的位置。

小结：扁担两边重量相同时，支起扁担的中心点就能保持平衡。

（2）分组探究两桶积木重量不同时，保持扁担平衡的方法。

①请幼儿取出一只桶里的两块积木，尝试继续让扁担保持平衡的方法，并在扁担的平衡点上做标记。

小结：两只桶内的积木一样多就可以保持扁担平衡，移动扁担的平衡点也可以保持平衡。

②请幼儿再次拿出一只桶内的数块积木，探索让扁担保持平衡的方法，并在扁担的平衡点上做标记。

小结：只要两边小桶的重量发生变化，扁担的平衡点就必然发生变化。

4. 担扁担体验，结束活动

请幼儿往两边小桶里随意装进自己喜欢的东西（如书本、书包、玩具等），担起来走动试试，感受扁担在肩膀上的平衡；然后，调整两边重量，再继续担起扁担。

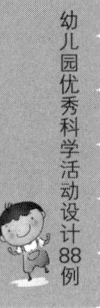

专家评析

伴随社会的进步和发展，现在无论城市还是农村的孩子都很少见到扁担，更不必说让他们自己试一试担扁担。这个活动的重要意义不只是让幼儿认识扁担、了解扁担的用途，更重要的是借助扁担这一生活中的物品，让幼儿体验和感知平衡，感受其中蕴含的科学道理。

"有趣的扁担"的活动设计层层递进，导入环节的"认识扁担"仅仅是引子，"自己制作扁担"这一环节也是为后面的探究活动创设条件，重要的是第三环节的探究活动。在这个环节，教师先是引导幼儿在两边小桶重量一致时，寻找扁担的平衡点；接着是引导幼儿不断调整两边小桶的重量，再次寻找平衡点，初步感受两边重量改变对平衡产生的影响。这个结论对于我们成人来讲再简单不过，但因为幼儿不具备逆向思维，在具体的活动中即使改变小桶的重量，很多幼儿还是会固守原来的平衡点，不懂得需要反复推移扁担才能慢慢找到新的平衡点。可见，这样的探究活动还有利于幼儿思维的发展。

其实，这样的探究活动也可以不采用扁担的创意，而是直接选用小木棍，加个小挂钩就可以实验。因为木棍比较短，幼儿操作起来会更容易一些。支撑扁担或者木棍的可以是椅子背，也可以是桌子角，还可以是幼儿自己的胳膊、手掌、手指等。

23. 陀螺转起来

设计教师：阚文娟　评析专家：董旭花

幼儿园：山东省章丘市实验幼儿园

设计意图

随着《劲爆战士》的热播，成品、半成品的劲爆陀螺充斥市场，而那种简单的、自制的陀螺快被孩子们遗忘了。我设计这个"陀螺转起来"的活动，就是想让孩子们自己动手制作陀螺，并且通过不断地实验探究影响陀螺旋转的因素，拓展对陀螺旋转的科学现象的认识。

活动目标

（1）探究影响陀螺旋转的因素。

（2）体验玩陀螺的乐趣。

活动准备

陀螺实物，圆形、三角形、长方形、梯形的陀螺面若干，教师用记录表一份，牙签若干（在牙签上做个标志线，见图1）。

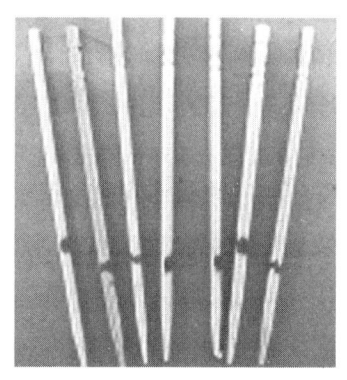

图1

活动过程

1. 自由玩陀螺，了解陀螺的种类和玩法

（1）出示各种成品陀螺，请幼儿自由玩一玩，要鼓励幼儿玩不同的陀螺。

（2）交流讨论：陀螺是用什么材料做成的？怎么玩？

小结：陀螺可以用不同的材料做成，还可以有不同的玩法；陀螺会转动是因为我们通过抽、拉、拧给了它一个力。

2. 实验操作和对比实验，探索影响陀螺旋转的因素

（1）请幼儿选择圆形、三角形、长方形、梯形陀螺面做成陀螺，通过对比实验，探索发现圆形是最适合做陀螺面的图形。

为幼儿提供中心打好孔的圆形、三角形、长方形、梯形陀螺面，请幼儿选两个陀螺面（一个选圆形，另一个任选），将牙签穿过小孔，并把陀

螺面调整到牙签标志线的位置(见图2),转一转两个陀螺,进行对比实验,看哪个陀螺旋转的时间长。

小结:(出示记录表,见图3)原来圆形的陀螺转得最好,圆形是最适合做陀螺的图形。

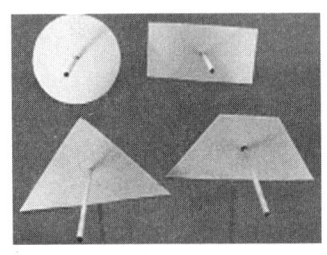
图2

图3

(2)幼儿制作陀螺,通过对比实验,探索发现陀螺旋转时间的长短和中心点有关。

为幼儿提供大小、质地相同的红色和绿色圆形陀螺面,红色的将孔打在中心,绿色的将孔打偏(见图4),请幼儿分别将其做成陀螺,比比看哪个陀螺旋转的时间长,引导幼儿观察、分析原因。

小结:(出示记录表,见图5)原来陀螺旋转的时间和中心点有关,牙签插到中心点转的时间就长,插偏了就转不起来了。

图4

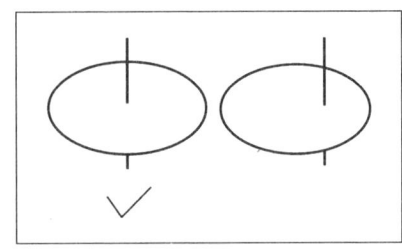
图5

(3)幼儿不断调整纸面离地的高度,并进行实验,探索发现陀螺旋转时间的长短和纸面距离地面的高度有关。

请幼儿取一根牙签和一个孔打在中心的圆形陀螺面,将牙签插入小孔,并把陀螺面调整到轴的顶端(见图6),转一转,再依次往下调整,看陀螺面在牙签的哪个部位陀螺旋转的时间最长。

小结:(出示记录表,见图7)原来陀螺旋转的时间和纸面距离地面的高度有关。

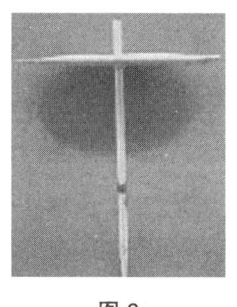

图6

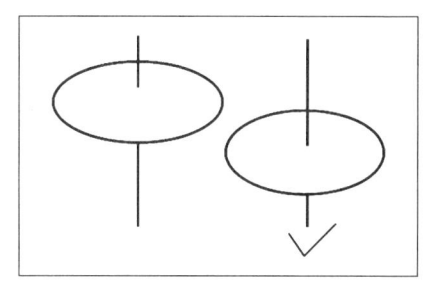

图7

(4)幼儿制作陀螺,通过对比实验,探索发现陀螺旋转时间的长短和纸的厚薄、轻重有关。

提供大小相同、质地轻重不同的两种圆形陀螺面(见图8),请幼儿把牙签插入中心的小孔,分别将其做成陀螺,比比看用哪个陀螺面做的陀螺旋转的时间最长。

小结:(出示记录表,见图9)原来陀螺旋转的时间还和纸的厚薄、轻重有关,用厚一点、沉一点的纸做的陀螺转的时间长,用轻一点、薄一点的纸做的陀螺转的时间短。

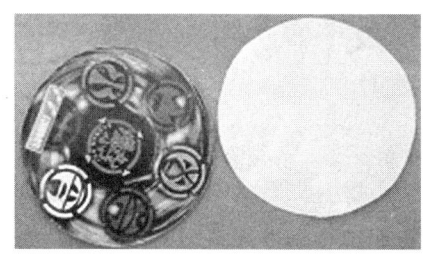

图8

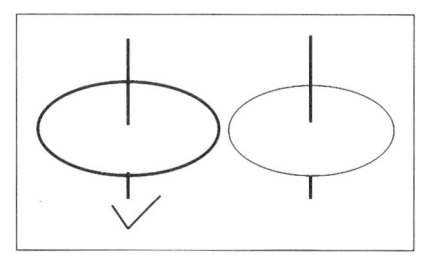

图9

3.梳理经验,制作陀螺

教师和幼儿一起梳理通过实验获得的感性经验,并请幼儿制作陀螺,进行陀螺大赛。

 **专家评析**

陀螺是幼儿生活中很平常的小玩具,但现阶段孩子们玩的陀螺大都是买的,拧一拧就可以旋转,有的还能发出各色光,看起来很好玩,但没有什么变化,也无须动脑筋、费力气,对于大班的孩子们来讲,没有什么探究价值。反而是阚老师设计的"陀螺转起来"活动,让我们看到如此富于变化的小玩具,好玩且富有科技含量。

要想把一个科学小游戏变成一个严谨的科学探究活动,教师需要选取一个富于变化、有价值的探究点。在这个活动中,教师选取了"影响陀螺旋转的因素"作为层层展开的探究点就很有新意,也能促使各种探究活动的开展。活动先从幼儿自由玩陀螺开始,让幼儿感受陀螺旋转都需要力的推动,然后是不同形状的陀螺面的对比实验、中心点的对比实验、陀螺面与地面的距离的对比实验、陀螺面的厚薄的对比实验,让幼儿在操作过程中不断感知影响陀螺旋转的因素,丰富感性经验。

本次活动选取牙签和卡片纸做陀螺,简单易行,无论什么条件的幼儿园都可以借鉴。

24. 多变的陀螺

设计教师:阚文娟 评析专家:董旭花

幼儿园:山东省章丘市实验幼儿园

设计意图

玩过陀螺的孩子在操作过程中自然会发现陀螺面上的图案在转动时会有变化,但到底有什么样的变化,则需要教师引导幼儿细致地观察。这次探究活动的核心是引导幼儿通过反复操作,探索发现陀螺旋转时陀螺面上点、线及色彩的奇妙变化,初步感知视觉暂留现象和色混现象,丰富幼儿的科学体验。

活动目标

（1）探索发现陀螺旋转时陀螺面上点、线及色彩的变化。

（2）体验陀螺旋转的乐趣，感知陀螺变化的奇妙。

活动准备

（1）有图案和没有图案的现成的陀螺若干。

（2）在圆心打好孔的圆形陀螺面、陀螺轴（可用牙签代替）、彩笔、即时贴若干。（见图10）

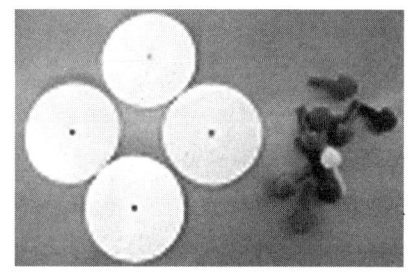

图10

活动过程

1. 幼儿自由玩陀螺

请幼儿自选一个陀螺玩，引导幼儿观察有的陀螺在旋转时图案会产生变化，激发幼儿的探索兴趣。

2. 逐步探索陀螺旋转时陀螺面上点、线与色彩的奇妙变化

（1）点的变化。

①请幼儿在陀螺纸面上随意地画点（见图11、图12），然后做成陀螺并转动，引导幼儿观察陀螺旋转时纸面上点的变化。

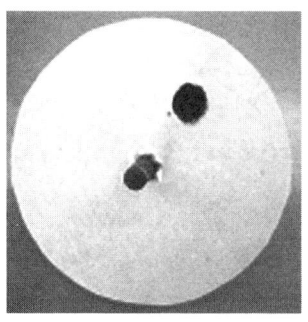
图11

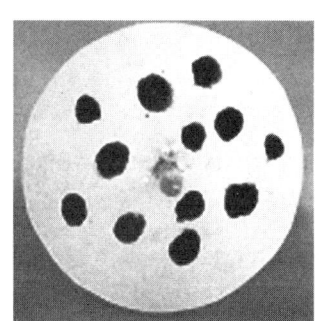
图12

小结：在陀螺面上画点，旋转时会看到圆圈。一个点时，我们会看到一个圆圈；许多点时，我们会看到几个圆圈。（见图13、图14）

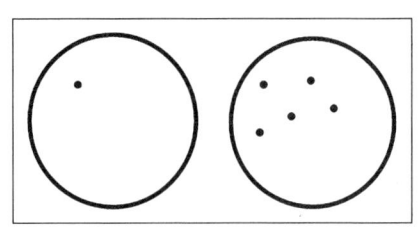

图 13

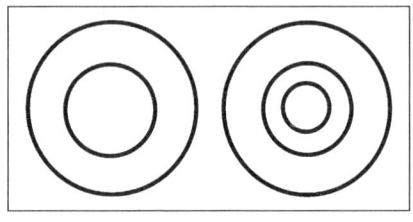

图 14

②呈现图15，请幼儿猜测旋转这个陀螺，会看到几个圆圈。请幼儿自己试一试。

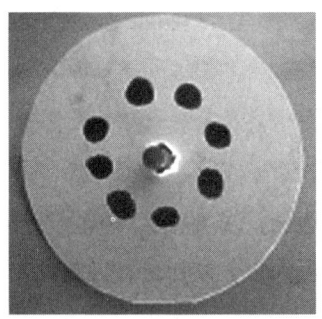

图 15

小结：这些点本身有规律，围成了一个圆圈，转动时每个点形成的圆圈就会重叠在一起，所以旋转起来我们只看到一个圆圈。

（2）线的变化。

①请幼儿在陀螺纸面上随意地画上一条或多条短线（见图16、图17），做成陀螺，观察陀螺旋转时陀螺面上线的变化。

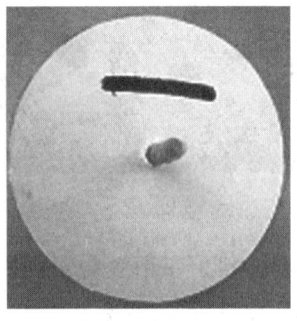

图 16

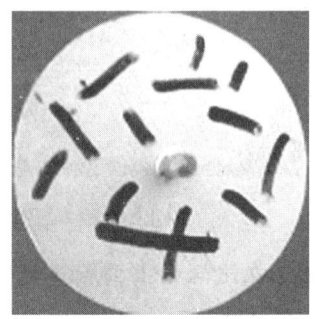

图 17

小结：原来在陀螺面上画线，旋转时我们会看到圆圈。（见图18、图19）

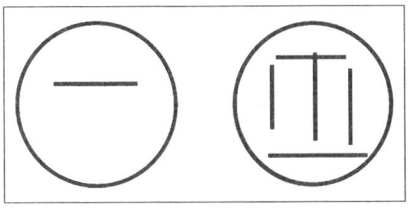

图18

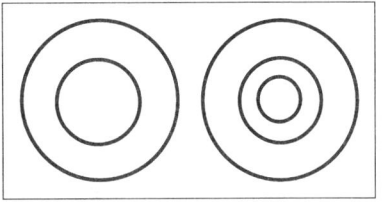

图19

②呈现图20，请幼儿猜猜并试一试。

提示语：陀螺面上所有的线转动时都会看到圆圈吗？像这样的陀螺会怎样呢？

小结：原来这种从中心画到边上的线不会变成圆圈，会在中心看到个小黑点。

（3）颜色的变化。

①单色陀螺的变化。教师转动单色陀螺，引导幼儿观察单色陀螺在旋转时颜色没有变化。

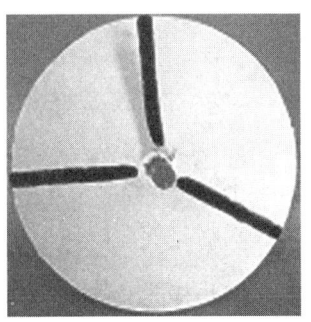

图20

②提供双面双色陀螺面（一面是一半红一半蓝，另一面是同心圆状环形色圈），制作并旋转陀螺，引导幼儿观察陀螺的变化。

小结：两种颜色的扇形色块旋转时会看到另一种颜色（见图21），而同心圆状环形色圈旋转时颜色没有变化。

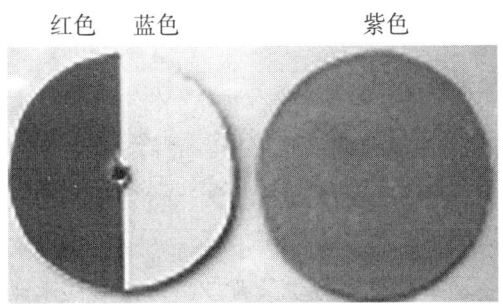

图21

③探索多色任意图案陀螺：请幼儿在陀螺面上任意涂色，探究发现其转动起来后陀螺面上的图案和颜色都会发生什么变化。

④请幼儿玩七彩（红橙黄绿青蓝紫）陀螺（见图22），引导幼儿观察七彩陀螺在旋转时颜色的变化。

图22

小结：七彩陀螺在快速转动时我们会看到一种颜色，即白色（灰白色）。

3. 幼儿自制陀螺

幼儿按照自己的意愿制作一个陀螺展示给大家看，进一步体会陀螺旋转时点、线及色彩的奇妙变化。

专家评析

物体在快速运动时，我们眼睛所看到的物体消失后，仍能暂时保留其影像。陀螺快速旋转时，人眼跟不上其飞速变化，所以会把点、线看成圆圈，出现图案改变的现象。至于颜色的改变，也与视觉暂留现象有关，是人眼出现的色混现象。

玩陀螺竟能玩出这么多科学知识来，实在有趣。对于幼儿园阶段的孩子来讲，教师不需要讲解任何科学现象，只需要和他们一起在陀螺面上反复涂抹，反复玩——涂点，看点的变化；涂线条，看线条的变化；涂色，看色彩的变化……这本身就既好玩又奇妙。活动看起来随意，教师却在其中做足了功课。

作为预设的科学探究活动，教师把活动核心确定为观察陀螺旋转时陀螺面上图案和色彩的变化，符合大班幼儿的兴趣和求知欲，又可以引发幼儿多次深入的探究活动。活动设计条理清晰，思路明确，重点突出。活动中，教师既有适宜的引领，又支持了幼儿的自主探究。

25. 不一样的滚动

设计教师：姜春华　评析专家：董旭花

幼儿园：山东省胜利石油管理局公共事业部学前科

设计意图

《纲要》强调科学教育应密切联系幼儿的实际生活进行。在实际生活中，我们会发现幼儿对各种各样能滚动的物体特别感兴趣，喜欢滚动各种东西玩。进入大班以后，幼儿的探究欲望明显增强，抽象思维开始萌芽，所以我设计了这样一个活动，一方面满足幼儿玩滚动游戏的愿望，另一方面引发幼儿进行有目的的实验探究，以发现不同形状的物体滚动路线是不一样的。活动尽可能采用游戏和幼儿自主探究的方式进行，以鼓励幼儿的自主性学习。

活动目标

（1）探究发现球体、圆台体、圆柱体形状的物体都能滚动，但滚动路线不一样。

（2）体验滚动游戏的乐趣。

活动准备

（1）纸杯、方便面碗等一头大一头小的圆台体的材料若干。

（2）易拉罐、薯片桶等两端一样粗细的圆柱体的材料若干。

（3）球类物体和纸棍若干。

活动过程

1. 自由玩各种物体

环节目的：发现它们共同的特点——会滚动。

（1）呈现各种材料，请幼儿自由选择玩，提示幼儿尽可能多玩几种。

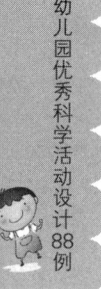

（2）组织幼儿讨论：它们为什么会滚动？

小结：我们周围有很多物体都能滚动，是因为它们都有一个地方是圆的。

（3）幼儿再次游戏，任选一个物体，比赛看谁滚得远。

小结：像皮球一样圆溜溜的东西最容易滚得远。

2. 游戏：滚进球门

环节目的：探究发现物体形状不一样，滚动路线不一样。

（1）讲解游戏的玩法和规则：两个人一组，面对面站立，然后各自后退一步，其中一人分腿站立伸开腿把胯下作为"球门"，另外一人选取一个物体滚动，看是否能滚进"球门"，然后两人互换位置和角色。

（2）请幼儿两人一组开始玩游戏。教师要提示幼儿注意两人间距离大约为2米，并注意互换位置。

（3）交流与讨论。

问题：刚才游戏的时候，大家发现什么现象了？为什么？

小结：有的物体滚动的时候能直直地滚进"球门"，如球和易拉罐等；有的物体滚动时会拐弯，如纸杯、方便面碗等，因为它们两头粗细不一样。

3. 游戏：赶回家

环节目的：进一步感知圆柱体状材料和球体状材料不一样的滚动路线。

（1）讲解游戏的玩法与规则：每个幼儿找两把椅子，距离大约2～3米摆开，然后把易拉罐、球等物体当成小猪，用纸棍赶它们在两把椅子之间转一圈回家。

（2）交流与讨论。

问题：刚才游戏的时候，大家发现什么现象了？为什么？

小结：球很容易拐弯，可是易拉罐就很难拐弯，因为球可以往任意方向滚动，而易拉罐之类的圆柱体材料只能往前滚动，不能拐弯。

 **专家评析**

2012年颁布的《指南》特别强调幼儿园科学教育应培养幼儿科学探究的兴趣，提高幼儿科学探究的能力。无论是兴趣还是能力的培养，都需要

在有意义、有意思的活动中实现。姜老师设计的"不一样的滚动"就是这样一个既有意义又趣味十足的科学探究活动。

首先,教师设定的活动目标清晰、明确,具有指向性,又符合大班幼儿科学探究的发展水平和需要。在我们周围的环境中有很多物体可以滚动,如球体、圆柱体、圆台体,但它们滚动的路线是不一样的。球体可以往任意方向直线滚动;圆柱体可以直线滚动;圆台体滚动时会拐弯,很难直着向前滚动。在这个活动中,材料的筛选也很重要,教师不需要面面俱到提供很多材料,但要保证每个幼儿都有机会探究各种材料的滚动。

其次,活动设计各环节皆是游戏化的探究操作活动,对幼儿具有非常大的吸引力。从开始环节的自由游戏到第二个环节的"滚进球门"游戏,再到"赶回家"的游戏,都趣味盎然,又富有探究性,且层层递进,让幼儿发现物体的形状不同滚动路线就不同,即使是都能往前滚进"球门"的球体和圆柱状物体,滚动路线也不同。球体可以自由滚动,可是圆柱体无法拐弯,只能往前滚,所以怎么也"赶不回家"。

对于幼儿园阶段的孩子们来讲,科学就在身边,科学魅力无比、趣味无穷。这个活动设计给了我们很多的启示。

26. 滚进山洞

设计教师:宋玲 评析专家:赵福云
幼儿园:山东省淄博市市直机关第一幼儿园

设计意图

纸杯、薯片桶、卫生纸筒、易拉罐等是我们生活中常见的东西。我们在幼儿园的区域环境中经常会投放这样的材料,幼儿见到一般就会滚着玩。在滚动游戏中,他们不难发现不同形状的物体滚动的轨迹不同这一现象。在活动设计中,我不仅让幼儿在游戏中发现,而且尝试让幼儿解决问题,即利用各种辅助材料探索让弧线滚动的物体变为直线滚动的方法,这

对于大班幼儿来讲具有一定的挑战性，需要教师的适当引导。

活动目标

（1）操作感知薯片桶、纸杯、易拉罐等物体滚动路线的不同。

（2）能利用提供的材料积极探索让弧线滚动的物体变为直线滚动的方法。

活动准备

（1）斜坡、薯片桶、纸筒、纸杯、没有把的塑料杯、易拉罐等若干。

（2）毛线绳、双面胶、皮筋等辅助材料若干。

活动过程

1. 初次探索，感知薯片桶、纸杯等物体不同的滚动路线

（1）出示山洞、斜坡和薯片桶等材料，请幼儿玩"滚进山洞"的游戏。

因为斜坡和山洞数量有限，所以把幼儿分为3～4人一组，轮流玩。教师应鼓励幼儿尝试所有的材料，并比较其不同。

（2）交流讨论：你发现了什么？

小结：有的物体能滚进山洞，有的不能，且不同的物体滚动路线不同。比如两头一样粗的物体能直线滚动，而一头粗一头细的物体则会拐弯。

2. 再次探索，进一步了解纸杯、塑料杯等的滚动方向

（1）提出问题：这些不能直线滚动的物体，朝向哪边拐弯呢？

（2）请幼儿再次探索，重点关注物体向哪个方向拐弯。教师应鼓励幼儿反复探索，并比较物体形状的差异。

小结：不能直线滚动的物体总是朝向细的一端拐弯。

3. 第三次探索，尝试让弧线滚动的物体直线滚进山洞

（1）提出问题：怎样让它们不拐弯滚进山洞呢？

（2）出示毛线绳、双面胶、皮筋等材料，请幼儿利用各种辅助材料，让弧线滚动的物体变成直线滚动。

（3）展示幼儿获得成功的作品，引导幼儿交流讨论，分享探索经验。

小结：只要让物体两端变得一样粗细就能滚进山洞。

**专家评析**

"滚进山洞"是围绕着小滚筒进山洞的情境展开的探索性的科学活动。孩子们带着问题、带着任务去探索、发现，历经探索、改造、交流的过程。活动的组织和设计突出了以下几个特点。

(1) **注重提问和梳理，使科学教育更有价值。**本节活动从教师创设的问题情境——"看看你发现了什么"开始，来吸引孩子的注意力，引起他们的探索兴趣。"朝向哪边拐弯"、"怎样让它滚进山洞"等问题的提出，引导孩子迁移并运用已获得的经验进一步探索。之后，教师用简练的语言帮助幼儿梳理、归纳操作的方法，使幼儿的科学教育更有价值。

(2) **积极动脑、动手，使科学活动更有意思。**在"滚进山洞"中，幼儿发现易拉罐和纸杯滚动的路线不同。"怎样让纸杯滚进山洞呢？"带着这样的问题，幼儿迁移已有经验，用皮筋、毛线绳、双面胶等辅助材料改造纸杯，改变纸杯的滚动路线。这种又动脑又动手解决问题的尝试，让科学活动变得更有意思。

(3) **联系生活并回归生活，使幼儿的操作活动更有意义。**易拉罐、纸杯、卫生纸筒……教师利用生活中这些常见的物品，创设了探索的情境，让探索活动更加紧密联系幼儿的生活、回归幼儿的生活，使幼儿的学习变得更有兴趣、更有意义了。

27. 不倒翁

设计教师：王梅美　评析专家：董旭花

幼儿园：山东省济南市二机床集团公司幼儿园

设计意图

不倒翁是幼儿喜爱的民间玩具，而大班幼儿会关注"不倒翁为什么会不倒"这一问题，因此设计这样一个科学探究活动可以很好地满足幼儿的

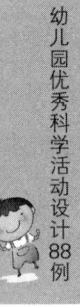

好奇心和求知欲。在活动中，我通过让每个幼儿玩不倒翁、自己制作不倒翁来探究不倒翁不倒的秘密，特别是最后为他们提供材料鼓励他们互相合作，一起制作大型不倒翁，以培养他们学习运用科学的态度、方法去发现问题、解决问题的能力。

活动目标

（1）在自制不倒翁的过程中能发现问题并探索如何解决问题。

（2）通过操作，感知不倒翁不倒的秘密。

（3）能与同伴合作制作不倒翁，体验成功的快乐。

活动准备

（1）不倒翁玩具和自制的"不倒翁"（底部为平底的和底部为球体的）若干。

（2）幼儿操作材料：小石子，橡皮泥，海洋球（提前剪去三分之一）人手一个，半圆形彩纸，彩笔。

（3）自制的大型"纸浆不倒翁"（高约80厘米）玩具4个，透明胶带，塑料袋，小石块等。

活动过程

1.谜语导入，引出活动主题

教师说出谜语："一个老头，不跑不走；请他睡觉，他就摇头。"请幼儿大胆猜测，激发幼儿探索的兴趣。

2.幼儿自由玩不倒翁玩具，探索不倒翁底部的秘密

（1）出示不倒翁，请幼儿每人选取一个玩一玩。

教师提出要求：玩时仔细看一看、比一比，看看谁的不倒翁能来回摇摆，谁的放倒后不能站起来。

（2）请幼儿按照不倒翁倒下后是否能站起来分成两组，并演示自己的不倒翁。

（3）引导幼儿观察比较，发现两组不倒翁的异同：底部为半球体的不倒翁能来回摇摆，底部是平底的不能来回摇摆。

3.幼儿制作不倒翁，并寻找不倒翁能来回摇摆的原因

（1）出示半圆形彩纸及海洋球（见图23），教师讲解制作方法。

①将半圆形彩纸折叠后粘成圆锥形作为不倒翁的头部。

②将圆锥形粘贴在海洋球上，并添画上眼睛、嘴巴。（见图24）

图23

图24

（2）幼儿操作，教师巡回指导。

（3）自由玩不倒翁，发现不倒翁不能来回摇摆的原因。

小结：需要在海洋球中装一些东西，才能做成真正的不倒翁。

4. 师幼共同探究不倒翁不倒的秘密

（1）出示实验记录表，教师讲解实验及记录方法。

①请幼儿将小石子、橡皮泥依次装进不倒翁的身体后试一试，看它倒下后能不能站起来。

②一次放入一种材料，在记录纸上用不同的标志画在不倒翁的身体处，如果能来回摇摆用对钩表示，不成功用叉表示。（见图25）实验完一种材料后，把它倒出来，再装另一种材料。

（2）幼儿操作并记录，教师巡回指导。　　图25

（3）交流讨论结果，教师通过演示，验证实验结果。

①教师依次演示放入小石子、橡皮泥的不倒翁，请幼儿说一说自己的操作结果并验证。

②讨论：怎样放入橡皮泥，才能使不倒翁不倒。

结论：把橡皮泥固定在不倒翁底部就可以做成真正的不倒翁了。

（4）幼儿再次操作，把橡皮泥固定在底部，做成一个可以来回摇摆的不倒翁。注意让每个幼儿都要体验到成功的喜悦。

5. 合作制作大型不倒翁，探究如何用颗粒状的物体制作不倒翁

（1）教师出示大型"不倒翁"（预先用纸浆做成），提出制作任务：运用胶带、小石块、塑料袋等材料，4人一组，合作制作不倒翁。（见图26、图27）

图26

图27

（2）请幼儿互相介绍实验结果，玩自制的不倒翁。（可以把石块装进塑料袋，再用胶带把塑料袋固定在不倒翁底部，就可以做成来回摇摆的不倒翁了）

专家评析

"不倒翁"这一活动属于科技小制作，非常符合大班幼儿的心理需求。他们一方面喜欢玩，另一方面又有强烈的求知欲，还喜欢动手做。

不倒翁作为玩具，看起来很简单，但其中蕴含了很多科学小知识。王老师在设计此活动时一环扣一环，层层递进，通过动手制作的活动，逐步帮助幼儿弄清楚不倒翁不倒的秘密。活动先是让幼儿自由玩不倒翁，通过观察比较，了解不倒翁底部应该是半球体。活动探究的关键点是在里面装上东西，教师为幼儿提供的材料是小石子和橡皮泥，大多数幼儿都会装进去就算了，但这样根本就不能成功。教师选取橡皮泥，让幼儿讨论如何放橡皮泥才能做成不倒翁。通过前面的操作和后面的讨论，幼儿明白把橡皮

泥用力按在底部，就可以做成来回摇摆的不倒翁。小石子当然也可以，但需要先把小石子集中在一起，再固定住，这样的操作相对来讲难一些，所以教师设计活动时将其放在最后一个环节。

如果制作大不倒翁的材料比较难准备，教师也可以就用小海洋球，在操作完橡皮泥之后请幼儿再次探究如何把小石子固定在底部做成可以来回摇摆的不倒翁。

在幼儿园的科学探究活动中，科技小制作永远会受到孩子们的喜爱。

28. 怎样让小球跑得更远

设计教师：刘娟　评析专家：董旭花

幼儿园：山东省胜利油田河口社区第三幼儿园

设计意图

日常生活中，球是孩子们比较感兴趣的玩具之一，而球特别容易滚动，那么在什么样的情况下球滚动得更快些呢？大班幼儿已经开始学习自然测量，在设计这次探究活动时，我不仅提供条件让幼儿反复实验操作、亲自验证猜想，探究球的滚动速度与坡度、坡面的光滑程度的关系，而且让幼儿通过自然测量比较小球滚动的远近，让科学探究活动更有效、更严谨，更符合科学精神。

活动目标

（1）探究发现球在不同坡度、不同光滑程度的表面滚动的速度是不一样的。

（2）能运用自然测量的方法，比较球滚动的远近。

活动准备

（1）长50厘米、宽20厘米的表面光滑的木板多块以及同样大小的绒布和无纺布。

（2）积木若干，大小相同的弹力球幼儿人手一个。

（3）小棍或绳子若干，记录单若干。

活动过程

1. 自由玩小球，观察小球的滚动现象

幼儿每人选择一个小球，自由滚动小球。教师注意提示幼儿在地面上滚动小球，鼓励幼儿说一说自己在玩球的过程中发现了什么。

2. 第一次操作：对比实验，感知用力大小对小球滚动速度的影响

（1）教师将小球放在桌面上，请幼儿观察、发现小球不滚动。

（2）请两名幼儿用大小不同的力量滚动小球，请幼儿观察、发现小球滚动的速度不同。

小结：小球滚动是要借助外力的，且用力越大，小球跑得越快。

3. 第二次操作：感知坡度大小对小球滚动速度的影响

（1）四人一组合作进行对比实验。每个小组选择两块一样的木板，其中一块木板下垫一块积木，另一块木板下垫两块或三块积木，将小球自然放在木板垫高的一端，看小球在木板上滚下的速度是否一样，在哪块木板上更快一些。

（2）两人一组，选用小棍或绳子测量小球滚动的距离并记录下来，比较哪一个小球滚得更远。

小结：木板的坡度越大，小球跑得越快、越远。

4. 第三次操作：感知木板的光滑程度对小球滚动速度的影响

（1）四人一组进行对比实验。

每个小组都选用两块积木将两块木板的一端垫起同样的高度，在其表面分别盖上绒布和无纺布，把小球同时放在垫高的一端，看小球在哪块木板上滚动得最快。

（2）两人一组，选用小棍或绳子测量小球滚动的距离并记录下来，比较哪一个小球滚得更远。

（3）感知观察：请幼儿分别摸一摸放有绒布和无纺布的木板的表面，看是否一样光滑。鼓励幼儿思考为什么小球滚动的速度会不一样。

小结：在同样坡度的情况下，小球在不同材料的物体表面滚动的速度也不同，表面越是光滑，小球跑得越快。

5. 结束环节：小球滚动大赛

请幼儿任意选用各种方法和材料，在不用手推动的情况下，比赛谁的小球跑得更快、更远。

 **专家评析**

这个科学探究活动涉及的是力和运动的问题，很简单，物体在外力作用下就会产生运动，就像小球，推动它，它就会滚动，推的力气越大，小球滚动得越快。当然作为一个正规的科学探究活动，教学活动设计不能仅仅在幼儿的已有经验内打转。有价值、有意义的教学活动会给予幼儿挑战性的任务，让幼儿在动手操作的过程中获得经验的提升和能力的发展。

刘老师设计的"怎样让小球跑得更远"给予幼儿三方面的挑战：一是设置不同的坡度，比较小球的滚动速度；二是设置不同的光滑面，比较小球的滚动速度；三是通过动手测量，准确地比较远近。

为了取得较好的教学效果，特建议如下：

（1）教学活动过程中最好撤离桌椅，给幼儿较为宽阔的空间，避免相互干扰和影响。

（2）最好避免"教师做、幼儿看，教师讲、幼儿听，教师问、幼儿答"的传统教学模式，尽可能创造条件让每个幼儿都有机会参与操作和体验。四人小组比较合适，测量的时候正好两两合作。

（3）设置坡度的时候可以选用积木块，正好有了一、二、三的数量比较；也可以选用长方体盒子，盒子的长、宽、高正好为板子制造了不同的坡度。

（4）测量过程中的记录非常重要，因为记录结果可以让比较结果一目了然。

（5）原来刘老师的教案是"怎样让小球跑得更快"，建议修改为"跑得更远"。"跑得更快"和"跑得更远"基本是一致的，"跑得快"可以观察到，但很难准确地表达；"跑得远"，幼儿是可以测量到的，而测量的结果可确切地说明远和近。

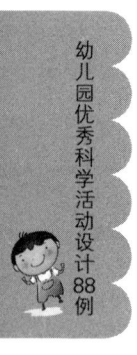

29. 翻跟头的小胶囊

设计教师：高敏　评析专家：赵福云

幼儿园：山东省胜利油田现河幼儿园

设计意图

在"玩具分享日"活动中，一个幼儿带来的"翻跟头的小丑"受到了小朋友们的欢迎。"为什么它能翻这么多跟头，停不下来呢？"孩子们好奇地讨论起来。"是不是它身上有磁铁？""也许它是用电池的，一打开开关就会翻跟头"……好奇心是幼儿探究学习的原动力，本次活动通过一次次的探索，帮助幼儿发现物体会随着重心的转移而改变运动方向这一有趣的现象。

活动目标

（1）感知有些物体在斜坡上会随着重心的转移出现翻滚现象。

（2）能用语言表达自己的发现并记录探索过程。

活动准备

胶囊，小钢珠，绿豆，螺丝钉，纸滑梯，多媒体课件，实验记录表格。

活动过程

1. 导入活动，激发幼儿兴趣

教师演示会翻跟头的胶囊，引导幼儿观察，引起幼儿探究的兴趣。

2. 幼儿尝试操作探索

（1）幼儿每人一个空的小胶囊，然后动手尝试自己手中的胶囊能否翻跟头。

（2）幼儿操作后得出结论：胶囊不会翻跟头。

3. 幼儿猜想并动手验证猜想结果

（1)师：为什么你们的小胶囊不能像老师的一样翻跟头呢？（幼儿讨论）

(2) 认识材料，了解小钢珠、绿豆、螺丝钉三种材料的基本特征。

师：这三种材料哪儿不一样？放在手里掂一掂，在盘子里滚一滚。

小结：这三种材料形状不一样，重量不一样，滚起来也不一样。

(3) 幼儿猜想哪种东西会让小胶囊翻跟头，并填写猜想表格（见下表）。

项目	小钢珠	绿豆	螺丝钉
猜想			
验证			

(4) 幼儿分别将三种材料放入小胶囊中实验并记录结果。

(5) 结合猜想表格，幼儿讲述并演示自己的发现。

(6) 师生再次共同验证实验结果：小钢珠放进胶囊里，小胶囊会翻跟头。

4. 观看多媒体课件，了解小胶囊翻跟头的原理

师：小钢珠是圆的，能自由滚动而且比较重。当小钢珠滚到胶囊的一头时，胶囊的另一头就翘起来了；当滚到另一头时，这一头又翘起来了。这样小钢珠连续不断地滚动，胶囊就能连续不断地翻跟头了。

活动延伸

(1) 师：看看还有哪些物品可以让小胶囊翻跟头，这些物品哪些地方是一样的？

(2) 引导幼儿观察小胶囊在不同场地上翻跟头的情况。

专家评析

"生活即教育。"本次活动针对日常生活中常见的翻滚现象，让孩子们在玩中学、玩中思，在玩中体验科学探索的乐趣，让他们知道科学就在身边。活动采用适合幼儿的猜想、记录、操作的方法，有效完成了教学目标。

(1) **猜一猜，引动思考。** 猜一猜，对于幼儿来讲，就是科学探究意义上的假设。"猜一猜，哪种东西会让小胶囊翻跟头呢？"在了解过钢珠、螺

丝钉、绿豆的特性之后,孩子的猜测不是盲目的猜,而是带有科学性质的推理、判断和思考。

（2）记一记,学做研究。教师设计了简单明了的记录表,让幼儿像科学家一样边操作、边记录。他们不仅记录自己的猜想,也记录实验结果,更从猜想到验证的对比中真实感受到了"科学是需要操作验证"的事实。

（3）做一做,明晰道理。动手做,是科学活动的灵魂,是对猜想的验证。在用钢珠、绿豆和螺丝钉分别做实验时,幼儿时而惊喜、时而沮丧、时而兴奋,体验着科学探索的乐趣。

幼儿所能探知的科学问题虽然浅显,但他们所具备的科学精神会永远支持他们,这也正是幼儿园科学教育活动的目标所在。

30. 有趣的管道

设计教师：马晓音　评析专家：赵福云

幼儿园：山东省胜利油田孤岛第五幼儿园

设计意图

孩子们总喜欢躲在卫生间、洗手间里对各种各样的管子很好奇,我以此为契机,设计了此次活动,意在引导幼儿探索哪些材料可以通过直管道、哪些可以通过弯管道,通过操作和观察活动,激发幼儿对科学活动的兴趣,帮助他们感知身边一些科学现象的基本原理,发展他们的动手能力和观察能力。

活动目标

（1）探索发现物体能否通过管道与管道的粗细、质地、形状和物体本身有关系。

（2）能准确表达自己的发现并记录观察结果,体验探索的乐趣。

活动准备

（1）知识经验准备：请幼儿和家长一起观察、搜集生活中哪些东西是需要管子的，有什么用处；带幼儿玩组合滑梯中的直道、弯筒滑梯。

（2）材料准备：记录表若干份，笔，各种质地、粗细、形状的管子（洗衣机的排水管、水管道用的PVC管、带弯头的不锈钢水管等），每组一筐实验材料（豆子、石子、木头、铅笔、橡皮、毛线、玻璃球、棋子等）。

活动过程

1. 谈话引出课题，了解生活中管子的多样性

问题：生活中你见过什么东西上使用了管子？干什么用的？（不同质地、不同用途）

2. 猜想记录物体能否通过粗细、形状不同的管道

（1）分别出示粗细不同的直的软管、硬管引导幼儿观察，说说这个管子是什么样的，猜猜哪些物体可以通过。

（2）引导幼儿认识准备好的各种材料，猜猜并记录：你觉得哪些材料能通过直管道？把自己的想法记录在表格上（引导幼儿用自己的方式记录）。

（3）幼儿猜想结果并记录。

（4）请每组幼儿交流自己的记录结果。

（5）讨论：为什么有的小朋友说毛线、木头、铅笔、橡皮不能通过细的软管呢？这些物品到底能不能通过这些管子呢？我们一起想个办法验证一下。

3. 实验物体能否通过粗细、形状不同的管道，验证猜测结果

（1）教师提出操作要求：每种管子和筐子里的每个物品都要实验，并把结果记录在表格上。

（2）幼儿进行实验操作。

（3）教师指导个别幼儿，鼓励幼儿用自己的方法进行记录。

（4）请个别幼儿交流实验结果，教师提问：豆子、玻璃球、石子为什么能通过各种管子？木头、铅笔、橡皮、棋子为什么能通过硬的直管，不能通过细的直软管呢？毛线为什么不容易通过弯管呢？

（5）出示毛线，提问：谁能让毛线快速地通过各种管子？幼儿讨论并实验帮助毛线过管道的方法。（将毛线系在石子上、用书扇风、用嘴吹等）

总结：物体能否通过管道是和管子的软硬、粗细、形状及物体本身的

软硬、大小有关系的。越硬、越小、越容易滚动的物体越容易通过管子；越软、越大、越不易滚动的物体越不易通过管子。

活动延伸

师：很多东西不易通过软的、细的、弯的管道，导致管道容易发生堵塞，所以在生活中我们要注意什么？

专家评析

本次活动，教师选取生活中应用广泛的管子展开教学，采用开放式的教育方法，让不同水平的幼儿都获得了成功的体验，使幼儿的主体性得到了较好的发挥。

（1）**喜闻乐见的内容选择**。《纲要》指出："幼儿的科学教育重在激发幼儿的认知兴趣和探究欲望，活动内容的选择既要贴近幼儿的生活，又要有利于拓展幼儿的经验和视野。"本次活动内容源于生活中的管子，源于幼儿探究的兴趣。知识内容的切入点深入浅出，恰到好处，是孩子们非常熟悉而且兴趣浓厚的。

（2）**适于幼儿的教学方法**。"猜一猜"的方式，让幼儿形成了各种生动的假设；记录表的使用，让幼儿学会了记录和验证；由恰当材料构成的实验操作，让幼儿思维活跃。整个活动以幼儿喜欢的方式，环环相扣、步步深入、由易到难，有效达成了活动目标。

（3）**以幼儿为主体的教学理念**。在组织教学的过程中，教师始终以幼儿为主体，很少有灌输性的语言，让幼儿成为整个活动的主人。

建议教师追随幼儿的兴趣，引导幼儿围绕"管子"问题持续探究下去。比如：继续开展"管子迷宫"、"让水流出来"、"弯弯的管子"等多种活动，让幼儿的探究真正成为自主有效的探究。

31. 纸桥游戏

设计教师：高婷婷　　评析专家：刘霞

幼儿园：山东省东营市胜利油田科技新村幼儿园

设计意图

纸是生活中常见的物品，教师在幼儿园的区域环境中经常会投放纸质的材料，有些幼儿在操作摆弄中会发现，通过改变纸的造型，可以让相同的纸有不同的承重能力。在本次活动的设计中，我创设了有趣的游戏情境，让幼儿在游戏中发现问题，并尝试小组合作探索解决问题的方法，使活动对大班幼儿具备了一定的挑战性。

活动目标

（1）初步了解改变形状可以使物体的承重力变化的现象。

（2）愿意与同伴合作探索设计更坚固的纸桥。

活动准备

由普通A4打印纸裁剪成的宽纸条若干、透明胶带、胶棒、有关波纹纸的应用的PPT等。

活动过程

1. 学习制作三种不同形状的"桥墩"

（1）出示用纸制作的圆柱体、正方体和三棱柱等材料（见图28），用"桥墩选拔赛"的故事导入活动。

图28

师：负责建造某大桥的工程师准备举行一个"桥墩选拔赛"，从中选取最坚固的桥墩。圆柱体、正方体和三棱柱听说后都来参加比赛，它们都说自己最结实、最适合做成桥墩。它们还特意邀请小朋友们都来制作桥墩参赛。

（2）交流讨论：怎样做出桥墩呢？

（3）教师示范三种桥墩的制作方法：将纸的两条短边粘在一起，做成圆柱体；把纸折四折，把末端粘起来，折成正方体；把纸折三折，把末端粘起来，折成三棱柱。

（4）幼儿3～4人一组，每人制作一种桥墩。

2. 再次探索：谁的力气大

（1）提出问题：谁的力气最大？怎样比呢？

（2）教师示范实验过程，按照三棱柱、正方体、圆柱体的顺序，分别往其身上压相同重量的书，看谁先倒。

（3）幼儿分组尝试：分别往本组的三种形体上压相同重量的书，看谁先倒。

小结：经过一场激烈的"举重"比赛，圆柱体最终获胜，赢得了"圆柱大力士"的称号。随后工程师用圆柱体造好了桥墩。

3. 第三次探索：桥面选拔赛

（1）提出问题：接下来要举行"桥面选拔赛"了，大桥需要一个结实的桥面，用面前的纸怎样做出结实的桥面呢？

（2）幼儿分组讨论，探索尝试。

（3）教师示范：将纸条放在两个桥墩上作为桥面，把胶棒放在上面，观察现象（见图29）；将纸条折叠成波纹纸放在两个桥墩上，再把胶棒放上去观察现象（见图30）。

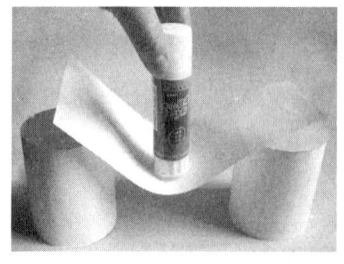

图29

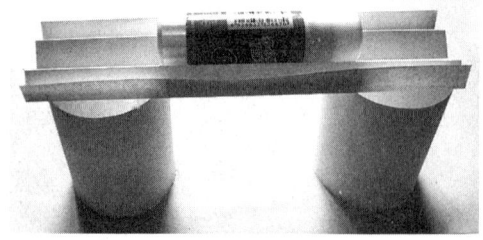

图30

（4）幼儿分小组尝试，进行实验。

小结：通过实验我们知道，普通的白纸放上胶棒就会被压垮，而波纹纸的桥面比平面纸结实，胶棒放上去都没有压垮。原来改变一下形状，纸就能承受更大的压力。

4. 拓展经验，产生继续探究的兴趣

（1）请幼儿讨论思考：生活中哪里用到了波纹纸？

（2）组织幼儿观看有关波纹纸在生活中的运用的PPT，拓展孩子的生活经验。

 专家评析

形状不同，物体的承重能力就不同。聪明的人们把原本普通的物品改变一下形状，就能够解决很多问题，比如圆柱体的桥墩更结实；纸箱里面做成波纹状，能让纸箱更结实耐用等。

本活动中，教师利用了最简单的纸作为实验材料，让幼儿在操作中感受到稍微改变一下纸的形状，它的承重能力就会大大增强。孩子们在做做玩玩中，能够轻松获得经验。教师还创设了"桥墩选拔赛"和"桥面选拔赛"的情境，让幼儿在轻松愉快的氛围中获得愉快的学习体验。

本活动设计了两个层次，一个是对圆柱体、正方体和三棱柱的承重力的探索，一个是对普通形状的纸和波纹纸之间的承重力的对比。两个层次的探索共同帮助幼儿体会到物体改变形状以后承重力就会改变的道理，从而实现该活动的核心目标。这样的设计简单而实用，值得借鉴。

32. 会跳高的机器猫

设计教师：宋玲　　评析专家：赵福云

幼儿园：山东省淄博市市直机关第一幼儿园

设计意图

"会跳高的机器猫"是根据物理学中的杠杆原理设计出来的教育活动。几乎每个幼儿都有过玩跷跷板的生活经验，本次活动把幼儿的这种经验与杠杆力的原理有机地结合起来，让幼儿在玩"小跷跷板"的过程中粗浅地了解杠杆的现象。

活动目标

（1）能利用尺子、皮筋等材料，尝试自制小跳板。

（2）通过玩小跳板，感知物体跳的高度与力的大小、物体与支点的距离等有关。

活动准备

（1）杂技表演录像。

（2）尺子（有红蓝圆点）、积木、皮筋人手一份，不同颜色的机器猫玩具每人两个。

活动过程

1. 观看杂技表演录像

（1）师：你们看过杂技表演吗？看过哪些表演？

（2）组织幼儿观看一段精彩的杂技表演后，提问：杂技演员表演了什么？杂技演员为什么能跳得那么高？是什么帮助了他？

教师小结：杂技演员跳得那么高，是跷跷板起了大作用。

2. 探索机器猫跳的高度与用力大小的关系

（1）幼儿自制跷跷板。

①提供尺子、积木、皮筋等制作跷跷板需要的东西，引导幼儿用这些

材料制作出好玩的跷跷板。

②交流讨论制作跷跷板的方法。

（2）幼儿探索跷跷板的应用。

①幼儿探索怎样让机器猫跳起来。

提问：今天老师带来了许多机器猫，让机器猫来当杂技演员。那么，怎样让机器猫跳起来呢？

②幼儿交流讨论让机器猫跳起来的方法。

③幼儿探索怎样让机器猫跳得更高。

④集体交流：机器猫跳得高低与什么有关？

小结：用力大，机器猫跳得高；用力小，机器猫跳得低。

3. 再次探索在相同力的作用下机器猫跳的高度与物体和支点的距离的关系

（1）在相同的力的作用下，机器猫站的位置不同，跳的高度不同。

①请幼儿猜想：站在同一尺子不同圆点上的机器猫，哪个跳得高，哪个跳得低？

②幼儿尝试猜想，交流实验结果。

③幼儿深入探索：为什么站在远处点上的机器猫跳得高，站在近处点上的跳得低？

集体小结：机器猫离支点近，就跳得低；离支点远，就跳得高。

（2）在相同的力的作用下，支点位置不同，机器猫跳的高度不同。

①请幼儿猜想：两个机器猫分别站在不同跷跷板的同一位置点上，用同样的力按下去，它们会跳得一样高吗？哪个高？哪个低？为什么？

②教师操作，幼儿观察、交流实验结果。

集体小结：在相同的力的作用下，积木离机器猫越近，它就跳得越低；积木离机器猫越远，它就跳得越高。

③ 幼儿两两结伴尝试验证。

教师小结：用力大，机器猫就跳得高；用力小，机器猫就跳得低。在用力大小一样时，机器猫离积木越近，它就跳得越低；机器猫离积木越远，它就跳得越高。

4.小游戏"机器猫跳高比赛"

(1)幼儿运用实验发现的办法,玩"机器猫跳高比赛"的游戏。

(2)师:还有什么办法能让机器猫跳得更高呢?请小朋友带着机器猫到外面去试一试吧。

专家评析

幼儿几乎都有过玩跷跷板的生活经验,"会跳高的机器猫"是根据物理学中的杠杆原理设计出来的教育活动。本活动巧妙地找到了与实际生活的结合点,将抽象的概念迁移到了幼儿喜欢玩的跷跷板游戏中。它不要求幼儿了解其中深奥的原理,而是让幼儿在玩"小跷跷板"的过程中粗浅地了解杠杆的现象,这也恰恰体现了《纲要》中所倡导的"学前阶段的主要任务是培养幼儿的学习兴趣和探究的方法,为幼儿的学习埋下兴趣的种子"的教育理念。本活动有以下几个突出的特点:

(1) **材料简单易得,操作层层深入。**直尺、积木、皮筋、小玩具等教师投放的材料简单常见,便于幼儿操作,但是蕴含着很大的探索空间。从教师利用材料启发幼儿制作跷跷板,到探索在同一个跷跷板上机器猫跳高,再到不同跷跷板上的跳高,幼儿先后进行了三次尝试。随着新问题的提出、材料的递增,幼儿在玩的过程中将教学内容转化为了自己的直接经验。

(2) **符合科学实验的方法,做到了实验的严谨性。**考虑到科学活动的严谨性,教师在活动中进行了一些调整。比如:直尺上面的控制点保证了幼儿操作时的准确性;在用两个跷跷板同时实验的过程中,辅助材料——木板的运用,保证了落下时力量的相同,最大限度地减少了误差。

(3) **充分体现了玩中学、学中玩。**爱玩是孩子的天性,他们玩自己亲手做的东西就更加兴趣高涨。本活动将科学知识融入做玩具、玩玩具的过程中。幼儿用制作好的科技小玩具边游戏、边观察、边改进,全身心地投入到活动中。比如在最后一个跳高比赛的环节中,幼儿调节跷跷板的支点、用脚的力量踩跷跷板等,在玩中巩固了相关经验。许多幼儿在活动结束后都说:"太好玩了,我还想玩。"由此可见,"玩中学、学中玩"是学前阶段幼儿学习的最好方式。

(4) **猜想—实验—总结的教学模式。**在活动的组织过程中,幼儿猜想在先,然后带着猜想进行多次探索实验。第一次猜想可能是主观臆断的,但是第二次的猜想是在已有经验基础上进行的有思考、有迁移的猜想。教师通过组织幼儿展开讨论、各抒己见,在争论中提出新的问题,促进幼儿进一步探索,最终帮助他们获得比较接近科学的简单的概念。

33. 神奇的纸圈

设计教师:刘晓静 评析专家:刘霞

幼儿园:山东省淄博市市直机关第二幼儿园

设计意图

纸是孩子们生活中比较常见的物品,孩子们经常用来画画、折剪、团球等。在区域活动中,也有一些孩子把纸条粘贴成纸圈来玩。很多年前,德国科学家麦比乌斯突然想到把纸条的一端扭一下,就变成了一个麦比乌斯圈。麦比乌斯圈不但神奇,而且在生活中应用非常广泛。为了让孩子们在自己的探索中了解它的秘密,知道科学给人们的生活带来的好处和便利,我设计了这个活动,让幼儿通过多次操作和探究,感受麦比乌斯圈的神奇,激发幼儿对科学活动的兴趣。

活动目标

(1) 发现麦比乌斯圈只有一个面的特点。

(2) 探索麦比乌斯圈等分不同的次数后产生的不同现象。

(3) 大胆与同伴交流自己的操作方式和发现,培养求真、求实的科学态度。

活动准备

(1) 正面红色、反面蓝色的长纸条若干,用布做成的红蓝两个面的大麦比乌斯圈一个。

（2）两面颜色不同的自制麦比乌斯圈若干个，上面分别画有一条线、二条线、三条线。

（3）剪刀人手一把，彩笔人手一支。

（4）有关麦比乌斯圈在生活中的应用的课件。

活动过程

1. 师生共同制作麦比乌斯纸圈

（1）出示正背面颜色不同的普通纸圈，让幼儿观察并说说这个纸圈的特点。（两面的颜色不一样，里面是蓝色，外面是红色）

（2）教师示范麦比乌斯圈的做法。

师：很多年前，德国有一个叫麦比乌斯的科学家。他有一天突然想到如果把纸条的一端扭一下会怎么样呢？（教师慢慢地示范做纸圈的方法，让幼儿看清楚）它就变成了这样一个圈（见图31）。它还有一个好听的名字呢，叫麦比乌斯圈。现在请你们也来做一个麦比乌斯圈吧！

图31

（3）请幼儿自己制作麦比乌斯圈，教师巡回指导。

2. 比较普通的圈和麦比乌斯圈的异同，了解麦比乌斯圈只有一个面的特点

（1）请幼儿在普通纸圈的内侧画线，观察发生的现象。（画的线只在内侧蓝色的面上）

（2）请幼儿在两面颜色不同的麦比乌斯圈内侧画线，观察发生的有趣现象。（画的线会从红色的面转到蓝色的面上，而线条并没有断）（见图32）

（3）请幼儿对比观察后讲一讲自己发现的秘密。

图32

（4）教师小结：普通圈的线只画了一个面就连了起来，但是麦比乌斯圈的线很特别，画过了蓝颜色的一侧又到了红颜色的一侧，最终又回到了原来的出发点。

（5）出示用布做的大麦比乌斯圈，请几名幼儿进圈里走动，其他幼儿在旁边观察会发生什么现象，帮助幼儿进一步感知麦比乌斯圈只有一个面的神奇现象。

师：小朋友们现在站在红色的面上，往前走，来到了蓝色的面上，再往前走，又回到了红色的面上，真是神奇！

小结：普通的圈有两个面，而麦比乌斯圈则把两个面连在了一起，变成了一个面。

3. 探索沿着麦比乌斯圈的二等分线剪开和三等分线剪开发生的现象

（1）请幼儿把普通纸圈沿二等分线和三等分线剪开，观察会发生什么现象。（原来的一个圈平均分成了两个和三个分开的圈）

（2）请幼儿猜一猜，如果把画着二等分线的麦比乌斯圈剪开，会有几个圈。

（3）请幼儿剪开二等分的麦比乌斯圈，验证刚才的猜测。（见图33）

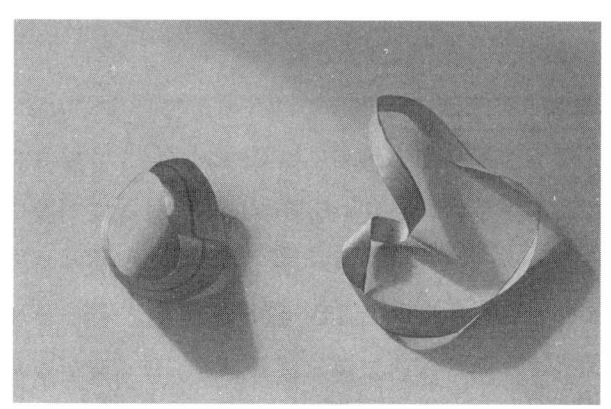

图33

（4）在刚才实验的经验基础上，让幼儿进一步猜测，画上两条线的三等分的麦比乌斯圈，被剪开后会是什么样子呢？

（5）幼儿尝试剪开三等分的麦比乌斯圈，验证猜测的结果。（见图34）

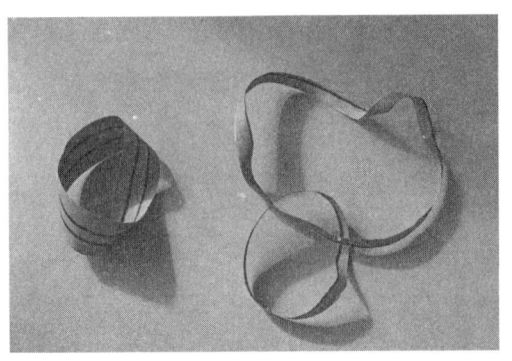

图34

小结：其实很多时候我们的猜测不一定正确，只有通过自己的实际操作才能确认。科学家们就是这样发现了很多有趣的现象。今天小朋友们也做了一回小科学家，发现了麦比乌斯圈的很多秘密。你们真棒！

4.拓展延伸，了解麦比乌斯圈在生活中的应用

（1）请幼儿观看课件，了解麦比乌斯圈在生活中的应用。

（2）出示画有三条等分线的麦比乌斯圈，请幼儿猜测剪开后会变成什么形状，激发幼儿进一步探索的兴趣。

（3）请幼儿乘麦比乌斯圈火车出教室，结束活动。

专家评析

科学就是这么神奇，一个小小的纸条，在粘贴的时候一扭，就变成了有趣的麦比乌斯圈。对于我们成人来说都很新奇的事情，让小孩子着迷就一点都不奇怪了。

那么，怎样才能让幼儿清晰容易地感受到麦比乌斯圈只有一个面的典型特点呢？本活动中，聪明的教师把圈做成正反面不同的颜色，让孩子在画线、走圈的体验中，非常容易地观察到了麦比乌斯圈只有一个面的现象。除此以外，普通纸圈二等分、三等分剪开，只会变成相同大小的两个、三个分开的圆圈，而麦比乌斯圈却每次都有不同的变化，带给操作的人接连不断的惊喜和发现。教师精心设计的几个操作环节，就这样让孩子

们在猜想和不断的惊喜发现中感受科学现象的神奇,从而对科学探究充满浓厚的兴趣。相信对于这样的活动,孩子们一定会非常感兴趣。

对于大班的孩子来说,猜想不一定准确,只有亲自操作,才能知道会发生什么。这样的经验的获得,对于培养幼儿求真求实的科学精神,以及严谨认真的做事态度,是有必要和有帮助的。而这种品质的养成,对于幼儿以后的学习生活会大有益处。

34. 有用的网

设计教师:李冬梅、刘晓静　评析专家:赵福云

幼儿园:山东省淄博市市直机关第二幼儿园

设计意图

纱窗、蝇拍、羽毛球拍等网状物品在幼儿的生活中很常见,它们给人们的生活提供了方便,孩子也具有与此相关的生活经验。在进行主题活动"科学放大镜"时,我们请幼儿从家里搜集各种网状物品带到幼儿园,并将其投放到活动区中,激发了幼儿探究网状物品特性的兴趣。为了将幼儿的已有经验进行梳理归纳和提升,让他们感知科学技术在生活中的应用,我设计了这个活动。

活动目标

(1)了解生活中网状物品的作用及其广泛应用,并用恰当的语言进行表述。

(2)能利用网眼大小合适的网分开几种大小不同的材料,体验操作活动的乐趣。

活动准备

筛选科学区中典型的网状物品,如纱窗网、蝇拍、漏勺、网状鞋子、网状围巾、羽毛球拍、网球拍、网兜、捕鱼网、发网等;有关网的PPT课件,花生、绿豆、小米若干,托盘若干。

活动过程

1. 了解网状物品的用途并学习按照用途进行简单分类

（1）请幼儿介绍自己了解的网状物品。

师：你研究过什么有网的东西？它能帮助我们做什么？说说你的发现。（幼儿相互分享已有经验）

小结：原来我们的生活中有这么多网状的东西，它们给我们的生活带来了方便。

（2）按照用途的不同对网状物品进行分类。请幼儿把用途一样的网状物品放在一起，如厨房过滤用的网状物品、美观透气的服饰类用品等。

（3）说一说不同材料的网状物品的用处。

小结：网状物品的用处可真大。比如不锈钢的材料比较结实，不怕烫，可以用来做厨房用品；布的材料比较柔软，容易清洗，可以用来做衣服，等等。

2. 利用网眼大小的不同，将颗粒大小不同的几种材料分开

请幼儿实际操作，探索用哪种网能够比较方便快速地将混在一起的小米、花生和绿豆分开。

问题引导：这几个小篮子和漏盆都是网状的，它们有什么不一样的地方？怎样利用它们快速地把盆中的小米、花生和绿豆分开？

小结：原来利用网状的篮子，还可以帮助我们很快地分开颗粒大小不一样的东西。其中，网眼大的可以让小东西漏过去，网眼小的可以把大东西留下来。

3. 拓展思维，了解网状物品在生活中的广泛应用

出示多种网状物品的PPT课件，引导幼儿思考：这是什么？它为什么做成网状？

小结：今天，我们一起了解了各种网状物品在生活中的作用，我们人类可真聪明！让我们一起再去找找看有什么新的发现，可以跟好朋友一起分享。

 **专家评析**

生活中有各种各样的网状物品，有关"网"的科学知识也非常广泛，如何让幼儿以自己的方式去了解"网"、探究"网"呢？本活动为我们提供了有借鉴意义的做法。

（1）个别学习与交流分享相结合，相得益彰。区域中的个别学习和集体教学活动是相互补充的。活动开展前，教师在科学区投放了大量的网状物品让幼儿观察、探究。随着探究的一步步深入，幼儿对"网"的了解越来越多，随之产生的问题也越来越复杂。在这样的情况下，开展集体教学活动来梳理、分享经验，就非常适时、恰当。本活动中，教师提出"你研究过什么有网的东西"、"它能帮助我们做什么？说说你的发现"等问题，引导、组织幼儿展开交流。由此，来自个别学习的经验在幼儿群体中得到扩展，幼儿探究的主动性得以充分体现，教师更准确地发挥了支持者、引导者的作用。

（2）知识传授与自主探索相结合，教学相长。常常有老师为在科学活动中实现幼儿的自主探究，对于"如何教"感到无所适从。本活动选择"将颗粒大小不同的几种材料分开"作为重要的自主操作环节，选择"了解网状物品在生活中的广泛应用"作为知识教授的主环节，将知识传授和自主探索相结合，高效达成了教学目标。

35. 奇特的建筑

设计教师：刘英辉　评析专家：赵福云

幼儿园：山东省淄博市市直机关第一幼儿园

设计意图

房子对孩子们来说并不陌生，生活中有各种各样的房子，其中一些

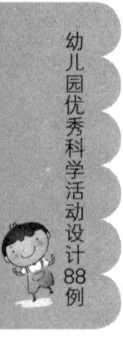

奇特的房子让孩子们很感兴趣，如房车、树洞小屋、儿童乐园的充气房子等。这些或外形奇特或功能奇特的房子总是吸引着孩子们的眼球，这些奇特的房子也是人类智慧的充分体现。

本活动设计以"奇特"二字为切入点，引领孩子进入有趣的房子大观，一步步引导孩子通过自己的发现、讨论、梳理经验等过程，初步懂得各种建筑形态与人们所在的环境、生活以及房屋作用是分不开的，从而更深一层感受人类的智慧和现代科技的发展，同时让孩子们在问题情境中学会大胆表述自己的想法，提高观察分析、问题的能力。

活动目标

（1）欣赏各种奇特的建筑，了解它们的奇特之处以及与人们生活的关系，感受现代科技的进步。

（2）尝试在问题情境中表述自己的想法，提高观察、分析问题的能力。

活动准备

（1）幼儿负责收集自己看到的最喜欢的且有特别之处的房子的资料。

（2）教师需要提前准备好儿童乐园充气堡的录像资料、制作PPT课件。

活动过程

1. 回忆、交流"我见过的奇特建筑"

（1）出示汉字，引出话题。

①出示汉字"房子"：你家住在什么样的房子里？你喜欢你现在的房子吗？为什么？

②出示汉字"奇特"：什么是"奇特"？你见过哪些奇特的房子？它奇特在哪里？

（2）自由介绍，经验分享。

展示幼儿带来的有关房子的各种资料，请他们自由介绍这些房子的特别之处。

交流互动中，教师可以用以下问题引导：

• 这些房子是什么样子的？有什么奇特之处？

• 听了别人的介绍，你还喜欢哪所房子？为什么？

• 对这些房子，你还有什么疑问？

小结：你们找到的房子真多呀，有新房子和老房子，有中国的房子和外国的房子。这些房子的形状不一样、结构不一样，造房子的材料也不同，但它们都给我们的生活带来了许多的方便。

2.欣赏、感受一些奇特的建筑

（1）外形奇特的房子。

①出示课件，展示形状奇特的建筑，如篮子屋、贝壳屋、鞋子屋、啤酒桶屋等。

②提问：它们的形状像什么？你喜欢这样的设计吗？为什么？

（2）功能奇特的房子。

①出示课件，展示功能奇特的房子，如会旋转的房子、会变色的房子、会走路的房子等。

②提问：这些房子除了供人居住，还有什么特殊本领？它们可以给人们带来哪些方便？在我们淄博有没有这样的房子？你在哪里见过？

（3）好玩的充气房子。

①播放幼儿在儿童乐园里玩充气堡的录像。

提问：这是什么地方？你们喜欢充气堡吗？请说说喜欢的理由。

②播放采访充气堡管理员的录像，了解充气房子的优点（如轻便、安全、有弹性、孩子不容易受伤等）。

③讨论：如果利用充气材料来造高楼行不行？可能会出现什么问题？

3.讨论、设计新型幼儿园建筑

（1）出示幼儿园的外观照片：看看这是哪里？我们幼儿园的房子有什么特别之处？你心目中的幼儿园是什么样子的？

（2）提出要求：如果请你来当设计师，你会怎样设计幼儿园的房子？你设计的房子会有什么奇特之处？（鼓励孩子们充分畅谈自己的设计亮点，教师对此进行小结后提出绘画活动的要求）

专家评析

纵观这节科学活动，我们充分领略了设计教师的独具匠心及"以幼儿

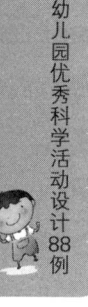

为本"的价值观。

(1) 选材的巧妙。针对大班幼儿，选择既符合他们的生活经验又富有挑战性的教学内容，是影响他们探索兴趣的关键，也是影响教学活动质量的重要元素。

房屋建筑与设计是个广而大的内容，纵观国内外，各种奇特的建筑与地域风俗、环境气候、历史人文、宗教信仰等都有密切关系。因此，如何避免把短短的课堂活动变成枯燥的说教过程，取材非常关键。

在本节活动中，教师选择在"奇"和"特"上下功夫，选择了一些或外形令人惊奇或功能独特的房子，如鞋子屋、旋转屋、充气堡等，符合幼儿的"最近发展区"，能激发他们的探索欲望。

(2) 设计的层层递进与发展价值的充分体现。一节好的教学活动，不仅要关注幼儿的认知发展，更要关注幼儿的方法、能力、情感、态度等，要看它对幼儿的发展与成长是否有作用、有意义。

纵观整个活动流程，每一环节的设计，无不充分体现了教师"以幼儿为本"的发展观。比如第一环节"回忆、交流'我见过的奇特建筑'"，重点是交流，让幼儿在交流、互动中，发展语言能力，丰富彼此探索发现的经验。第二环节"欣赏、感受一些奇特的建筑"，重点是感受和理解这些奇特的房子与人们的生活有什么关系，并借此发展幼儿的观察、分析及判断能力。第三环节"讨论、设计新型幼儿园建筑"，重点是设计，在设计中刺激幼儿的想象、创造能力，激发幼儿的自主意识。

活动的每一环节都注重幼儿的自我学习与相互学习，引导幼儿不断地提出疑问、解答疑问，通过不断的讨论与探索，帮助幼儿充分感受这些房子的奇特之处及其与人们生活的关系，提高他们分析问题和解决问题的能力。

36. 潜水艇

设计教师：曹秀玲　评析专家：赵福云

幼儿园：山东省淄博市市直机关第一幼儿园

设计意图

在"交通工具"这一主题活动中，幼儿对潜水艇发生了浓厚的兴趣，他们了解了潜水艇的功能及作用，并期望乘坐潜水艇参观美丽的海底世界。怎样深入浅出地让幼儿了解潜水艇沉浮的原理呢？本节活动让幼儿通过不断的尝试、观察、分析，逐渐摸索出使小瓶在盛满水的大瓶中自由沉浮的规律，感知潜水艇的原理，体验发现的乐趣，培养乐于动手、善于观察、积极探索的良好品质。

活动目标

（1）学会制作潜水艇玩具，感知与体验潜水艇的沉浮与潜水艇内水量的关系。

（2）体验发现的乐趣，养成乐于动手、善于观察、积极探索的良好品质。

活动准备

玩具潜水艇，水盆4个（内盛水），饮料瓶、药瓶若干，课件。

活动过程

1.教师操作潜水艇玩具，激发幼儿的兴趣

（1）教师操作潜水艇玩具，幼儿观看，引起幼儿制作潜水艇玩具的兴趣。

（2）提问：好玩的潜水艇是用什么做成的？（引导幼儿观察玩具所用材料）

2.幼儿初次探索制作潜水艇玩具

（1）幼儿自由取可乐瓶、药瓶等材料制作潜水艇，教师观察幼儿初次探索的表现，为后面解决问题做准备。

（2）教师提出问题：你的潜水艇出什么问题了？老师的潜水艇和你的有什么不同？

（3）教师引导幼儿观察、发现问题并解决问题。重点解决玻璃小瓶的放置方向和小瓶内是否装水的问题。

3. 幼儿再次探索制作潜水艇玩具的方法

（1）教师在巡回指导中，启发幼儿不断尝试、反复实验，探索成功的方案。

（2）梳理幼儿的问题，请幼儿发表自己的看法，引导幼儿关注小瓶内装多少水的问题。

4. 幼儿进行第三次尝试，探索成功的秘密

（1）鼓励较快制作成功的幼儿反复操作，发现更多的问题。

（2）不急于帮助制作较慢的幼儿，给他们留出更多的时间持续探索。

5. 探索潜水艇的沉浮与艇内水量的关系

（1）在军事演习的情境中，教师引导幼儿边操作潜水艇边观察潜水艇内水量的变化。

（2）引发思考：对于潜水艇，你能提出几个"为什么"吗？

6. 观看课件，初步了解潜水艇的潜水原理

（1）教师引导幼儿观看课件演示的水舱的变化。

（2）小结：潜水艇内的水增多时，潜水艇下沉；潜水艇内的水减少时，潜水艇上浮。

专家评析

此活动以科学小制作的形式，巧妙地吸引幼儿在尝试中体验制作的成功，在试误中提高解决问题的能力，在游戏中增强探究的兴趣。

（1）**简单取材，推动幼儿探索。**水、饮料瓶、玻璃小药瓶是生活中唾手可得的材料，而少量的材料和简单的操作，就让幼儿对探索活动充满了兴趣。

（2）巧妙设问，激活幼儿思维。"潜水艇是用什么做成的？""你的潜水艇出什么问题了？""对于潜水艇，你能提出几个'为什么'吗？"伴随幼儿的探索，教师将问题一步步地抛出来，激活了幼儿的思维。特别值得称道的是，教师并不是代替幼儿提出问题，而是站在幼儿背后，去推动幼儿提出问题。从这一点可以看出教师对"幼儿自主、教师主导"这一理念的深层把握。

（3）静心等待，让更多的幼儿体验成功。在操作的过程中，教师充分尊重了幼儿探索的不同进度，不用统一的标准去衡量，鼓励探索快的幼儿有更多的发现，等待操作慢的幼儿去体验成功。对不同层次幼儿的个性化指导，体现了教师深厚的教学功底。

"玩中学"是本活动的亮点，在教师的引导下，幼儿玩出了学问，玩出了能力，玩出了水平。

37. 让硬币浮起来

设计教师：胡春明　评析专家：董旭花

幼儿园：山东科技大学幼儿园

设计意图

在我们的生活中有许多有趣的物体沉浮现象，在小班和中班时孩子已经有了一些关于物体沉浮的经验，比如：积木、乒乓球、小船会浮在水面上，钥匙、弹珠、石块会沉在水底；杯子有的时候会浮在水面上，有的时候会沉到水下去；调羹总是沉到水下去的……看到孩子们对材料在水中的沉浮现象产生了如此浓厚的兴趣，我就组织孩子们开展了如何让硬币借助辅助材料浮在水面上的活动。活动中，孩子们通过自己的大胆探索获得经验，并学习用简单的统计方法来记录自己的发现，体现了科学教育"做中学"的教育理念。

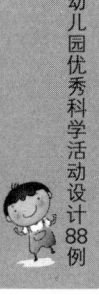

活动目标

（1）尝试使用多种辅助材料让硬币浮起来，对物体的沉浮现象有探究兴趣。

（2）能大胆猜想，学习记录实验结果。

活动准备

（1）一元硬币，装有清水的大盆4个，干抹布8块；记号笔、记录表（与幼儿人数相同）。

（2）第一组材料：泡沫盘子、积木块、塑料瓶盖、瓷盘等。

（3）第二组材料：大树叶、薄纸板、纸船、橡皮泥等。

活动过程

1. 谈话引起幼儿操作的兴趣，了解物体的沉浮现象

（1）出示一元硬币，询问：这是什么？如果把这枚硬币放进水盆里，它会沉下去还是会浮起来？

（2）幼儿自由交流猜想结果，并验证。

小结：硬币会沉到水下。

2. 尝试探索让硬币浮起来的各种方法

（1）提出问题，请幼儿讨论。

师：你有什么办法能让硬币浮在水面上呢？

（2）幼儿初次探索，感受应用辅助材料可以帮助硬币浮起来。

①出示第一组材料并让幼儿了解其名称。

②猜想与记录：哪些材料会使硬币浮在水面上？在你觉得会使硬币浮在水面上的材料下面打"√"。（出示下面的记录表，讲解记录方法）

材料	猜猜	结果
积木块		
泡沫盘子		
塑料瓶盖		
瓷盘		

③幼儿动手操作，验证猜想。

④展示记录表，交流实验结果。

问题：哪些材料能使硬币浮在水面上？你是怎么操作的？

小结：能让硬币浮起来的材料首先自己必须能浮在水面上。

（3）再次探索一些浮沉可能有变化的材料。

①出示第二组材料，请幼儿猜想与记录：哪些材料会使硬币浮在水面上？在你觉得会使硬币浮在水面上的材料下面打"√"。(出示下面的记录表)

材　料	猜　猜	结　果
大树叶		
薄纸板		
纸船		

②幼儿自主操作验证，然后交流实验结果。

小结：有些树叶能使硬币浮起来，有些不能；有些材料，像纸板、纸船，开始的时候会帮助硬币浮起来，吸水后就会慢慢沉下去，很难再浮起来。

3.操作感知有些物体本身形状改变后，浮沉的特性也会改变

（1）请幼儿使用大树叶或纸板再次实验，逐步撕掉一部分，让面积越来越小，看浮起来的硬币是否有变化。

小结：使用大树叶和纸板会帮助硬币浮起来，但当树叶和纸板越来越小时，硬币就会又沉下去。

（2）请幼儿尝试用橡皮泥帮助硬币浮起来。

小结：橡皮泥团成球状时不能让硬币浮起来，但若把橡皮泥变成薄薄的小船形状就能使硬币浮起来。

4.回归生活，迁移经验

师：在我们的生活中，类似的现象还有很多，比如不会游泳的人借助游泳圈，就能浮在水面上；把铁块放入水中会沉下去，但造成了船以后，船会浮在水面上……你们还知道哪些呢？

 **专家评析**

爱玩水的孩子总是喜欢把各种东西扔进水中,所以孩子们从很小的时候就在感知物体的沉浮。如果想要弄清楚为什么物体会沉浮,会涉及浮力的大小及阿基米德定律,这远远超出了幼儿园阶段孩子们的理解能力,所以只要幼儿对沉浮现象感兴趣,我们就可以创造条件让幼儿不断地探究,但无须讲解其中的科学原理。

胡老师设计的"让硬币浮起来"是一种逆向思维的实验操作活动。把硬币扔进水中一般都会沉到水底,教师给予幼儿的探究任务却是想办法让硬币浮起来,这样的任务具有一定的挑战性,符合大班幼儿的特点。

为了达成既定的发展目标,教师对材料进行了充分的分析与思考。操作第一组材料得到的就是简单的浮与沉的结果。操作第二组材料得到的结果却是有变化的,因为树叶本身有的能浮在水面上,有的却是下沉到水中的;薄纸板和纸船开始是浮起来的,没过一会儿,吸水后,却又沉了下去。更有挑战性的是接下来的实验操作:能浮起来的树叶或纸板逐步变小后,就沉了下去;本来沉下去的橡皮泥变成薄薄的船形后却又浮了起来……

整个实验过程有序递进、挑战不断、惊喜不断,而有价值的科学探究活动必然是既有趣又有挑战性和发展价值的活动。

38. 好玩的"水秤"

设计教师:张颖 评析专家:赵福云

幼儿园:山东省淄博市市直机关第一幼儿园

设计意图

自主探究是幼儿科学教育的重要组织形式。本次活动利用生活中的废旧暖水袋做成了好玩的水秤,引导幼儿在玩中去观察、思考、探究重量与水位的关系，从而激发他们的探究欲望，唤醒他们的问题意识，帮助他们体验探究的乐趣。

活动目标

（1）发现重量与水位高度的正比例关系。

（2）善于发现问题，乐于按照提供的材料积极进行探索。

（3）体验与同伴合作及分享的快乐。

活动准备

（1）用热水袋自制水秤（见图35）三个。

（2）沙袋12个，可供3～4组使用。

（3）记录纸（见下表）、记号笔。

（4）小黑板一块。

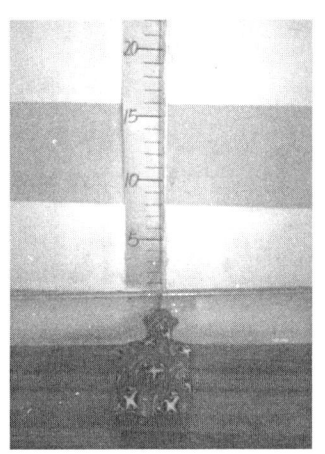

图35

沙袋数	1	2	3	4
刻度				

活动过程

1.介绍玩具，激发兴趣

教师出示玩具水秤，请幼儿观察水秤的样子。师：热水袋内装满红颜色的水，连接着一个长长的塑料管，还有表示水位高低的刻度。

2.趣玩水秤，探究规律

（1）玩水秤，感受水位上升的惊喜。

提出问题：摸一摸、玩一玩，看看你会发现什么？

小结：原来热水袋和塑料管里都有水，用手压热水袋，管子里的水就会往上升。使劲压热水袋，水位就高；轻轻地压热水袋，水位就低。

（2）称沙袋，探究重量与水位的关系。

①讲解材料及记录纸的用法。

②幼儿分组操作。请幼儿依次把4个沙袋放到水秤上，观察塑料管里水位的变化，并把结果记录下来。

③交流分享。幼儿通过分享同伴经验，正确读取刻度，发现水位与重量的关系。

小结：沙袋越多，重量越重，水位越高。

（3）称体重，记录并比较体重。

①交代要求：请小朋友站到水秤上看看自己有多重，读出上面的刻度，然后把自己的名字粘在这一张刻度尺上。

②观察结果：请小朋友根据名字的粘贴位置来比较参与活动的小朋友的体重。

3.教师小结，激励探究

提出新问题：水秤里除了装水还可以装什么呢？如果装上其他东西，再在上面放上同一个沙袋，升上去的情况和水会有什么不同呢？（幼儿带着问题在生活中进一步探索）

本活动以"玩"为线索，通过投放简单有趣的材料，让幼儿玩出了智慧，玩出了精彩。

(1) **材料让幼儿"动"起来。** 教师用废旧热水袋自制的玩具水秤不但好玩，而且更重要的是为孩子的探究提供了更大的空间：孩子们在玩中通过摸一摸、压一压、踩一踩发现水柱的上升与变化，探索怎样把四个沙袋平稳地叠加到水秤上，以及当水位处于不标注数字的刻度时如何读取刻度。材料的精心选择和设置给孩子提出了挑战，激发他们去思考、去尝试、去探究。活动中，孩子是探究的主人，而在比较体重时又变成了探究的"材料"。材料就是无声的老师，让孩子"动"起来。

(2) **问题让思维"活"起来。** 这一点主要表现在两个方面，一是让幼儿先动脑再动手，二是善等待重引导。就第一方面而言，每次探索前，教师先提出问题引发幼儿思考再让幼儿动手操作，避免操作的盲目性。比如：探索重量与水位之间的关系时，教师提出"放上数量不同的沙袋，水位会有什么变化"，让幼儿能够聚焦于探究的问题。就第二方面而言，在探究过程中，教师给孩子充分的探究时间与空间，不急于告知、干预，而是运用追问启发幼儿去探究思考。比如：在探索重量与水位之间的关系时，对于沙袋的叠放方式，让幼儿在不断的试误中去寻求方法、总结经验；当小组间的分工合作出现问题时，教师不急于干预，而是让"任务"和"材料"说话，引发孩子进一步去思考、探究、合作。

(3) **交流让经验"丰富"起来。** 活动中，记录水位高度，有利于孩子对探索过程进行梳理；表述探究过程和记录结果就是分享、提升经验的过程。比如：关于刻度的读取，孩子们可能会有不同的方法。教师要尊重、接纳、欣赏孩子的做法，让孩子在交流中提升经验，丰富经验。

总之，精选材料、精设问题、分享交流，使幼儿的探究活动实现了真正意义上的自主、开放、有效。

39. 乌鸦喝水

设计教师：刘英　评析专家：董旭花

幼儿园：山东省胜利油田胜东社区锦苑幼儿园

设计意图

《乌鸦喝水》的故事代代相传，家喻户晓。故事告诉了大家一个简单的道理：在瓶子中加入石子可以使水位升高，乌鸦就可以喝到水了。但一般很少有人去实验一下。在这个故事中，乌鸦发现的瓶子到底有多大？里面有多少水？除了加入石子之外，还可以加入什么呢？要加多少才可以呢……故事引发了我的好奇，通过实验，我发现乌鸦能否喝到水与瓶子里的水量多少有关系，与投放材料的大小和投放的次数有关系。真是"不试不知道，一试真有趣"！针对大班幼儿的认知特点，我设计了本次科学活动，希望通过对传统故事的挖掘和思考，激发幼儿动手实验的兴趣，培养幼儿敢于质疑、大胆探索的科学品格。

活动目标

（1）乐于通过实验操作，验证寓言故事的结果。

（2）初步感知瓶子里水位的高低变化与水量、与石子大小和数量的关系。

（3）学习小组合作记录实验结果，体验同伴合作实验的乐趣。

活动准备

（1）乌鸦图片一张，绘图纸一张。

（2）实验一材料：三个瓶口大小不同的瓶子。

（3）实验二材料：每组三个相同的瓶子并分别装有不同水位的水，石子，记录纸一张。

（4）实验三材料：每组大小不同的石子各一杯，相同水位的瓶子两个，记录纸一张。

（5）实验四材料：每组标有水位的瓶子一个，沙子、布、积木、记录纸若干。

活动过程

1. 出示乌鸦和瓶子的图片，引发幼儿探索的兴趣

教师讲述故事《乌鸦喝水》，引出实验的问题。

可以设计如下问题：

• 故事中的乌鸦通过什么方法喝到了瓶子里的水？

• 乌鸦真的能喝到瓶子里的水吗？

师：只有自己亲手试一试，我们才能相信乌鸦真的喝到了水。

2. 请幼儿自己实验验证故事内容

（1）实验一：乌鸦看到的瓶子瓶口大概会是多大的。

教师出示三个瓶口大小不同的瓶子，引导幼儿观察并推断乌鸦看到的会是一个什么样的瓶子。

小结：瓶口的大小要使乌鸦的嘴巴伸不进去而石子却能被放进去。

（2）实验二：乌鸦看到的瓶子里可能装了多少水。

①提出问题，请幼儿讨论。

师：乌鸦看到的那个瓶子里大概会装有多少水呢？

②请幼儿自己选择其中一个瓶子，进行实验验证。

出示石子和水位分别是低、中、高的三个瓶子，请三个幼儿一组合作实验，将石子放入到瓶子中进行验证，并鼓励幼儿将实验结果用自己的方式记录下来。

③展示每个小组的选择，并鼓励幼儿说出自己的推断。

小结：如果瓶子里的水很少，就算放很多的石子乌鸦也喝不到水；如果瓶子里的水很多，不用石子，乌鸦稍微倾斜一下瓶子就可以喝到水。因此，装有中水位水的瓶子才有可能是乌鸦发现的瓶子。

（3）实验三：乌鸦用的石子大小与投放数量之间是否有关系。

①提出问题，请幼儿讨论。

师：乌鸦向瓶子里投石子，如果石子有大有小，猜猜大石子和小石子用的一样多吗？

②幼儿实验验证。

幼儿分组合作，把大小不同的石子分别放到两个水位一样高的瓶子中，并记录使用的石子的数量。

③鼓励幼儿讲述自己的实验发现。

小结：石子大，使用的数量就少，乌鸦投放的次数就少；石子小，使用的数量就多，乌鸦投放的次数就多。

（4）实验四：探究乌鸦用数量相同的不同材料，看哪一种会让水位升得更高。

①提出问题，请幼儿自由猜想。

师：除了石子，还有什么材料也能够让水位上升呢？

出示准备好的材料（沙子、布、积木、石子等），引导幼儿猜测哪一种材料会让水位升得更高。

②幼儿实验验证。

幼儿小组合作选择几种材料进行对比实验，并记录所用材料的水位。

③展示、交流小组实验结果，激发幼儿进一步探究的兴趣。

小结：相同数量的材料，细小的能让水位升得更高。

3. 提出延伸问题

师：乌鸦还有其他的办法喝到水吗？

附：故事

乌鸦喝水

一只乌鸦口渴了，到处找水喝。乌鸦看见一个瓶子，瓶子里有水。可是瓶子里的水不多，瓶口又小，乌鸦喝不着水，怎么办呢？乌鸦看见旁边有许多小石子，想出办法来了。乌鸦把小石子一个一个地放进瓶子里。瓶子里的水渐渐升高，乌鸦就喝着水了。

专家评析

关于《乌鸦喝水》的故事，我们再熟悉不过了，对于这样的寓言故事，我们大都盲听盲信，有多少人质疑过呢？刘英老师的活动设计让我们耳目一新，也让我们学会跳出故事看故事，这也是一种思维模式方面的挑战。

乌鸦真的能喝到水吗？什么样的瓶子能让乌鸦喝到水？瓶子里有多少水才能让乌鸦喝到水？瓶子里装多少石子才能让乌鸦喝到水？大石子和小石子装得一样多吗？除了石子还可以装什么让乌鸦喝到水……这一系列的问题一提出，就让我们看到了这个活动的价值，因为这一个一个的问题就是一个一个的探究点，每一个探究点都可以让幼儿亲自动手操作、猜想并实验验证。

这个活动设计对于老师们来讲是一个很好的突破，让我们看到科学探究的内容不但可以来源于生活、来源于环境，还可以来源于文学作品，语言教育可以与科学教育很好地相互融合。

40. 蜡烛熄灭了

设计教师：谢楠　　评析专家：刘霞

幼儿园：山东省胜利油田胜中社区泵公司幼儿园

设计意图

无处不在的空气，在幼儿眼中蕴含着许多小秘密，而科学对于幼儿来讲，就是生活中好玩的事情，是他们觉得好奇的现象。"蜡烛的燃烧需要空气"这个原理比较抽象，但我们可以创造条件让幼儿比较容易地感知。我设计的这个科学探究活动，就是让幼儿通过亲自实验，直观感受空气对燃烧的作用以及空气的多少对燃烧时间长短的影响。

活动目标

（1）初步感知和了解蜡烛燃烧的原理以及空气助燃的特性。

（2）学习做科学小实验的方法，萌发对周围事物的兴趣和求知欲。

活动准备

大小相同和不同的广口瓶若干，长短相同和不同的蜡烛若干。

活动过程

1. 第一次实验

实验目的：探究燃烧的蜡烛被罩上广口瓶会发生什么现象，初步感受空气对燃烧的作用。

（1）教师提出问题：如果我们点燃一支蜡烛，然后在上面罩上一只广口瓶，猜猜会有什么现象发生？

（2）请幼儿四人一组做实验，验证猜想。

小结：在燃烧的蜡烛上罩上广口瓶，蜡烛过一会儿就会熄灭。这是因为燃烧的蜡烛把瓶子里的氧气用完了，这说明蜡烛燃烧需要空气。

2. 第二次实验

实验目的：探究两支相同的蜡烛在不同大小的广口瓶内燃烧的时间，

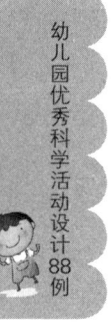

进一步感受空气的量对燃烧时间长短的影响。

（1）再次提出问题：点燃两根相同的蜡烛，然后分别罩上大小不同的广口瓶，猜猜会有什么现象发生？

（2）请幼儿分小组做实验，验证猜想。

小结：通过实验，我们发现小瓶中的蜡烛先灭。这是因为大瓶子里面的空气较多，所以蜡烛燃烧的时间较长；而小瓶子里面的空气较少，所以蜡烛燃烧的时间较短，就先灭了。

3. 第三次实验

实验目的：探究蜡烛燃烧时间与蜡烛的长短、广口瓶大小的关系，产生进一步探究的兴趣。

（1）提出问题：点燃两根长短不一样的蜡烛，分别罩上两个相同大小的广口瓶，会发生什么现象呢？

（2）请幼儿动手实验，发现瓶子里长的蜡烛先熄灭了。

（3）提出问题：点燃两根长短不一样的蜡烛，分别罩上两个不同大小的广口瓶，会发生什么现象呢？

（4）请幼儿动手实验，验证猜想。

小结：不管是大瓶子还是小瓶子，都是长蜡烛先熄灭。

4. 实验结束

教师提出问题，引发幼儿思考与继续探究的兴趣。

师：为什么不管瓶子大小，都是长蜡烛先熄灭呢？小朋友可以回家查查资料，或者问问爸爸妈妈，第二天再来一起分享。

专家评析

燃烧需要空气中的氧气，这是一个比较抽象的科学道理，但在生活中人们经常会用到和见到。怎样让这个比较抽象的道理变得直观形象呢？教师设计的这个科学探究活动比较轻松地解决了这个问题。

在本活动中，教师设计了三个层面的实验，先让幼儿感受燃烧需要空气，然后感知空气的量与燃烧时间的关系，再感知燃烧时间与蜡烛长短、广口瓶大小的关系,环节之间层层递进,探究活动逐步深入,激发幼儿深入思考。活动遵循"带着问题来,带着问题走"的科学教育原则,最后留给幼儿继续探究的空间,将幼儿表层的思考引向深入,对从小激发幼儿科学探究的兴趣起到了很好的促进作用。

当然,关于广口瓶里的长蜡烛先熄灭的问题,其原理比较复杂,远远超出了大班幼儿的理解范畴,教师可以不必急于告诉幼儿答案,而是将重点放在引发幼儿的好奇心和继续探究的愿望上,这也是学前阶段进行科学教育活动应该特别注意的。

41. 好喝的茶饮料

设计教师:丁文　评析专家:董旭花

幼儿园:山东省济南市育贤第一幼儿园

设计意图

在日常生活中孩子们对茶并不陌生,但对它的了解微乎其微,更无法触及茶的深远含义。因此,我设计的这一活动希望通过引导幼儿观察、发现、探索、操作,分别从喝茶、泡茶、赏茶等环节中逐步感受茶香、茶韵及茶文化。

活动目标

(1)简单了解红茶、绿茶及保健茶这三种常见的茶饮料。

(2)能根据需要尝试配制保健茶并乐于品尝。

(3)欣赏茶艺表演,初步萌发对茶文化的喜爱。

活动准备

(1)菊花、玫瑰花、山楂、红枣、银杏叶各少许。

(2)餐盘12个,小勺、塑料茶杯及紫砂杯每人一套;茶艺表演用茶具一套。

(3)教具展板及课件。

活动过程

1. 走进"茶社",引发幼儿对茶的探究兴趣

(1)教师事先在活动室一角布置一个类似茶社的地方,请幼儿参观。可以设计如下问题提问:

• 这里看起来像是什么地方?

• 茶社是干什么的?

• 看看这个茶社都有些什么茶?

(2)请幼儿观察几种常见的干茶,简单认识普洱茶、茉莉花茶和铁观音茶。

(3)请幼儿喝红茶,导入主题。

2. 认识生活中常见的三种茶:红茶、绿茶、保健茶

(1)现场观察、冲泡,比较、认识绿茶和红茶。

①观察红茶和绿茶茶叶的不同,知道它们的名称。

②用开水冲泡一杯红茶、一杯绿茶,比较其不同,简单了解其作用。

引导幼儿观察热水中的茶叶,提问:茶叶动起来像在干什么?(引导幼儿用肢体动作模仿一下)

小结:这杯颜色深的是红茶,红茶适合胃不好的人喝,因为它有暖胃的作用,而且它还特别适合在冬天喝;这杯颜色浅的就是绿茶,绿茶适合在夏天喝,因为可以清热解暑,而且它还特别适合经常在电脑前工作的人喝,因为它有防辐射的作用。喝茶对人有一定的好处,但小朋友年龄小,平时最好还是多喝白开水,如果喝茶就喝清淡一点的。

(2)分组观察,了解保健茶。

①呈现菊花、玫瑰花、山楂、红枣、银杏叶,请幼儿看看、摸摸、闻闻。

②教师简单讲解菊花、玫瑰花、山楂、红枣、银杏叶的名称及其作用。

教师结合课件重点介绍银杏叶:瞧!这就是长在银杏树上的叶子,你们看它一片一片的像什么?为什么我们观察到的和树上长的银杏叶不一样呢?因为我们现在观察的银杏叶是经过加工处理的,是从药店买来的,只

有这样的银杏叶才可以泡水喝。银杏叶有降血压的作用,最适合老人喝。

(3)请幼儿自配保健茶并品尝。

①要求:请小朋友根据季节、天气和自己的身体状况配制一杯适合自己的保健茶。

②幼儿操作,教师巡回指导。教师倒热水并提醒幼儿:在家中小朋友也可以自己配制保健茶,但倒水时一定要请家人来帮忙,一定要注意安全。

③请幼儿品尝自己配制的保健茶,并与旁边的幼儿交流其味道。

(4)利用课件,设置情境,引导幼儿温习茶知识并将其灵活地运用到实际生活中。

- 一位叔叔经常在电脑前工作,还经常打手机,他应该喝什么茶?
- 一位老奶奶有高血压病,经常头晕眼花,她应该喝什么茶?
- 一位小朋友胃口不好,总感觉胃满满的,他应该喝什么茶?
- 丁老师刚刚胃里进凉气了,他喝绿茶行吗?
- 现在是春天,小朋友们应该多喝什么茶?
- 很多女老师想让自己年轻、漂亮,她们该喝什么茶?

3.丰富拓展有关茶的知识经验,感受茶文化的魅力

(1)观看视频,了解中国是茶的故乡,知道"茶圣"陆羽的名字以及人们究竟是怎样采茶的。

(2)教师现场进行茶艺表演,让幼儿初步感受茶文化的魅力。

(3)请幼儿自制一杯茶饮料,敬献给身边的人。

专家评析

对于很多成年人来讲,茶是开门七件事(柴米油盐酱醋茶)之一,是日常生活的必备品,但幼儿园阶段的孩子很少真正走近茶、了解茶、感受茶文化。在孩子们越来越喜欢各种各样甜饮料的今天,丁老师设计这样一个活动尤其有意义。把生活中的平常事物纳入我们的课程之中,既体现了"课程从生活中来"的理念,又体现了"课程为生活服务"的理念。

中国的茶文化源远流长、博大精深,很难在一次教学活动中全部呈

现，所以，教师在设计本活动时把目标仅仅定位为"简单了解茶"、"初步萌发对茶文化的喜爱"，这样的目标的实现，借助的途径是观察、感受、体验，即让幼儿亲自去触摸和感知，去选择和冲泡，去品尝和交流……这是符合幼儿特点的学习方式。

　　了解和感受茶文化，不是让幼儿记住这是什么茶、那是什么茶，这个有什么好处、那个又会有什么用……最重要的是让幼儿有机会亲近茶，有机会亲自动手试一试，这就叫生活，而幼儿的学习与生活没有太大的界限。

42. 神奇的中草药

设计教师：李兰　　评析专家：赵福云

幼儿园：山东省文登市教育实验幼儿园

设计意图

　　很多幼儿在生活中接触过中草药，比如生病时吃过中药，对中草药有一定的感性经验。但中医药文化博大精深，如何让幼儿以自己的方式更好地认识中草药？本次活动力求以幼儿的兴趣为先，根据幼儿具体形象思维的学习特点，运用参与、体验、视频、故事等形式，让幼儿了解中草药的神奇，感受中医药文化的博大精深。

活动目标

　　（1）认识几种常见的中草药，知道它们可以治病。

　　（2）对中草药产生兴趣，对我国博大精深的中医药文化产生自豪感。

活动准备

　　（1）材料准备：由常见的植物类、动物类、矿石类中草药十余种摆成的展台，PPT课件，幼儿每人一个纸杯、每人一份易于看懂的中药配方。

　　（2）经验准备：幼儿随父母到中药店参观。

活动过程

1. 情境导入，引发幼儿对中草药的兴趣

师：今天上午老师因为上火，眼睛红了，喉咙也有点儿难受，就去医院检查了一下，并去了一个特别的地方拿药（PPT出示中药房图片）。这个地方是中药房，那儿有一个大柜子，它的上面有许多小抽屉，据说每个抽屉都盛放着不同的药。

瞧！我把我的药都带来了，这么一大包！打开来看看吧！

2. 观察、探索，初步了解和认识常见的中草药

（1）问题讨论，初步了解中草药的特性。

师：奇怪！这是什么？为什么我去拿药，医生会给我一包菊花？

（2）运用多种感官了解中草药。

师：因为和小朋友一样好奇，所以我带回了一些中草药给大家看看。请你轻轻地走过去，看一看、闻一闻、捏一捏。在这些中草药里你印象最深的或感到最有趣的是什么？

（3）交流讨论，进一步了解中草药。

师：说说你印象最深刻的中草药是什么？你发现还有哪些药也是动物类的？除了动物类的中药外，你还看到了什么？

小结：中草药不仅有植物类的，也有动物类和矿石类的。

3. 情感提升，体验、感知博大精深的中医药文化

（1）听经典故事，了解中药的由来及作用。

①出示中药杜仲，让幼儿观察其树皮一样的外形，特别要向幼儿展示掰开来之后丝状的物质，介绍中药的名称——杜仲。

②讲杜仲的故事后，小结：没想到一种小小的树皮居然有这么神奇的功效！我们的祖先就是这样在生活中发现了一些植物能治病、能强身健体的，这就是我们现在的中草药。我们的中草药种类非常多，有上万种呢！

（2）情感提升，了解中草药的深厚文化。

①教师结合PPT课件讲解李时珍以及《本草纲目》。

②出示图片，让幼儿知道：外国人非常佩服我们中国人用中草药来治病的本领，他们生病了纷纷看中医，学习用中草药治病；中国的中草药副

作用小，能治一些疑难杂症，是很了不起的！

（3）配制药饮，体验中医文化。

出示保健药饮的配方，请幼儿当药剂师，按方取药。

活动延伸

引导幼儿泡制、品尝药饮，说说味道怎样，并跟大家一起分享自己了解到的有关中草药的知识。

专家评析

本活动设计遵循幼儿的认知特点，围绕"兴趣"、"探究"和"情感"三个关键要素，环环相扣，层层递进，一步步达成目标。

(1) **巧举例，联系生活，引发兴趣。** 本活动有三处举例。"老师取药"一例，让幼儿跟随老师走进生活，走进中药店，唤醒了已有经验，引发了对中草药的兴趣。"杜仲的由来"一例，借助杜仲这味药材瓣开后能拉出丝状物这一特点，将幼儿的兴趣继续扩大，让幼儿带着惊讶，生动地体验了中草药的"神奇"。李时珍及《本草纲目》一例，让幼儿从"神奇的中草药"的感叹中，认识到中医药文化的博大精深，自然地萌发了自豪感。

(2) **巧设疑，增强感知，引发探究。** 教师精心选择了植物类、动物类、矿石类中草药十余种作为观察、操作材料，巧妙设置提问——"说说你印象最深刻的中草药是什么"，将幼儿的观察点从茫然无序聚焦到有意识注意，将探究由被动引向主动。"你发现还有哪些药也是动物类的"、"除了动物类的中药外，你还看到了什么"等问题，又将幼儿的探究由浅表引向深入。这样的教学设计，巧妙地将知识认知从教师说教转变为幼儿的主动探究，有效达成了活动目标。

(3) **巧铺垫，步步跟进，萌发情感。** 情感的萌发是由内而外的。本活动中，教师一环环巧妙铺垫，从教师就诊中医的生活情境到幼儿对中草药的细致观察，从"杜仲的由来"的生动讲述到《本草纲目》的生动呈现，让幼儿的内心情绪从感兴趣到喜欢，从惊讶到感叹，逐步加深。教师巧妙的铺垫，在幼儿的心田种下了"长大了，我也要研究中草药"的种子。

总之，本活动根据大班幼儿的年龄特点，追随大班幼儿的兴趣，让大班幼儿在探索中感知，在互动中学习，体现了《纲要》中培养孩子科学兴趣的精神。

43. 天气预报

设计教师：冯英杰　评析专家：董旭花

幼儿园：山东省胜利油田河口社区第三幼儿园

设计意图

在主题活动"彩色的秋天"中有一个"我是天气预报员"的活动，在活动前的调查中我发现，孩子很少观看天气预报，对天气预报的符号都不太明了。于是，我根据班级幼儿的具体情况把活动目标调整为：在感知天气预报对人们生活的帮助的同时，了解几种常见的天气符号；在观看视频、讨论交流、操作、模拟表演等一系列活动中提高对天气变化的关注度，进一步丰富气象知识。

活动目标

（1）关注天气预报，初步感知天气预报对人们生活的帮助。

（2）认识天气的表征符号，了解简单的气象知识。

活动准备

《天气预报》视频片段；常用天气符号的卡片，各种天气图片4张。

活动过程

1.观看视频，初步了解天气预报

（1）教师播放中央电视台《天气预报》节目前面的音乐，请幼儿猜猜是什么节目的音乐。

（2）播放《天气预报》视频片段，请幼儿一起看看。

小结：很多电视台都有《天气预报》节目，天气预报能让我们及时知道明天的天气情况，然后根据天气变化安排活动，增减衣服，做好准备。

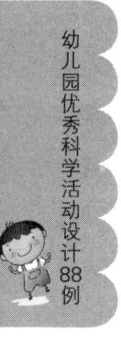

2. 再次观看视频，了解天气预报中的天气信息和表征符号

（1）再次播放《天气预报》视频，请幼儿仔细观看。观看之前，教师可以提出以下问题：

- 天气预报一般能预先知道几天的天气情况？
- 天气预报除了报道温度，还有什么？
- 风力大小是怎样预报的？

（2）教师把天气预报的画面定格在一张图片上，请幼儿观察。

①提问：画面上有什么？

小结：播报天气预报的时候，播报员会用不同的图案来表示天气，这些图案就是天气符号。

②介绍几种常见的天气符号，如晴、多云、阴、风、雪、雨等。

③鼓励幼儿自己动手用天气符号记录下当地当天的天气，然后交流。

3. 模仿与表演：小小天气播报员

（1）再度观看《天气预报》视频，请幼儿讨论：天气播报员在播报天气时，都说了些什么？怎么说的？

（2）小小天气播报员：请幼儿运用自己记录的天气符号进行播报，可以先在小组内播报，再在全班幼儿面前大胆播报。

4. 初步了解天气预报与人们生活的关系

（1）请幼儿说一说自己喜欢什么样的天气，不喜欢什么样的天气。

（2）出示图片（农民种地、行驶中的船、晒衣服、去游乐园玩耍等），让幼儿说一说从图片上看到了什么，图片中的人们分别需要什么样的天气。

（3）请幼儿说说自己家里谁最喜欢看天气预报，天气预报到底对我们生活有什么帮助。

小结：天气预报可以给我们的生活带来很多方便，可以让我们在出行前提早做好准备。

活动延伸

（1）鼓励幼儿调查了解人们获取天气预报的不同途径。

问题：除了从电视上可以看到天气预报，我们还可以从哪里预先知道天气情况呢？

（2）在班级创设"天气播报"专栏，请幼儿自己观察并记录每天的天气情况。

专家评析

天气变化对人类的生活和生产影响非常大，所以，人类从很早就开始通过各种途径和手段尽早地预知天气，避免因恶劣天气的突然来袭而措手不及，造成生命财产的损失。现代人很幸运，无须自己观察判断，就可以提前很多天通过很多途径，如电视、网络、电台等预知天气变化。

孩子的衣食住行大都由成人包办，所以他们不太会关注天气预报，可是我们还是应该提示幼儿关注天气的变化，并学会根据天气预报安排第二天的事情，最起码应该帮助他们慢慢学会根据天气预报增减衣服，这应该也是生存能力之一。

冯老师很难得的是能在活动之前做一些小型调查，然后根据幼儿的实际情况调整活动目标和活动内容。冯老师把"认识天气的表征符号"作为活动的核心应该有这样几个理由：一是幼儿了解了天气的表征符号，即使没有播报员解说，也可以自己看明白天气预报；二是大班幼儿正处于符号认知的敏感期，孩子们会对各种各样的符号感兴趣，如交通标志、危险警示标志等；三是符号的认知也是幼儿从形象思维到逻辑思维的桥梁，无论是标志的符号，还是数字、文字符号，慢慢地都会转化为孩子们学习的重点。

大班幼儿的学习活动，当然不能仅仅停留在认知上，类似的活动更重要的是帮助幼儿建立科学与生活的联结，幼儿如果能够把学过的知识经验很好地运用到生活中去，就是教育极大的成功。所以，在这个活动设计中，教师设计的核心环节是运用，让幼儿运用天气表征符号记录当地当天的天气，并在"小小天气播报员"的游戏中进行模拟表演，这就是向生活迁移的表现。

44. 温度变变变

设计教师：鞠越　　评析专家：刘霞

幼儿园：山东省胜利油田河口社区第七幼儿园

设计意图

我在班级中组织幼儿喝水时，经常遇到幼儿因为水温太高需要等待这种情况。对于大班的孩子来说，如果哪天他们想喝水但因为水很热不能喝时，自己会不会想个办法呢？根据这个问题，我设计了"温度变变变"这一活动，让幼儿集思广益，探讨能使热水变凉的方法，从而激发幼儿对科学活动探索的兴趣。活动中，我为幼儿提供了各种可以亲自动手实验的材料，让幼儿自己动手尝试、亲身体验、寻求办法，这对启发幼儿动手实验、积极探索有很大的促进作用。

活动目标

（1）探索让热水快点变冷的多种方法。

（2）乐意在活动中提出自己的设想，并通过实验加以验证。

（3）体验合作参与实验操作活动的乐趣。

活动准备

（1）有刻度的玻璃杯，内装有颜色的热水；温度计、毛巾。

（2）冰块、冰毛巾、冷水、调羹、扇子、鹅卵石等各种材料。

（3）每组一份记录板、笔。

活动过程

1．直接提出问题，引发幼儿对水温的关注

（1）出示几杯热水，请幼儿想办法测量水的温度。

师：我这里有几杯热水，如果想知道它们现在有几度，该怎么办？

出示温度计，请幼儿观察教师怎样测量水的温度，并学习准确地读出度数。

（2）每组幼儿一杯热水（40℃左右），请幼儿分组测试水温，并记录下来。

（3）交流各个小组的测量结果。

2. 提出"怎样让水冷下来"的问题，请幼儿分组讨论、设计解决方案

（1）请幼儿自由结伴，分成三人一组。

（2）幼儿分组讨论"怎样让水冷下来"的办法并记录，教师巡回指导。

（3）请每个小组派一名代表交流各组的想法，教师将幼儿提出的方案用图标的形式一一记录在黑板上。

3. 实验论证各种让水快速冷下来的方案

（1）教师提出"不用任何方法降温"的方案，与幼儿的方法作比较，比比在规定的时间内谁的方法降温快。

指导语：我这里有一杯热水，不用任何方法，让它自然凉，看它能在5分钟内下降到几度。你们就按照各自的设计方案进行实验，我们来比一比谁的本领大，能让热水的温度降得低一些。

（2）引导幼儿分工实验。实验步骤：小组商量各自的实验项目—倒好热水测量温度并记录—选择实验材料进行实验—5分钟后再次测量水温并记录。

（3）幼儿根据自己设想的方法做实验，教师巡回指导。

4. 交流讨论实验结果，分析让水快点冷下来的好办法

（1）出示刚才没有使用过任何降温方法的水，测量其温度。

（2）引导幼儿观察比较，发现实验与非实验的不同。

①师：你们各自用了哪些方法使热水快点变冷的？实验后的水温是几度？下降了几度？（幼儿分组介绍：有的小组将水杯放在一盆冷水中促使其降温，有的小组尝试在水杯中放些冰块，有的小组在水杯中放入许多鹅卵石，有的小组对着水杯吹气……）

②引导幼儿共同讨论，总结使热水快点变冷的方法。

A. 搅拌水；两个杯子互倒；用嘴吹。

师：为什么不断地搅拌热水，热水就会快点变冷？

小结：用调羹搅拌热水、用两个杯子相互倒换热水、用嘴吹热水，都

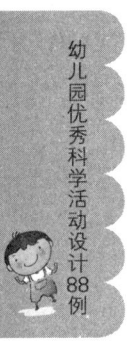

能增加空气流通，使热水快点变冷。

B. 添加冰块或把杯子放入冷水中。

师：为什么同样往水杯中加东西，一杯放冰，一杯放鹅卵石，两杯水水温会不同呢？

小结：添加冰块、放在冷水里这些方法都能将热水的热量传递到冰块和冷水里，使热水的温度降低，达到降温的作用。

C. 把热水杯放进冰箱。

师：为什么把热水放进冰箱里，能快速变冷呢？为什么将热水倒在一个大点的容器中，也会快点变冷呢？

小结：增加了水与冷空气接触的面积，也能使热水快点变冷。

（3）教师在幼儿讨论的基础上总结，帮助幼儿提升经验。

小结：实验中添加冷的东西、增加空气流通、增加与冷空气的接触面积都能使热水快点变冷，而没有实验的热水只能将热量慢慢地传递到空气中，所以它的降温速度就会比较慢。

5. 发现新问题，引发幼儿进一步探究的愿望

教师提出问题，比如："冬天，我们对着手吹气会感到温暖，可同样吹气为什么却能使热水快点变冷呢？"

请幼儿回家以后继续关注这个问题，多和爸爸妈妈讨论。

 专家评析

本活动中，教师能够敏感地关注到幼儿生活中常见的问题，并设计了适宜的活动帮助幼儿积累有关温度的经验，主动解决"让热水快点变凉"的问题。

在活动材料的选择上，教师提供了多种具有暗示性的材料，如调羹、扇子、冰块等，帮助幼儿积极想出解决问题的办法。对于大班幼儿来说，他们已经具备了一定的合作意识和合作能力，但仍需要在具体的情境中学习合作的技巧，探索分工合作共同完成任务的方法。本活动中，教师将幼儿分为三人一组进行实验，并在幼儿操作过程中加以适当的引导，有效促

进了幼儿合作能力的提高。此外，教师还非常注重让幼儿将实验过程讲出来，这对梳理幼儿的经验、提高其逻辑思维能力和培养其清晰的判断能力是大有帮助的。

需要注意的是，幼儿阶段的科学学习是前科学概念的学习，有些比较抽象的原理，对幼儿来说是很难理解的，教师只需提供条件帮助幼儿感受科学现象的存在即可，本活动中运用各种方法使水变凉的道理就是这样。因此，教师小结的艺术非常重要，既要对幼儿的经验有所提升，又不可过于抽象和深奥。

45. 会变化的影子

设计教师：刘清　评析专家：刘霞

幼儿园：山东省胜利油田仙河社区学前教育中心第三幼儿园

设计意图

孩子们在户外做操时，经常注意到自己的影子随着自己动作的变化而变化，我经常能听到孩子说，"瞧，我的手变大了"、"我变的好高呀"……此外，孩子们对一条奶粉广告里做恐龙手影的小孩很感兴趣，会谈论："小恐龙怎么一下子变成了大恐龙了？"为此，我设计了这一节科学探究活动，旨在帮幼儿解开心中的"为什么"，使幼儿了解影子的变化与光源和物体的关系，激发幼儿对科学探索活动的兴趣。

活动目标

（1）了解影子形成的条件。

（2）发现影子的变化与光和物体的距离及位置的关系。

（3）萌发对影子的好奇心和持续探究的愿望。

活动准备

光线较暗的教室、手电筒、玻璃片、透光纸、卡纸、布娃娃、剪刀、记录纸等。

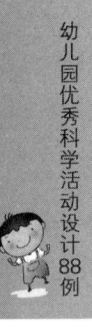

活动过程

1. 猜谜导入活动,激发幼儿学习兴趣

请幼儿猜谜语,引出活动内容。

谜面为:有个好朋友,天天跟我走;有时走在前,有时走在后;我和他说话,就是不开口。

2. 通过讨论和实验,探究影子形成的原因

(1)经验回顾,使幼儿知道影子的成因之一——有光才能有影子。

师:你们都在什么地方见过影子?为什么会有影子?在什么地方没有影子呢?

小结:有光的地方才有影子,没有光就没有影子。

(2)探索实验,发现影子的成因之二——不透光的物体才有影子。

①教师出示手电筒、玻璃片、透光纸、卡纸、布娃娃、剪刀等材料,请幼儿分成两人一组去试一试,看看什么样的材料在光照下会产生影子,并做好记录。记录表如下:

物品	玻璃片	透光纸	卡纸	布娃娃	剪刀
是否有影子					

②师生一起总结分享实验的结果。

师:请小朋友说说你的实验结果是什么,为什么卡纸、布娃娃、剪刀有影子,而玻璃片和透光纸没有影子呢?

小结:原来当光照在卡纸、布娃娃、剪刀这些不透明的物体上时,就会产生影子;当光照射在玻璃片、透光纸这些透明的物体时没有影子,因为光线能穿透过去。

3. 进一步探索,发现影子的变化与光和物体的距离及位置的关系

(1)提出问题:谁能让同一物体的影子一会儿变大一会儿变小?

(2)请幼儿操作、验证:探索影子的变化与光和物体的距离及位置的关系。

请幼儿两人一组,一人拿手电筒,一人拿剪刀反复进行实验。

（3）分享交流：请幼儿讲述自己的实验结果。

小结：当光离剪刀近时，影子变大；离剪刀远时，影子会变小。此外，光源的位置比较低时，剪刀影子变大；光源的位置高时，剪刀影子变小。

4. 延伸拓展，激发幼儿进一步探究的兴趣

小结：今天我们和影子做游戏，真开心。其实光和影子还有许多秘密呢，所以小朋友们平时要多注意观察，把你发现的秘密和老师、小朋友一起分享。影子还会跳舞呢，现在咱们一起让影子跳起舞来吧！

专家评析

影子是我们生活中常见的现象，孩子们很小就开始接触它、认识它。针对大班孩子，我们要带领他们探究关于影子的点是什么呢？显然，只知道有光就会有影子对他们来说不具备太大的挑战性。

本活动中，教师设计了两个层次的探索活动：第一个层次是让幼儿了解有光和不透光的物体才能产生影子的原理，这里面关于"不透光的物体才能产生影子"对幼儿原有经验有一定的挑战；第二个层次是通过实验让幼儿感知光源位置与影子大小的关系，利用了手电筒和剪刀这两种简单的材料，让幼儿两人合作完成实验，比较容易地达成"发现影子的变化与光和物体的距离及位置的关系"的核心目标。从探究活动的层次可以看出，教师是经过精心设计和思考的，相信这样的探究活动一定可以为幼儿打开一扇窗户，让他们对发现影子的秘密产生更大的兴趣。

当然，关于影子的活动还有更多，教师可以引领幼儿利用生活活动时间继续探究。

科学探究活动的材料不在于多么复杂，而在于适宜和实用，本活动中教师提供的材料简单而实用，值得借鉴。

46. 挑战空间

设计教师：田香玲　　评析专家：刘霞

幼儿园：山东省淄博市实验幼儿园

设计意图

大班幼儿对周围的事物具有强烈的好奇心，一次"倒米"的工作，让他们发现同样多的米装在不一样的容器里看上去不一样多。经过反复地探索，孩子们又发现大小不同的物品装在空间大小一样的容器里有很多不一样的结果，并且对此产生强烈的兴趣。为了满足孩子们继续探索的欲望，我设计了"挑战空间"这一活动，意在使孩子们在玩一玩、做一做、说一说的过程中感知合理利用空间给生活带来的便利，感受自由探索、挑战成功的快乐。

活动目标

（1）在实践操作中知道合理利用空间。

（2）喜欢探索，感受挑战成功的快乐。

活动准备

（1）每组4个托盘、3个碗、1个杯子。

（2）每个幼儿3个核桃、30颗花生米、1碗米。

活动过程

1. 介绍材料，激发探究的愿望

（1）师：你们看到托盘里有什么？

（2）请几名幼儿说一说可以用什么方法把三种东西分到碗里。

2. 尝试分类

（1）提出分类的要求。

师：请你们把这三种东西分到三个碗里，分米时要小心一点，不要撒在地上和桌子上。

（2）幼儿按自己的方法进行分类。

（3）请幼儿讲一讲自己用什么方法分出了三种东西。

小结：把相同的东西放在一起的方法是分类。

3. 第一次挑战空隙：请幼儿想办法将三种东西放到一个杯子里

（1）请幼儿动手尝试。

（2）分享幼儿装三种物品的办法，并将办法进行记录。

（3）如果有成功的幼儿，请大家分享他装进去的办法。如果没有幼儿成功，则出示老师装好的杯子请幼儿观察，思考为什么老师能装进去。

（4）出示有空隙的图片，请幼儿观察。

①师：你们看到核桃之间有什么？

②师：是不是空隙装满了就能装下？

③师：你们用了什么方法把米装进去的？

小结：刚才没装进去，看来你们想的办法不够多，现在老师再给你们一次机会，希望你们能全部装进去。

4. 第二次挑战空隙：尝试运用正确的方法将三种物品装入杯中

（1）幼儿操作，教师指导。

（2）教师与幼儿一起小结，进一步激发探究的热情。

小结：这一次你们装得棒极了！原来把这些东西都装进去并不难，首先我们要找到空隙，把空隙用起来会装更多的东西。其次，我们还要找到合适的方法，比如先装大的再装小的，这样同样一个杯子，感觉就像是变大了一样，这种方法就是合理地利用空间。只要合理地利用空间，我们就会让空间变得更大一点。

5. 观察乱放东西的房间和整齐的房间，引导幼儿学习合理利用空间

（1）观察两个房间，请幼儿谈谈自己感觉哪个房间看上去更大、更舒服。

（2）提出问题：你以后会怎么做，让家里的空间看起来更大一些？

小结：在生活中，有很多东西都需要装起来。如果我们把东西分类摆放，把小空间都利用起来，使用起来就会更合理。今天你们就回家看看你们家有没有空间可以利用起来，把你们家变得更大、更方便。

 专家评析

我们生存的空间是有限的,但如果合理规划、充分利用,就可以让有限的空间看起来更大一些、更宽敞一些。这就是生活的智慧。

本次活动中,教师巧妙地将合理利用物体间的间隙与使空间最大化得到利用相结合进行了设计,让幼儿在亲自动手的探索中感知大小不同的物体在空间中的摆放技巧,实用性和操作性都比较强,突出了科学探究活动的特点。

该活动还借鉴"做中学"的猜想—实验—记录—验证的科学实验步骤和方法,让幼儿的思维在动手操作中得到梳理,经验得到有效的提升。值得注意的是,本活动中操作材料的选择非常重要,教师必须注意控制好核桃、花生和小米各自的数量,才能保证实验的成功。因此,针对每个孩子实验用的材料,教师在课前都必须仔细检查其数量是否准确,以确保活动的顺利组织。

让科学活动来源于生活又回归生活,这是我们设计活动时应该注意的地方。

47. 什么东西不见了

设计教师:宫英梅 评析专家:董旭花

幼儿园:山东省利津县第一实验幼儿园

设计意图

溶解是生活中常见的一种科学现象。孩子们都知道把糖放入水中会化了,但是对于溶解与哪些因素有关系并不清楚。大班幼儿已有了一定的观察、操作、记录、分析以及推理的能力,并且对科学现象有着浓厚的探索兴趣。本次活动就是引导幼儿通过实验来感知、理解物体溶解的速度与物体的形状、大小以及是否搅拌等有关系。

活动目标

（1）初步感知溶解现象，了解哪些物品能溶解、哪些物品不能溶解。

（2）探究物体的溶解速度与物体的形状、颗粒大小、搅拌速度以及温度的关系。

活动准备

透明的杯子、塑料瓶、小勺、筷子、水、白糖、砂糖、方糖、花生、大豆、玉米粒、彩笔帽、小石子、奶粉、洗衣粉、饮料粉等。

活动过程

1.提出问题，引导幼儿感知溶解现象，知道搅拌能帮助物体加速溶解

（1）教师出示两杯水（糖水和盐水），请幼儿尝一尝，发现两杯水的不同。

提问：为什么一杯水是咸的，另一杯水是甜的？糖和盐怎么不见了？

小结：盐和糖放进水中就溶化了，看不见了。

（2）教师用白糖示范操作过程，让幼儿观察。

师：把白糖放进水中仍然能看到，需要搅拌才能让糖完全溶解在水中。

小结：搅拌会让糖快点溶化到水中。

（3）请幼儿猜想还有哪些物体可以溶解在水中，并且自己动手操作验证。

①提问与交流：你平时见到的什么东西放进水里也能溶化？

②呈现砂糖、方糖、花生、大豆、玉米粒、彩笔帽、小石子、奶粉、洗衣粉、饮料粉等材料，请幼儿猜一猜，把它们放进水中会怎样。

③幼儿自己动手操作验证。

④交流实验结果，集体验证。

小结：一些物品放进水中很快就不见了，这种现象叫溶解，如糖、盐、洗衣粉等；而且搅拌能帮助物体加速溶解。但有的物品放进水里不会溶解，如彩笔帽、大豆、小石子等。

2.探究物体的溶解速度与物体的形状和颗粒大小的关系

（1）呈现白糖、砂糖、方糖，请幼儿观察其不同。

丰富词汇：粉末状、颗粒状、固体。

（2）请幼儿猜想哪一种糖溶解的速度会快一些。

问题：如果把这三种糖同时放进三个盛水的杯子里，哪种糖会先溶解完呢？为什么？

（3）请幼儿分组做实验验证。

请幼儿三个人为一组，用小勺取一平勺白糖和砂糖，再取一块方糖，同时把这三种糖放入对应的三个杯中并开始搅拌，看看哪个杯子中的糖先化完。

（4）交流与讨论实验结果。

小结：可溶于水的物品越是颗粒小的溶解得越快，物体的溶解速度与它的形状和颗粒大小有关。

3.把方糖放入冷水与热水中进行对比实验，探究温度对溶解速度的影响

（1）呈现冷水与热水，请幼儿摸一摸，感知其温度上的差异。

（2）请幼儿猜想，把方糖同时放进两杯水中，哪一个会溶解得更快一些。

（3）把全班幼儿分成两组，一组拿到一杯冷水，一组拿到一杯热水（注意热水温度不要超过50℃），然后在老师的指令下，同时放进方糖并搅拌，看哪一杯水中的方糖溶解的速度快。

小结：温度越高，物体的溶解速度越快。

活动延伸

请幼儿观察生活中还有哪些东西能够溶解在水里，并与同伴交流分享经验。

**专家评析**

溶化和溶解是生活中很常见的现象，这个实验是一个很传统的科学小实验，但也是一个很有意思的探究活动。很多教师分不清楚溶化和溶解的区别，不清楚教学语言中是否应该出现这些科学词汇，以及是否需要把这些科学概念传授给幼儿，所以，在进行类似的科学活动时会有很多纠结。

(1) **关于溶化与溶解的区别。**溶化是指因为温度的变化，物质从固体变为液体，是因温度变化导致物质形态的变化，如冰和雪遇热后会融化成水。溶解是指物质分子进入水分子的空隙中，使水变为溶液。很多东西都能溶解在水中，如糖、酒精、盐等。

(2) **关于教学活动中是否需要把溶化和溶解的概念给幼儿讲清楚。**对于小孩子来讲，有些东西放进水里就不见了，一律都称之为"化了"，至于是溶解还是溶化，他们分不清楚，教师也没必要讲解其概念和区别。但是教师的教学语言，应该运用规范的词汇，至于幼儿是否真正理解和接纳，不必强求。

(3) **创设条件，让幼儿感知与操作。**幼儿园的科学探究活动核心不是传授科学概念，而是创设条件，让幼儿有机会去感知、体验和实验操作，让幼儿在动手操作的活动中萌发探究的兴趣，提高探究能力，丰富知识经验。就像宫老师设计的"什么东西不见了"的活动，每个环节都是让幼儿自己动手操作，在做中感知，在做中体验，在做中了解。该活动各个环节的设计也很有创意，层层递进，从感知盐和糖溶解不见了开始，到操作了解有些物体可以溶解，有些不能。其中，最具有挑战性和新意的是对物体溶解速度的影响因素的探究。

48. 空气真神奇

设计教师：王慧　评析专家：董旭花
幼儿园：山东省淄博市市直机关第三幼儿园

设计意图

空气是我们生命中最不可缺少的，也最容易被我们忽略，它是一种无形、无色、无味的物质，很难引起幼儿的关注。所以，我特地设计了这样一个活动，让幼儿发现四周都有空气，并通过亲自动手实验来证实空气的存在与功能，同时激发幼儿对科学活动的探究兴趣和乐于操作、敢于创造的积极的情感体验。本活动设计强调为幼儿提供尽可能多的探索、尝试的机会,使每个幼儿都能积极地参与活动,感受实验的乐趣,获得相关经验。

活动目标

(1)能运用多种感官和实验,感知空气的存在和特性。

(2)萌发对科学小实验的兴趣,体验探究发现的乐趣。

活动准备

(1)塑料袋、充气玩具小狗、气球。

(2)小玻璃瓶、透明度好的盛水的大玻璃缸、粉笔、海绵、土块、馒头块等。

(3)蜡烛、打火机、玻璃杯、小玻璃缸、纸巾。

活动过程

1.运用各种感官观察、感知空气的特征

(1)出示装满空气并扎好口的塑料袋以及充气玩具小狗、气球等,分别请幼儿观察:里面有东西吗?有什么?

(2)把袋里面的空气慢慢放出,请幼儿看一看、摸一摸、闻一闻,让幼儿初步感知空气的基本特征:无色、无味、无形。

2.找空气,感知空气无所不在

(1)给每个幼儿分发一个塑料袋,请幼儿玩"捉空气"游戏。

①鼓励幼儿到活动室、卫生间、寝室等各个地方找空气,把袋子装满、抓紧。

②幼儿相互交流:从哪里装来的空气。

③请幼儿将袋口对着自己的脸慢慢松开,让空气流出,感受空气的流动性。

(2)实验验证粉笔、海绵、土块、馒头块内也有空气。

①一一出示粉笔、海绵、土块、馒头块等,请幼儿猜猜里面是否有空气。

②分小组进行实验验证。引导幼儿将上述物品放入盛水的玻璃缸,观察。

提问：你发现了什么？为什么都会有气泡冒出？

小结：当发现有气泡冒出时，我们就可以说里面也有空气。

（3）实验验证空瓶子里也有空气。

①请幼儿猜想空的瓶子里有什么。

②每人将一个小瓶子放入盆中或盛水的玻璃缸中，让幼儿观察会出现什么。

提问：水往瓶中流的时候你发现了什么？瓶口为什么会冒泡泡？

小结：小玻璃瓶里原来是有空气的，把玻璃瓶放到水中，水往瓶里流，就会把瓶里的空气往外挤，这些冒出来的泡泡就是小玻璃瓶里的空气。

小结：空气是看不见、摸不着的，教室里有空气，卫生间里有空气，粉笔、海绵、土块、空的瓶子里也都有空气，所以，我们可以说空气到处都有。

3. 实验和讨论：空气的作用

（1）让幼儿和老师一起把嘴闭紧，捏住鼻子，暂不透气，体会有什么感觉。

思考：动物们是否需要空气？

小结：人和动物都需要空气呼吸，如果没有空气就会闷死。

（2）实验：蜡烛燃烧。

把蜡烛点燃，再用玻璃杯罩住燃烧的蜡烛，观察过会儿蜡烛会怎样。

小结：空气还有助燃的作用，没有空气，蜡烛就不会燃烧。

活动延伸

（1）讨论：空气被污染后会怎么样？

（2）请幼儿和家长一起做调查，了解什么会污染空气、空气污染有什么危害以及怎样保护空气不被污染。倡议家长和幼儿一起做亲子海报，主题为"为了新鲜的空气"。

专家评析

大班幼儿的好奇心越来越强，他们好动爱玩，喜欢动手操作，喜欢创

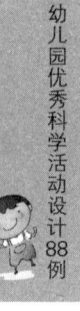

根问底。《指南》强调幼儿园教育应该"有意识地引导幼儿观察周围事物","支持和鼓励幼儿在探究的过程中积极动手动脑寻找答案或解决问题"。王老师设计的"空气真神奇"就是关注到幼儿的认知特点和兴趣,选择最平常的活动内容,创造条件让幼儿在充分的探究活动中感知、体验、探究、发现。

游戏活动是幼儿最感兴趣的。此活动设计通过一个个小游戏和小实验,不但能营造轻松、和谐、愉快的课堂气氛,还能激发幼儿的科学热情。活动过程中,教师引导幼儿通过自己的体验去感知空气的存在、特点和作用,支持幼儿与同伴合作探究与分享交流,引导他们在交流中尝试整理、概括自己的探究成果,体验合作探究和发现的乐趣。

49. 有趣的电动玩具

设计教师:方彩凤 评析专家:刘霞

幼儿园:山东省济南二机床集团公司幼儿园

设计意图

玩具是孩子们喜爱的物品,那些造型美观、会跑、会亮、会唱歌的电动玩具更是孩子们的最爱。但是大班孩子已不仅仅满足于单纯地摆弄玩具,他们更喜欢探究玩具里的奥秘。电动玩具为什么会动起来呢?抓住孩子们的这一兴趣点,我设计了这个科学活动,通过提供丰富的操作材料,引导幼儿在几次探究的过程中获得有关电池的经验,并初步培养幼儿的环保意识。

活动目标

(1)初步了解电池在电动玩具中的作用以及正确安装电池的方法。

(2)产生对电动玩具的好奇心,培养探索发现的兴趣。

(3)了解废旧电池的回收方式,萌发保护环境的意识。

活动准备

（1）学具：电动玩具若干，电池若干。

（2）教具：毛绒小猴一只、有关如何安装电池的PPT课件、电池的图片、回收废旧电池的视频、环保回收箱等。

活动过程

1. 创设活动情境，激发幼儿的兴趣

教师创设"小猴聪聪邀请小朋友去参加电动玩具展览会"的情境，吸引幼儿选择自己喜欢的电动玩具玩一玩，探索玩法。

2. 分析讨论电动玩具的共同特征，猜测电动玩具能动的秘密

（1）请幼儿说一说，自己玩的是什么玩具，都有哪些本领。

（2）请幼儿猜一猜，这些玩具为什么能动、能响。

小结：所有的电动玩具里面都有电池。

3. 第一次探索：认识电池并了解电池在电动玩具中的作用

（1）请幼儿寻找玩具中的电池，观察并描述电池的外形特征。

（2）请幼儿将玩具中的电池取出，观察玩具是否还能动，说一说为什么。

小结：原来没有电池玩具就不能动了，电池的本领可真大！

（3）组织幼儿观看电池的图片，认识电池，了解电池的简单构造。

教师可设计以下问题引导幼儿观察：

- 电池是什么形状的？
- 电池都一样大吗？
- 电池两端一样吗？看到不一样的符号了吗？

小结：电池有各种形状，有的是圆的，有的是方的，有的很大，有的比较小；电池两端长得也不一样，一端有一个突出的头，画着"+"号，一端是凹进去的，画着"-"号。

4. 第二次探索：怎样使不动的玩具动起来

（1）请幼儿另外选择一个未装电池的玩具，选择合适型号的电池给玩具安装上。

（2）请幼儿试一试：装上电池以后玩具能动了吗？为什么有的玩具还

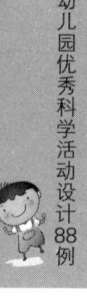

是不能动？

（3）请实验成功的幼儿讲一讲，自己是怎样安装电池的。

（4）组织幼儿观看有关电池安装的PPT课件，了解安装电池的正确方法。

（5）幼儿相互交换玩具后再次尝试，给玩具正确安装电池，并让玩具动起来。

5.讨论电池的用途和废旧电池的回收问题

（1）教师提出问题："生活中还有哪些东西需要用到电池？"请幼儿讨论，帮助幼儿拓展对电池的广泛用途的了解。

幼儿自由发言后，教师可以出示部分能够用到电池的常见物品，如手机、手电筒、钟表等，帮助幼儿了解电池在生活中的广泛用途。

（2）组织幼儿讨论废旧电池的回收问题，使幼儿萌发初步的环保意识。

①观看电池回收的视频，讨论用完的废旧电池应该怎么处理。

②出示环保回收箱，鼓励幼儿把用过的废旧电池交到幼儿园，放在回收箱里一起回收。

 专家评析

该活动选择了幼儿在生活中经常接触的电动玩具作为探究的材料，并把"初步了解电池在电动玩具中的作用以及正确安装电池的方法"作为活动要实现的主要目标，这对于好奇心与探究欲望都逐渐增强的大班幼儿来说是适宜的，能够对幼儿原有经验起到梳理和提升的作用。

在活动设计中，教师充分遵循"幼儿在前，教师在后"的原则，注重让幼儿在自主的探索中主动获得经验，并提供了几次不同的探索机会，对于帮助幼儿获得感性认识、获得有关电池的经验起到了很好的作用。作为一个探究型的科学活动，教师提供了充分的探索材料和探索机会，使整个活动富有操作性和趣味性，相信这样的活动会很受孩子的喜欢。

关于电池的探究，除了关注电池的作用以外，此活动还涉及了废旧电池的回收问题，对于培养大班幼儿初步的环保意识是有益的。

50. 旅行者的家

设计教师：张彩霞　评析专家：赵福云

幼儿园：山东省淄博市市直机关第一幼儿园

设计意图

随着幼儿外出旅游经验的增多，宾馆成为孩子们喜闻乐见的话题。我抓住这一契机，引导幼儿借助宾馆这一话题，增进幼儿对宾馆的认识，提高幼儿提出问题、发现问题、解决问题的能力。

活动目标

（1）了解宾馆的特点和作用及旅游居住的多种方式，知道宾馆与家的不同。

（2）能运用分析、讨论等方式发现并解决入住宾馆过程中遇到的问题。

活动准备

课前了解幼儿住宾馆的经验；准备教学课件。

活动过程

1. 忆宾馆——唤醒已有经验

以旅行为话题，带领幼儿回顾参观宾馆的经历。

（1）师：你到哪里旅行过？旅行的时候住在哪里？

小结：人们外出旅行大多数选择住宾馆。

（2）师：宾馆与我们的家有什么不同？

（3）师：前几天我们去参观宾馆的时候遇到了很多问题，我们来看看。

2. 议宾馆——发现、解决问题

（1）谈房卡，解决开门问题。

①看视频，呈现幼儿不会开门的问题。

教师引导幼儿观看视频，回顾使用房卡过程，然后提问：他遇到什么问题了？房卡到底应该怎么用？

②开房门,解读房卡的正确操作方法。

幼儿根据房卡上面的信息大胆解读房卡的使用方法。然后,借助多媒体课件,验证使用方法。

③谈看法,明白宾馆设置房卡的原因。

师:宾馆为什么不用钥匙而用房卡呢?

师:对于宾馆使用房卡这件事,你有什么要说的吗?

教师播放宾馆经理的录音,帮助幼儿了解宾馆使用房卡的原因。

小结:用房卡既可以打开房门又可以控制房间电源,还便于管理客房,一张小小的房卡有这么多用处呢!

(2)看房间,从幼儿最关注的话题引发其深入的思考及讨论。

①话题一:一次性物品。

师:宾馆里为什么要用一次性物品?

师:对于宾馆里用一次性物品,你有什么要说的吗?

小结:一次性物品方便客人自己使用,比较卫生,但为了环保,现在很多人住宾馆都自己带这些物品了,这种做法也很好。

②话题二:安全疏散图。

师:为什么宾馆里要有安全疏散图?

小结:宾馆是我们不熟悉的地方,如果发生意外,人们可以按照图上的指示找到安全出口迅速离开。小朋友进入像宾馆、商场、电影院这种公共场所时一定要找找它的安全出口在哪里,这样才安全。

③话题三:天花板。

师:为什么要安烟感器和自动喷淋头?

小结:发生火灾时,烟的浓度达到一定程度,烟感器就会发出警报声提醒人们快速离开,自动喷淋头就会喷水灭火。

④话题四:便捷按钮。

师:为什么要在床头安装这些按钮?

小结:床头上安装这些按钮特别方便,人们躺在床上就可以控制灯和电视了。人们外出旅游住在宾馆里既舒适方便,又安全卫生,宾馆就是我们旅行者的家。

3.赏宾馆——了解旅游的多种居住方式

（1）观看视频，了解多种旅行居住方式。

①师：外出旅行的人除了住宾馆，还可以住在哪里？

②在幼儿观看视频后提问：这么多种居住方式，你最喜欢住在哪儿？

小结：每个人都有自己的想法，住在不同的地方感受肯定不一样，以后我们去旅行的时候可以试一试！

（2）启发思考，引导幼儿持续探讨有关宾馆的问题。

师：旅行者的居住方式还真是千奇百怪呢。对于这些千奇百怪的家，你还有什么问题吗？

专家评析

这个活动融科学与多媒体教学于一体，对科学活动的教学设计做了一次有益的尝试。大班幼儿对宾馆并不陌生，但其经验模糊、零散。为了更深入地开展教学，活动以参观宾馆为切入点，目的在于在充分丰富幼儿已有经验的基础上，增强幼儿的探究意识，提高幼儿分析问题、解决问题的能力。

本次活动实现了两个提升。

（1）**经验的提升**。活动前的参观，使幼儿从对宾馆的模糊的记忆中走出来，极大地丰富了经验；活动中，利用设疑、观察、讨论、咨询等方法，在充分调动幼儿已有经验的基础上，帮助幼儿提升经验。比如，在对宾馆内一次性物品的认识中，孩子从有哪些一次性物品，提升到为什么使用一次性物品，其经验获得了从"是什么"到"为什么"的提升。在活动的最后环节，教师利用视频引导孩子从普通宾馆中走出来，扩展经验、延伸经验。

（2）**能力的提升**。在注重幼儿经验提升的同时，本活动还特别注重幼儿能力的培养与提高，也就是从兴趣入手，引发思考、引动探究。比如："为什么宾馆用房卡而不用钥匙呢？"在引发幼儿思考的基础上，教师巧妙运用了宾馆经理的录音，为孩子解惑答疑，也启发孩子遇到不明白的问题，可以去请教别人。

整个教学活动中，一个个有价值的提问都是孩子主动提出、积极思考、独立解决的。相信经过这次活动，孩子能够解决的不仅仅是这几个问题，而是问题意识的建立，后者会使人受益终生。良好的师幼互动为活动目标的顺利达成奠定了良好的基础。

51. 蝙蝠是鸟类吗

设计教师：王冰　　评析专家：董旭花

幼儿园：山东省淄博市实验幼儿园

设计意图

蝙蝠是鸟类还是兽类，对大班的孩子来说是一个容易引起分歧的问题。有的孩子认为蝙蝠能飞，所以它是鸟类；有的孩子则会说蝙蝠长得像老鼠，所以它是兽类。有了认知冲突就会有探索真相的动力，在这个活动中，我将从孩子们争执不下的问题出发，引导他们通过给常见的几种动物分类总结出鸟类和兽类的不同特征，再根据这些特征给蝙蝠对号入座，从而得出"蝙蝠是兽类"的正确结论。

活动目标

（1）通过对比了解鸟类与兽类的基本特征。

（2）了解蝙蝠的基本特征，知道蝙蝠是兽类动物。

活动准备

（1）PPT课件，内容包括：蝙蝠图片；兽类和鸟类的嘴巴对比图片；鸟类和兽类的特征对比图片；蝙蝠的"翅膀"——四肢之间的皮膜的图片；蝙蝠的牙齿图片；小蝙蝠吃奶的图片。

（2）鸟类与兽类特征的分类卡4张，大象、斑马、狗、兔子、鸽子、鸵鸟、鸡、鸭子8种动物的小图片各4份。

活动过程

1. 通过故事激发幼儿探讨的兴趣

（1）讲述《蝙蝠的故事》，出示PPT1中蝙蝠的图片，提问：你们觉得蝙蝠到底是鸟类还是兽类？为什么？

（2）教师倾听幼儿的表述和争论，先不给予答案。

小结：刚才有的小朋友说因为蝙蝠能飞，所以它是鸟类；有的小朋友说蝙蝠像老鼠，所以它是兽类。蝙蝠到底是鸟类还是兽类呢？真的很难判断。这里有一些大家经常见到的动物，我们先来分一分它们中哪个是鸟类、哪个是兽类，再来判断蝙蝠是哪一类吧。

2. 幼儿根据自己的经验区分常见的几种动物是鸟类还是兽类

（1）教师介绍操作材料和操作方法。

把幼儿分成4组，每组的小篮子里面都有8种动物的图片和一张分类卡，请幼儿商量一下，把是鸟类的动物图片粘在"鸟类"这个词的下边，把是兽类的动物图片粘在"兽类"这个词的下边，并说出自己的理由。

（2）幼儿小组操作，教师巡回指导。

（3）幼儿完成后，请小组代表上来讲述哪些动物是鸟类，哪些动物是兽类，并说出自己的理由。

小结：鸽子、鸵鸟、鸡、鸭子等都是鸟类，因为大家认为它们都有翅膀、会飞；大象、斑马、狗、兔子大家认为它们都是兽类，因为它们不会飞。

3. 师幼一起探讨鸟类和兽类的特征

（1）教师提出问题，请幼儿观察并讨论鸟类和兽类不一样的地方。

①提出问题引导幼儿思考。比如：鸟类身上有什么？兽类身上有什么？

小结：鸟类都有翅膀，大部分的鸟都会飞，而兽类大都没有翅膀，不会飞；鸟类身上都有羽毛，而兽类身上有皮毛。

②出示PPT2，引导幼儿观察它们的嘴巴，比较其异同。

小结：鸟类没有牙齿，兽类有牙齿，这是它们的第三个不同。

③请幼儿关注它们的小宝宝的不同生育方式。

小结：鸟类的小宝宝是从蛋里孵出来的，是卵生；兽类的小宝宝是直接从妈妈肚子里生出来的，是胎生，小宝宝还要吃妈妈的奶，这是它们的

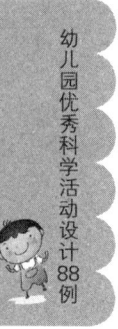

第四个不同。

（2）出示PPT3，总结鸟类和兽类的不同之处。

小结：鸟类与兽类有4个不同，表现为：鸟类有翅膀，兽类没有翅膀；鸟类有羽毛，兽类有皮毛；兽类有牙齿，鸟类没有牙齿；鸟类是卵生，兽类是胎生，小宝宝是吃奶长大的。

4.出示蝙蝠图片，引导幼儿为蝙蝠正确归类

（1）通过图片，分析蝙蝠的特征。

师：在了解了鸟类和兽类的不同之后，再看看蝙蝠到底是鸟类还是兽类。

①观察PPT4，了解蝙蝠"翅膀"的真相。

引导语：刚才有的小朋友说蝙蝠是鸟类，因为它有翅膀、会飞。我们来看看，它真的有翅膀吗？它身体上长的是羽毛还是皮毛？

小结：蝙蝠没有翅膀，我们认为的"翅膀"是蝙蝠四肢之间的皮膜；蝙蝠身体上长的是皮毛，不是羽毛。

②观察PPT5，了解蝙蝠长有牙齿。

③观察PPT6，了解小蝙蝠是吃妈妈的奶长大的，是胎生的。

（2）通过观察和分析，根据PPT3的特征对比，请幼儿判断蝙蝠是哪一类动物。

总结：因为蝙蝠没有翅膀，长有皮毛，有牙齿，胎生，所以蝙蝠不是鸟类，而是兽类动物。

活动延伸

在阅读区投放图书《米歇尔与小莱尼》（一本关于蝙蝠的知识类图画书），引导幼儿进一步了解蝙蝠的相关知识。

附：故事

蝙蝠的故事

很久以前，鸟类和兽类因为发生一点争执，就爆发了战争。

有一次，双方交战，鸟类战胜了。

蝙蝠突然出现在鸟类的堡垒："各位，恭喜啊！能将那些粗暴的兽类打败，真是英雄啊！我有翅膀又能飞，所以是鸟的伙伴！请大家多多指教！"

这时，鸟类非常需要新伙伴的加入，以增强实力，所以很欢迎蝙蝠的加入。可是蝙蝠是个胆小鬼，等到战争开始，便不露面，躲在一旁观战。

后来，当兽类战胜鸟类时，兽类们高声地唱着胜利的歌，蝙蝠却又突然出现在兽类的营区，说："恭喜各位！把鸟类打败，实在太棒了！我是老鼠的同类，也是兽类！敬请大家多多指教！"

兽类们也很乐意地将蝙蝠纳入自己的队伍中。

战争在持续……每当兽类胜利了，蝙蝠就加入兽类；每当鸟类打赢，它又成为鸟类的伙伴。

直到最后，战争结束了，兽类和鸟类言归于好。双方也都知道了蝙蝠的行为。

当蝙蝠再度出现在鸟类的世界时，鸟类很不客气地对它说："你不是鸟类！"

被鸟类赶出来的蝙蝠只好来到兽类的世界，兽类则说："你不是兽类！"然后，它们赶走了蝙蝠。

最后，蝙蝠只能在黑夜偷偷地飞着。

专家评析

教师导入环节的《蝙蝠的故事》尽管是与道德说教有关的故事，但引发了一个"蝙蝠是鸟类还是兽类"的科学探究活动。蝙蝠常年生活在阴暗潮湿的洞里，我们很少见到，但对它并不陌生。蝙蝠因为会飞，我们很多人会误认为它是鸟，孩子们开始时的争论也是因为这个。

蝙蝠真的是鸟类吗？王老师设计的活动很有意思，就在孩子们针对蝙蝠是否是鸟类争执不休时，却舍下这个话题，先让幼儿分类，通过对常见几种动物的分类活动，比较概括鸟类和兽类的不同特征，帮助幼儿认清楚到底什么是鸟类、什么是兽类，再把蝙蝠的特征拿来一一对照。通过一一比对，幼儿自己就会发现，蝙蝠并不具备鸟类的基本特征，反而更像是兽类。

对于幼儿园的孩子们来说，弄清楚蝙蝠的"翅膀"是蝙蝠四肢之间的皮膜而不是长满羽毛的翅膀有一定的难度，所以教师准备了图片和PPT课件，帮助幼儿细致地观察和了解。

52. 狼该不该杀

设计教师：辛美玲　评析专家：董旭花

幼儿园：山东省胜利油田孤岛第一幼儿园

设计意图

食物链是自然界保持生态平衡的自然现象，只有保持了生态平衡，才能使我们生活在美好、舒适的环境中。我国幅员辽阔，动植物种类繁多，但是，由于人类活动对大自然的破坏相当严重，导致生态严重失衡。我国已由一个多林国变成了一个少林国，许多野生动物数量逐渐减少，甚至灭绝。本世纪的幼儿是21世纪的主人，从小对他们进行环保教育，让他们懂得环境的好坏将直接影响人类生存的质量是非常必要的。"狼该不该杀"是一个争论的话题，却可以引发幼儿对食物链的关注，可以让幼儿在这样一个两难的问题中慢慢了解自然界中动植物相互依存的道理。

活动目标

（1）通过观察、操作，理解生物界的食物链现象。

（2）初步感受自然界中动植物谁也离不开谁的关系，初步了解生态平衡的重要性。

活动准备

教学课件《食物链》，各种动植物小卡片。

活动过程

1. 谈话导入活动

请幼儿自由说一说自己喜欢什么动物、它爱吃什么。

2. 为动物爱吃的食物排排队，初步了解自然界的食物链现象

（1）从"你认为哪种动物最厉害"的问题出发，引起争论。

比如，如果幼儿回答"狼最厉害"，教师可以追问：狼吃什么？（狐狸）狐狸吃什么？（兔子）兔子吃什么？（青草）……

也可以反问：谁不同意狼最厉害？为什么？谁能吃掉狼……（呈现图片，排出一个简单的食物链，如狼—狐狸—兔子—青草）

（2）请幼儿以小组为单位，寻找动植物图片，按照"吃什么"进行排列。

每个小组人数以两人为宜，教师要为每个小组提供20张以上的动植物图片，供幼儿自主选择和排列。

可以排列如下：老鹰—鸡—米；鱼鹰—鱼和虾—藻类；老虎—鹿—草。

（3）交流分享。

请幼儿说说自己的排列，并说清楚原因。比如：你为什么要这样排列？你发现了什么规律？

小结：自然界各种动物植物之间存在吃与被吃的关系，它们之间形成密切的联系，也就是食物链。一般植物在最底下，接着是食草动物，食草动物又会被食肉动物吃掉，食肉动物死后腐烂还会变成营养物质被植物吸收。

（4）课件演示，帮助幼儿进一步了解食物链现象。

重点：了解食物链现象，知道大自然中的动物和动物、动物和植物之间要相互依靠，只有你吃我、我吃它才能够生存。

3. 引入故事，引发幼儿对生态不平衡现象的关注

（1）教师播放动画，讲述故事《狼该不该杀》。

羊妈妈被狼杀死—狮子王发怒—狼全被杀光—羊不停生宝宝—羊吃光草原上所有的植物—草原不再美丽—羊全部饿死。

（2）讲完故事之后，把"狼该不该杀"的问题抛给幼儿，引发幼儿的

认知冲突，帮助幼儿理解故事蕴含的生态平衡的道理。

教师可以根据幼儿在现场的表现，把全班幼儿分成观点不同的两组，进行辩论。

小结：狼吃掉的羊，大多是老弱的、生病的，对于羊群保持适宜的数量和强壮的后代是有好处的；把狼都杀了，也就破坏了草原上应该有的生态平衡。所以，任何人都不能随便破坏食物链，否则地球上的生物就会面临灾难。

4.玩"食物链"游戏，进一步丰富幼儿对食物链的认识

请幼儿任选一动植物小卡片贴在身上，扮演它，然后找到自己喜欢的"食物"，与其手拉手，从而形成"食物链"，看哪一条"食物链"最长。

附：故事

狮子王的故事

在辽阔的大草原上，狮子王和它的朋友们生活得非常幸福。狮子王特别勇敢，特别爱帮助小动物。有一天，小羊们跑来对狮子王说："狼吃掉了我们的妈妈，我们应该怎么办呢？"狮子王愤怒了，生气地说："狼实在是太猖狂了，我要消灭所有的狼！"慢慢地，草原变得的狼越来越少，后来，一只狼也没有了。小羊们非常快乐，再也没有狼来吃它们了。草原上的羊越来越多，它们吃光了草原上所有的植物，草原上光秃秃的，再也不美丽了，许多羊因为找不到食物，慢慢地都饿死了。

专家评析

食物链说简单很简单，就是你吃我、我吃它的关系，说复杂也确实很复杂，是生物之间以食物营养关系彼此联系起来的序列，分捕食性食物链、碎食性食物链、寄生性食物链等多种类型。对于幼儿园阶段的孩子来讲，感知动植物之间的关系并不难，但怎样引入问题、通过什么方式进行辨析很重要。

辛老师设计的"狼该不该杀"活动,特别好的一点是故事提供了一个适宜的载体,因为故事本身就会带给幼儿认知和情感上的冲突。很多图画书和故事都把狼描写成恶毒的坏家伙,与科学本身的第三者客观视角相违背,所以,这样一个简单的故事必然会引发幼儿间的争论,如果教师能够自然地组织幼儿进行辩论,那么就可以帮助幼儿清晰地明了自然界生态平衡的重要性。当然,前面的铺垫极为重要,那就是通过"谁最厉害"的问题讨论引出的谁吃谁的图片排列,通过图片排列帮助幼儿理解自然界存在的食物链现象。

大班幼儿喜欢提问,喜欢争论,喜欢表达与交流,这样一个活动设计有助于幼儿整合已有的经验,发展表达能力,学会辩证地、客观地看待问题,当然更重要的是慢慢培养起环保意识。

53. 找种子

设计教师:任丽秀　评析专家:董旭花

幼儿园:山东省胜利油田仙河社区学前教育中心

设计意图

生活中蔬菜、水果种类繁多,善于观察的幼儿在吃水果时就会问:"香蕉里这些小黑点是什么?"当告诉他们这是香蕉的种子时,幼儿会特别感兴趣,他们会在吃其他水果时也边吃边找种子,于是找种子的"大搜寻"活动开始了。活动开始前,教师可以发动幼儿从家里带自己喜欢的蔬菜和水果到幼儿园,一起寻找种子,而寻找种子的过程也是幼儿进一步认识植物的过程。在活动设计中,教师要让幼儿动手操作,幼儿会很感兴趣。

活动目标

(1)寻找发现几种蔬菜、水果的种子,观察其外形特征。

(2)萌发对植物种子的好奇心和探究欲望。

活动准备

（1）各类水果、蔬菜若干，盘子若干。

（2）油菜、白菜、萝卜等蔬菜的种子，核桃、葵花子、南瓜子、西瓜子等干果若干。

（3）豆类、瓜果类、青菜类标志牌各5块。

活动过程

1. 让幼儿认识几种蔬菜和水果的名称，并相互进行推介

把全班幼儿分成6～8个小组，请幼儿相互交流从家里带来的蔬菜和水果，说出它们的名字和简单特征。

（1）幼儿分组自由观察和交流。

（2）请部分幼儿向全班幼儿介绍自己带来的蔬菜和水果。（要求幼儿不仅要说出其名称，而且要说出其简单特征，比如：我拿的是豆角，它是长长的、绿绿的）

2. 引导幼儿将蔬菜、水果分类

（1）先请幼儿在小组内进行分类。各组组长领取标志牌，把所有蔬菜、水果按照"豆类、瓜果类、青菜类"等进行分类。（幼儿操作，教师巡回指导）

（2）全班幼儿一起分类。

请各小组把豆类蔬菜拿到前面贴有豆类标志的筐子中，检视正误。之后，依次进行瓜果类、青菜类分类，并集体检视正误。

3. 幼儿分组进行找种子活动，教师巡回指导

教师剥开豆角，询问幼儿里面的是什么，引出找种子的活动。然后，请幼儿分组找找其他蔬菜、水果的种子在哪里、是什么样子的。

指导语：豆子是豆角的种子，那么是不是所有的植物都有种子呢？（幼儿争论）如果所有的植物都有种子，那它们的种子藏在哪里呢？让我们一起找出来吧。

（1）幼儿分组剥豆子，寻找豆类植物的种子。

（2）教师帮忙切开苹果、梨、桃子等水果，请幼儿观察寻找种子，比较其种子的不同。

（3）鼓励幼儿自己寻找橘子、山楂、樱桃、柚子等水果的种子。

（4）鼓励幼儿寻找香蕉、火龙果等水果的种子以及西红柿、茄子等蔬菜的种子，知道有些种子已经退化成为小点点，可以食用。

（5）帮助幼儿简单了解核桃、葵花子、南瓜子、西瓜子等干果也是种子，可以食用，有丰富的营养。

（6）油菜、白菜、芹菜、萝卜等蔬菜虽然找不到种子，但它们是有种子的，只不过人们没有等待它们成熟地长出种子来就收割了。教师可以呈现这几种蔬菜的种子请幼儿观察。

活动延伸

（1）借助孩子们加餐吃水果等日常生活环节，支持幼儿继续找种子的探索活动。

（2）请家长在家庭中让幼儿适当参与一些家务劳动，帮助幼儿继续丰富、积累相关经验。

专家评析

尽管在生活中我们经常会吃到、用到各种植物的种子，但经常忽略掉。因此，专门组织一次找种子的科学探究活动就显得非常必要。

教师设计的"找种子"活动从幼儿最熟悉的水果、蔬菜着手非常适宜，因为这些东西幼儿很熟悉，也比较容易得到，幼儿可以从家里带来，也可以从幼儿园的厨房里轻松找到。

如果是幼儿自己从家里拿来的材料，幼儿会非常高兴地向别人介绍，这样教师就可以顺理成章地导入活动，之后的分类活动也简单易行。找种子的关键环节需要注意按类别进行。剥豆子找种子最直观，由此引发的是能够直接看到种子的水果，如苹果、梨、山楂、橘子等。寻找香蕉、猕猴桃、火龙果、西红柿、茄子的种子对幼儿来说有一定的难度，因为它们的种子已经退化为小点点，和果肉一体。核桃、葵花子、南瓜子、西瓜子等干果幼儿经常吃，却很少看到其完整的果实，所以，有时很难分辨其种子。油菜、白菜、芹菜、萝卜等蔬菜，我们向来只吃它们鲜嫩

的叶子、茎，并没有等到其种子长出来，所以，除了农民，我们很多成年人都不知道其种子是什么样子的，让幼儿知道它们也有种子是必要的。

活动定位在"找"太好了，富有游戏的趣味，又有动手操作的机会，这是最符合幼儿特点的活动设计。

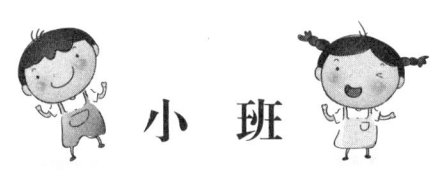
小 班

54. 可爱的瓶子宝宝

设计教师：沈桂花　　评析专家：王翠霞

幼儿园：山东省胜利石油管理局临盘第一幼儿园

设计意图

"1"和"许多"是小班数学教育中一项重要的内容，根据小班幼儿对"1"和"许多"感知经验欠丰富、表述不够准确的现状，我设计了本次教学活动。活动中，我选择瓶子这一生活中随处可见、幼儿又感兴趣的材料，以拟人的手法设计"找瓶子""戴帽子""喂豆子"等活动，让幼儿在游戏和操作中区分"1"和"许多"，理解"1"和"许多"之间的包含关系，感受数学操作和游戏活动的乐趣。

活动目标

（1）能区分"1"和"许多"，理解"1"和"许多"之间的包含关系。

（2）喜欢和瓶子宝宝做游戏，体验其中的快乐。

活动准备

（1）教师、幼儿共同装饰的彩色瓶子人手1个，活动前将瓶子藏于桌子周围；大盒子1个；与彩色瓶子吻合的彩色瓶盖人手1个，放于一个大碗内；红豆若干，放在小碗内；大鼓、小鼓各1个。

（2）歌曲《大鼓和小鼓》。

活动过程

1. 找一找，感知1个1个"1"合起来就是"许多"

（1）出示大盒子，引导幼儿观察并说说，盒子里是否有东西。

（2）引导幼儿观察桌子周围的彩色瓶子，以"瓶宝宝和我们捉迷藏"为情节，请幼儿每人去找到一个藏起来的瓶子，放到大盒子里。

小结：1个1个的瓶宝宝合在一起，就是许多瓶宝宝。

2. 盖一盖：感知"'许多'可以分成1个1个的'1'"

（1）请幼儿每人从大盒子里的许多瓶子中任选一个拿在手里，说一说：大盒子里的许多瓶宝宝到哪儿去了？每人手里有几个瓶宝宝？

（2）出示彩色瓶盖，先请幼儿观察并说说有多少个瓶盖，然后给自己的瓶宝宝找一顶颜色相同的瓶盖"帽子"戴好，并说一说：许多的"帽子"到哪儿去了？1个瓶宝宝戴了几顶"帽子"？

小结：盒子里有许多瓶宝宝，一人拿1个，"许多"就变成了1个1个；碗里有许多瓶盖"帽子"，1个瓶宝宝戴1顶，"许多"也变成了1个1个。

3. 听一听，感知1粒豆子和许多豆子发出的不同声音

（1）教师出示红豆，然后在瓶子里神秘地装入1粒豆子，摇动瓶子，请幼儿仔细听听有一个豆子的瓶宝宝唱歌的声音。

（2）请每个女孩给自己的瓶宝宝"喂"1粒豆子，一起摇一摇，听听有1粒豆子的瓶宝宝唱歌的声音。

（3）请每个男孩给自己的瓶宝宝"喂"许多豆子，一起摇一摇，听听有许多豆子的瓶宝宝唱歌的声音。

小结：有1粒豆子的瓶宝宝唱歌的声音小，有许多豆子的瓶宝宝唱歌的声音大。

4. 唱一唱，学学小鼓和大鼓的声音

（1）播放歌曲《大鼓和小鼓》，请幼儿欣赏，并说一说：大鼓唱歌的声音是什么样的？小鼓唱歌的声音是什么样的？

（2）请幼儿跟随歌曲，用瓶宝宝演奏，学大鼓、小鼓唱歌，并说一说：小鼓唱歌时，哪些瓶宝宝跟着唱歌？大鼓唱歌时，哪些瓶宝宝跟着唱歌？

小结：小鼓唱歌时，有1粒豆子的瓶宝宝跟着唱歌；大鼓唱歌时，有许多豆子的瓶宝宝跟着唱歌。

（3）幼儿摇动瓶子，表现歌曲中的大声与小声。

活动延伸

将彩色瓶子投放到益智区，同时提供多种材料，引导幼儿继续玩"喂瓶宝宝"的游戏，感知"1"和"许多"的数量关系。

专家评析

瓶子，是小班幼儿经常接触到的生活用品，他们很乐意摆弄玩耍，并以此为乐。本次活动中，设计者以瓶子为主线，用一连串的小游戏，让孩子们和瓶宝宝一起做游戏、唱歌，在快乐的体验和重复的动作中感知"1"和"许多"的数量关系，逐步建立"1"和"许多"的概念。

小游戏"找一找"，既充满了神秘，又有些许挑战，恰当地调动了小班幼儿的活动积极性，大家集体动手完成了从"1"到"许多"的变化过程，感知到"1个1个的'1'合起来就是'许多'"，初步理解"1"和"许多"的关系。

小游戏"盖一盖"，让幼儿在拿瓶子、"戴帽子"的两次操作中，将"许多"这个大的集合分成了若干的个体"1"，让幼儿以直观的形式感知"'许多'可以分成1个1个的'1'"，逐步帮助幼儿完成了对"1"和"许多"概念的完整感知。"戴帽子"的过程，同时也是颜色的认知和对应，以及瓶盖与瓶子一一对应的过程，这个过程也锻炼了幼儿的手眼协调性和手部小肌肉的精细动作，设计可谓巧妙。

"听一听"、"唱一唱"两个小游戏，进一步调动幼儿的听觉和动觉，让幼儿多感官感受"1"和"许多"的不同，拓展了他们对"1"和"许多"概念的深层体验。

55. 喂喂小动物

设计教师：李静　评析专家：王翠霞

幼儿园：山东省淄博市实验幼儿园

设计意图

运用一一对应的方法比较两组物体的多少是最简便和直接的方法。根据小班幼儿的年龄特点和喜欢游戏的天性，我设计了"喂喂小动物"的活动，通过模拟的喂动物、和动物捉迷藏等游戏活动，让幼儿在操作中学习运用一一对应的方法比较两组物体的多少。

活动目标

（1）能用一一对应的方法比较两组物体的多少。

（2）能用简单的语言表达操作的结果。

活动准备

（1）小猴卡片3张，香蕉卡片2张；布制口袋书1本（第一页有3个口袋，第二页有4个口袋，第三页有5个口袋）。

（2）材料盒人手一份，内装材料为：小兔卡片3张，萝卜卡片4张，小鱼卡片5张，小猫的图片5张。

活动过程

1. 喂喂小猴子

（1）教师出示3张小猴卡片，从左向右一一摆放整齐，请幼儿数一数共有几只，说出总数。

（2）教师取一张香蕉卡片对应放在第一只小猴下面，再取一张香蕉卡片对应放在第二只猴子下面，第三只小猴下面没有香蕉。（见图36）

图36

提问：比一比，小猴和香蕉谁多、谁少？还是一样多？为什么？

重点引导幼儿用一个香蕉对应一只小猴的方法，感知有一只小猴没有香蕉，所以小猴多、香蕉少。

（为了让幼儿更清晰、明确一一对应的方法，教师可以在小猴和香蕉之间画线表示一一对应）

2. 喂喂小兔

（1）幼儿自己摆弄图片：请幼儿取出3张小兔卡片摆在桌子上，再取出4张萝卜卡片一一对应摆放在小兔下面，观察比较谁多、谁少。

（2）交流：小兔和萝卜谁多、谁少？为什么？

重点引导幼儿一个对应一个摆放图片，并说出：萝卜多、小兔少，因为多了一个萝卜。

3. 喂喂小猫

（1）幼儿自己摆弄图片：请幼儿取出5只小猫的图片摆在桌上，再取出3张小鱼卡片一一对应摆放在小猫下面，观察比较谁多、谁少。

（2）交流：小猫和小鱼谁多、谁少？为什么？

重点引导幼儿一个对应一个摆放图片，并说出：小猫多、小鱼少，因为有的猫没有鱼吃。

（3）请幼儿再找出鱼的图片，让猫和鱼一样多。

问题：如果让所有的猫都能吃到鱼，该怎么办呢？

请幼儿试试再找出两条鱼的图片一一对应摆放在刚才没有鱼的小猫下面，用连线的方式检查是不是一样多。

4. 小动物捉迷藏

（1）教师取出口袋书逐页打开，请幼儿数一数每一页有几个口袋，说出总数。

（2）逐页出示布书，请幼儿自选一张小动物卡片藏进口袋，自由地玩"小动物捉迷藏"游戏，并说说：谁藏起来了？小动物和口袋哪个多、哪个少？为什么？

（3）同时出示三页口袋书，请三名幼儿按照教师的指令玩"小动物捉迷藏"游戏。比如：把比口袋数少的小动物藏到口袋里、把比口袋数多的小动物藏到口袋里。藏好后分别说说：口袋和小动物谁多、谁少？

活动延伸

将小动物卡片和口袋书投放到活动区，日常生活中继续和幼儿玩"捉迷藏"活动，巩固幼儿对一一对应比较物体多少的理解。

专家评析

一一对应的方法能够清晰、直观地呈现两个集合内元素个数之间的差异，可以帮助幼儿更准确地感知集合中的元素，为数概念的学习和建构奠定基础。本次活动正是运用这一方法，引导小班幼儿对两组物体的"多"和"少"进行了具体、直观的感知。

在本次活动中，教师设计了非常贴合小班幼儿兴趣的情境，首先通过"喂喂小猴子"的游戏情境，向幼儿进行了一一对应方法的示范演示，为幼儿提供了自主操作的榜样。在此基础上，引导幼儿自己动手，用一一对应的方法喂喂小兔、喂喂小猫，比比小兔和萝卜、小猫和小鱼谁多、谁少，在反复的对应摆放操作中，幼儿对两个集合中元素的个数的感知得到了确认，并愈加准确。活动最后的"小动物捉迷藏"游戏，则通过一个游戏指令，将幼儿的感性经验向概念水平进行了推进，两组物体"谁多"、"谁少"的概念在幼儿头脑中慢慢地建立起来，幼儿同时也学会了运用一一对应的方法进行两组物体的比较。

在玩中做，在玩中学，幼儿收获了愉悦，更收获了智慧。

56. 小小运动会

设计教师：盖玉梦　评析专家：董旭花

幼儿园：山东省莱阳市温馨苑幼儿园

设计意图

日常生活中，小班的孩子很喜欢数数，但他们还不能够很好地进行手口一致的点数，有的孩子能手口一致地点数，可是点数后说不出总数。我设计的这个活动，可以在游戏和运动中帮助孩子学习点数，帮助孩子进一

步理解一一对应和总数的含义。

活动目标

（1）能手口一致地点数5以内的物体，并说出总数。

（2）乐意模仿动物的动作，动作协调地跳和爬，感受游戏中学习的快乐。

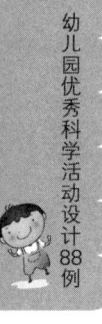

活动准备

（1）小羊、乌龟、兔子图片各5张；2、3、4、5的数字卡各3套；青草、胡萝卜、小鱼的图片各5张。

（2）小羊的叫声录音；节奏欢快的音乐、颁奖的音乐、录音机等。

活动过程

1. 游戏情境导入，引起幼儿的好奇和兴趣

导语：今天动物们要举行运动会，好热闹啊，猜猜谁来了？

2. 出示动物图片，引导幼儿学习手口一致地点数5以内的物体

（1）播放小羊的叫声录音，请幼儿听一听，猜一猜，数一数。

出示5只羊的图片，请幼儿数一数有几只羊，强调手口一致地指点图片数数。

请幼儿找出数字5，贴在小羊图片的最右边。

（2）教师模仿乌龟慢慢爬的动作，请幼儿猜猜谁来了。

出示5只乌龟的图片，请幼儿数一数来了几只乌龟，用数字几来表示。

请幼儿找出数字5，贴到乌龟图片的最右边。

（3）教师念儿歌"长耳朵，白又白，爱吃萝卜和青菜"，请幼儿猜它是谁。

出示5只小白兔的图片，请幼儿数一数有几只小白兔，用数字几来表示。

3. 游戏：小小运动会

（1）第一项比赛：小羊爬山。

①请幼儿自愿选择，5人一组，模仿小羊轮流进行爬山比赛。

请幼儿自己摘下小羊图片贴到胸前，数一数有几只羊。

②教师示范：手脚着地向前爬，膝盖不能触地。请幼儿学习动作。

③播放音乐，请5只"小羊"听口令，从活动室左边爬到右边，鼓励其他幼儿为他们加油。

④播放颁奖音乐，请幼儿点数出5张青草图片颁发给5只"小羊"。

（2）第二项比赛：乌龟爬爬。

①请幼儿自愿选择，5人一组，模仿乌龟爬，进行比赛。

请幼儿自己摘下乌龟图片贴到胸前，数一数有几只小乌龟参加比赛。

②请个别幼儿示范乌龟爬的动作：手膝着地向前爬。

③播放音乐，请5只"乌龟"听口令，从活动室一端爬到另一端，其他幼儿为他们加油。

④播放颁奖音乐，请幼儿点数出5条小鱼图片，为"乌龟"颁奖。

（3）第三项比赛：白兔跳跳。

①全体幼儿一起模仿白兔跳的动作，最好按教师的指令跳。比如，教师可以请幼儿跳3下、跳5下等，培养幼儿对动作的控制力。

②请幼儿5人一组，模仿白兔跳，然后分组进行比赛。教师注意反复提示幼儿数数。

③播放颁奖音乐，请赢的一组幼儿模拟去吃5根胡萝卜，作为奖励。

专家评析

《指南》强调小班幼儿的数学教育应该充分"利用生活和游戏中的实际情境，引导幼儿理解数概念"。盖老师设计的这个数学活动，就是结合实际生活需要和小班幼儿活泼好动的特点，利用游戏，让幼儿在游戏的情境中自然引发出数数的要求，完成"手口一致点数物体，理解总数的意义"的目标。

游戏的设计是其活动设计的第一亮点。小班的游戏在设计时不需要太复杂，让幼儿有参与活动的兴趣，并全体动起来就很好。爬和跳是小班幼儿最喜欢的动作，所以教师在活动中就选择了小羊爬、乌龟爬和小兔跳的动作，人物角色是贴近幼儿的，动作是幼儿感兴趣、能胜任的，所以对于幼儿就会有吸引力。

如果这个活动在设计时仅有有趣的游戏动作，肯定是远远不够的，作为数学活动设计，很重要的一点是围绕目标进行巧妙的设计。所以，我们看到在这个活动中，无论是小动物的出场，还是运动会的三个比赛项目，包括颁奖的奖品等，都反复强调幼儿手口一致地点数，帮助幼儿在反复的点数过程中，逐渐从具体的事物中抽象出数字，理解总数的含义，建立初步的数概念。

57. 会变的纸

设计教师：杜慧玲　　评析专家：董旭花

幼儿园：山东省莱阳市实验幼儿园

设计意图

一次我到超市购物，一路上收到好多宣传单，就顺便收集起来。想到幼儿很喜欢玩纸，我就设计了这个充满挑战性的玩纸活动，意在发展幼儿的发散思维及动手操作能力，同时整合有关比较物体的长短、粗细并进行排序等经验，让幼儿在游戏中感受数学学习的乐趣。

活动目标

（1）探索纸的多种玩法，感受玩纸的乐趣。

（2）能比较纸条和纸棍的长短，并进行5以内物体的排序。

活动准备

宣传纸若干、胶水或胶带等。

活动过程

1. 自由探索纸的玩法

（1）每人一张纸，请幼儿自由探索，把纸变成任何东西。

（2）交流和分享幼儿的探索活动：纸可以撕、可以剪、可以折、可以画、可以扔……

（3）教师肯定幼儿的探索尝试。

2.撕纸条，比较长短并排序

（1）教师示范撕纸条，请幼儿自由撕纸。

（2）请每个幼儿寻找自己撕的最长的纸条，4～5个幼儿一组，将纸条放在一起按长短排队。

（3）将所有纸条放在一起，请幼儿看看每人一张纸条，放在一起就变成了许多张纸条，进一步理解"1"和"许多"的概念。

（4）幼儿自由玩纸条，感受游戏的快乐。

3.卷纸棍，比较长短和粗细并排序

（1）模拟孙悟空，出示"金箍棒"（纸棍），引起幼儿的兴趣。

（2）请幼儿自己操作，把纸变成"金箍棒"（纸棍）。幼儿卷完后，教师帮助用胶水或胶带粘好。

（3）比长短：4～5个幼儿一组，将做好的纸棍放在一起比较，并按长短和粗细进行排序。

（4）玩纸棍：请幼儿发散思维进行自由游戏。比如，可以用纸棍当枪、抬轿子、骑大马、吹笛子、敲鼓等等。

（5）引导幼儿把许多纸棍放在一起，感受1根1根纸棍合起来就变成许多纸棍了，进一步理解"1"与"许多"的关系。

专家评析

纸是生活中最平常的物品，通常幼儿会用纸来画画、折剪，这些都是被成人接纳的有意义的事情。自由地、无拘无束地玩纸，却是孩子们很少遇到的。杜老师设计的这个活动能满足幼儿尽情玩纸的欲望，并在玩的过程中进行纸条、纸棍的长短和粗细比较。

活动设计自然而有序，重点突出，条理清晰。活动的核心目标是长短和粗细的比较和排序，但在自然的玩纸中展开，撕纸条和卷纸棍是教师有目的地从幼儿的玩纸中抽出来的与目标密切相关的活动。让幼儿在撕完之后，比较纸条的长短，并排序；在卷纸棍之后比较长短和粗细并排序，既是幼儿自然的活动趋向，又是目标导向的结果。

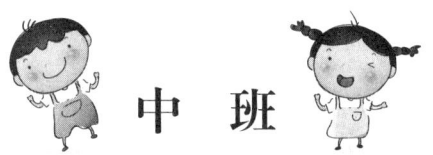

中 班

58. 逛超市

设计教师:程华 评析专家:王翠霞

幼儿园:山东省济南市育贤第一幼儿园

设计意图

我们的生活离不开数学,孩子们的生活也与数学紧密相连。为了较好地体现幼儿园游戏化教学的特点,为了让幼儿体验数学活动的乐趣,我以幼儿熟悉的生活为背景,引导幼儿在"逛超市"中复习"3"以内数的点数,在"帮忙卸货"中学习"4"的形成,最后又在"自主购物"中理解"4"的实际意义。整个活动中,幼儿在游戏化的情境中,饶有兴致地在玩中学、学中玩,从而掌握数概念。

活动目标

(1)知道"3"添"1"是"4",理解"4"的实际意义,认读数字"4"。

(2)感受在超市购物中数学的重要性,体验数学游戏的乐趣。

活动准备

(1)布置"超市"场景。

(2)塑料盘子、小玩具若干;塑料花朵若干;1—4数字卡片4张。

活动过程

1. "逛超市",复习3以内物品的点数

带领幼儿"逛超市",用右手食指手口一致地点数货架上不同种类、数量的物品。

导语:超市里的货品真多,我们一起来数数吧。

2. "帮忙卸货",感知4的形成

(1)出示塑料盘子、小玩具,请幼儿取3个相同的盘子。

问题:3个盘子再添上1个是几个?

小结:3个添上1个是4个。

请幼儿取一个相同的盘子放在一起。

（2）变换"货品"名称，再次感知4的形成。

师：请拿3个小熊玩具，怎样变成4个呢？

（引导幼儿重复说出：3个玩具添上1个是4个玩具）

（3）演示花朵及数字卡片，帮助幼儿理解4的形成。

问题：3朵花可用数字几表示？（出示数字卡片3）再添上1朵（出示数字卡片1）是几朵花？4朵花又用数字几表示？（出示数字卡片4，引导幼儿理解并说出：3添上1是4）

（4）认读数字"4"，理解其实际意义。

问题：数字"4"长的像什么？你在哪里见过"4"？还有什么东西能用"4"表示呢？

小结：3添上1是4。4个盘子能用数字"4"表示，4朵花能用数字"4"表示……

3. 游戏"购物"，理解"4"的实际意义

（1）请幼儿在超市里购买数量是4的货品。

（2）分享交流：说一说自己买的是什么，买了几个，可以用数字几来表示。

专家评析

"超市"是中班幼儿比较熟悉的生活场所。以"超市"为活动场景，以"超市"游戏贯穿始终，既符合幼儿爱玩、爱游戏的特点，又贴合幼儿的生活经验。活动从"点数货品"进行"3"以内物体的点数开始，让幼儿先热脑，同时对"货品"有了大致的了解，激发了幼儿参与活动的兴趣。"帮忙卸货"的环节，让幼儿通过对餐具和小玩具自由的、反复的操作，直观形象地感知了"3个添上1个是4个"的数量关系。在这一感性经验的铺垫下，教师适时地演示图片和数字，引导幼儿从具体直观的经验向抽象的数字符号过渡，抽取出所有感性经验的核心——"3添上1是4"，活动过程自然顺畅，容易理解。最后的"自主购物"，让幼儿再次置身于

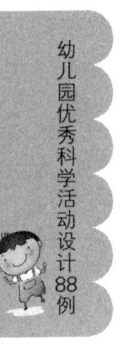

真实的情境中,将习得的新经验有效地复习应用、交流分享,对理解"4"的实际意义起到了很好的促进作用。

活动中,教师的语言简洁准确,并注重使用启发性语言引发幼儿的思考和交流,比如"3个盘子再添上1个是几个"、"3朵花可以用数字几表示?添上1朵是几朵花"、"4朵花又用数字几表示"等,这种在幼儿具体感知经验基础上的语言概括和抽象,正是发展幼儿数概念的有效途径。

59. 奇妙的百宝箱

设计教师:王婷　评析专家:王翠霞

幼儿园:山东省淄博市实验幼儿园

设计意图

在我们的生活中,物数相连无处不在,我们经常会将物体与数字连在一起使用,如一台电视、两个菠萝、三把椅子等,因此数与物的对应是数学学习的一个重要部分。对于中班幼儿来说,他们从最初的对数的笼统感知,到能够按顺序口头数数、按物点数、说出总数,接下来就是练习按物取数。为了让孩子们能够更好地感受生活中数物之间的众多联系,我设计了本次活动。

活动目标

(1)能进行5以的物体与数的正确对应,能按物取数。

(2)理解5以内各数的实际意义,初步理解数的抽象特征。

活动准备

(1)百宝箱1个(里面装有1个梨、2个香蕉、3个苹果、4个橘子、5个桃),水果筐5个。

(2)放有水果卡片的小篮子每人一个,1—5数字卡片若干。

(3)大作业纸1张(见活动过程),水彩笔1支。

活动过程

1. 玩手指游戏"五指歌",引发兴趣,进行1—5的唱数

教师带领幼儿伸出双手,边说儿歌边做动作:"一个手指点点点,两个手指敲敲敲,三个手指捏捏捏,四个手指挠挠挠,五个手指拍拍拍,五个兄弟爬上山,叽里咕噜滚下来。"(边说儿歌边做动作,让幼儿在愉悦的情绪中进行1—5的唱数)

2. 玩游戏"叽里咕噜变",练习1—5的点数

(1)出示百宝箱,师幼一起说"叽里咕噜变",依次变出各种水果放入小筐内,请幼儿观察、点数,并说出总数。

问题:这是什么水果?数数看,一共有几个?

(2)全部水果都变出来后,请幼儿观察、点数,看看一共有几种水果。

教师注意提示幼儿手口一致点数,帮助幼儿进一步理解总数的含义。

3. 感知操作,学习1—5按物取数,理解数的实际意义

(1)游戏:数字宝宝回家。教师再次呈现百宝箱,从百宝箱中依次摸出1—5数字卡片,引导幼儿给水果筐内的水果匹配相应的数字卡片。

小结:一个梨,可以用数字"1"表示;两个香蕉,可以用数字"2"表示……5个桃子可以用数字"5"表示。

(2)游戏:运水果。请幼儿每人自选一个篮子,运水果到指定地点。点数篮子里水果卡片的数量,再选取对应的数字卡片放在篮子里。

(3)请幼儿相互检查篮子里水果卡片的数量和数字卡片是否一致。

4. 游戏"开开乐",练习1—5的物数对应

(1)教师出示大作业纸(见图37,5座小房子贴在作业纸上,可以揭起来),请幼儿说说画面上物品的名称和数量。

向幼儿介绍5座小房子的秘密:5座小房子分别是5个数字的家,数字藏在房子里面,揭开房子,就知道是谁的家了。

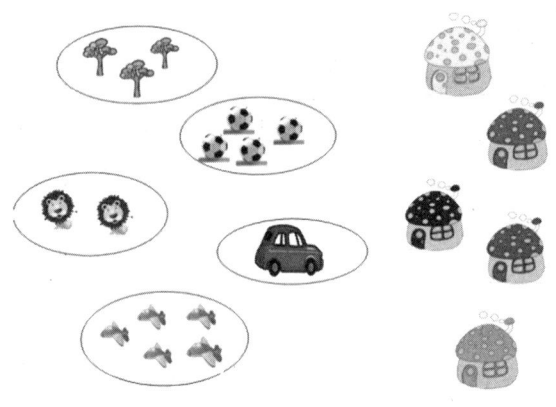

图37

（2）交代"开开乐"游戏玩法：全体幼儿边做动作边说儿歌"骨碌骨碌锤，骨碌骨碌叉，谁来打开红房子家"，教师随儿歌节奏逐一摸幼儿的头，说到"家"字时，教师摸到谁的头，谁就揭开房子，看看是数字几的家，然后用水彩笔画一条线，把数字和对应的物品连接起来。

专家评析

一串好玩的小游戏、一次愉快的数学活动，让幼儿心情轻松，有所收获。其中，手指游戏"五指歌"，轻轻松松，唤起了幼儿1—5的数数经验；魔术游戏"叽里咕噜变"，又让幼儿带着惊奇重温了1-5的点数；"数字宝宝回家"和"送水果"两个游戏，从实物到图片，从集体感知到自主操作，逐步提升着幼儿对物数相配、数量相当的理解；"开开乐"则进一步扩大幼儿的视野，将生活中的众多事物与1-5这几个不变的数字联系在了一起。

五个小游戏层层递进，遵循着"口头数数—点数—物数相配"的幼儿学习进程，帮助幼儿步步深入地建立着物数相配的概念。

幼儿的学习是以经验为基础的，本次活动让我们更清楚地看到了这一点。

60. 5以内数的守恒

设计教师：岳娟　评析专家：王翠霞

幼儿园：山东省淄博市实验幼儿园

设计意图

数的守恒是对数的认识的深化。本次活动就是用幼儿熟悉的实物卡片，让幼儿在与材料的互动中，通过计数来正确判断5以内的数量，在观察、比较的过程中发现物体的数量和它的大小、颜色、排列方式的变化没有关系，从而初步理解5以内数的守恒。

活动目标

（1）学会用观察、点数、比较等方法判断物体的数量。

（2）能不受物体的大小、颜色、排列方式等因素的影响，正确判断5以内物体的数量。

活动准备

（1）学具：彩笔、记录表；卡片组4种，人手一份，分别用皮筋套好；数量为1—5的不同名称、颜色、大小、排列方式的水果卡片若干。

（2）教具：2个草莓、3个圆点卡片、4个正方形卡片各一张，不同大小的气球图片3幅，1—5数字卡片。

活动过程

1. 玩拍手游戏，复习5以内物体的数量

（1）教师说儿歌"叽里咕噜变变变，小朋友们仔细看"，然后出示2个草莓的卡片，请幼儿说出卡片上草莓的数量并根据数量拍两下手。

教师依次出示3个圆点、4个正方形、数字5的卡片，带领幼儿重复玩游戏。

（2）教师变化儿歌："叽里咕噜咚咚咚，小朋友们仔细听！"然后，教师拍手，请幼儿说出"拍了几下手"。

2. 感知数量的守恒，正确判断5以内物体的数量

（1）引导幼儿进入"小熊买气球"故事情境，观察图片，感知物体的数量与大小无关。

教师出示气球图片（见图38），引导幼儿观察、比较，并说出自己的发现。

问题：三只小熊上街买气球，它们三个买的气球有什么不同？买的气球一样多吗？

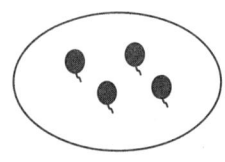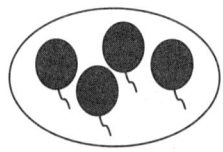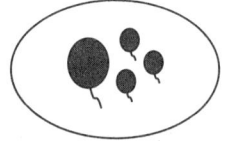

图38

小结：三只小熊买的气球都是4个，一样多。不管小熊买的是大气球还是小气球，他们买到的气球数量都是4个，因为气球数量的多少和它的大小是没有关系的。

（2）自选材料，进行点数、比较，感知物体数量与颜色、排列方式无关。

教师介绍操作方法，引导幼儿参与自主操作活动：请小朋友从篮子里选择自己喜欢的卡片组和纸、笔，看一看，比一比卡片上的形状，把你发现的不同的地方和相同的地方分别记录在表格中（见下表）。

☆ ☆	
☆ ★	

①幼儿分成4组，分别从本组的材料篮子里选择一份材料（3张卡片和记录纸、笔），然后观察、比较卡片上的物体并记录。

4组卡片组的内容是不一样的（见图39），其中第一组的3张卡片上分别是大小相同的5个红色三角形、黄色三角形、绿色三角形，第二组的3张卡片上分别是大小相同的5个完全不同颜色的三角形，第三组的3张

卡片上分别是5个排成一横排的圆点、一竖排的圆点、圆环形的圆点，第四组的3张卡片上分别是5个排列疏密完全不同的圆点。

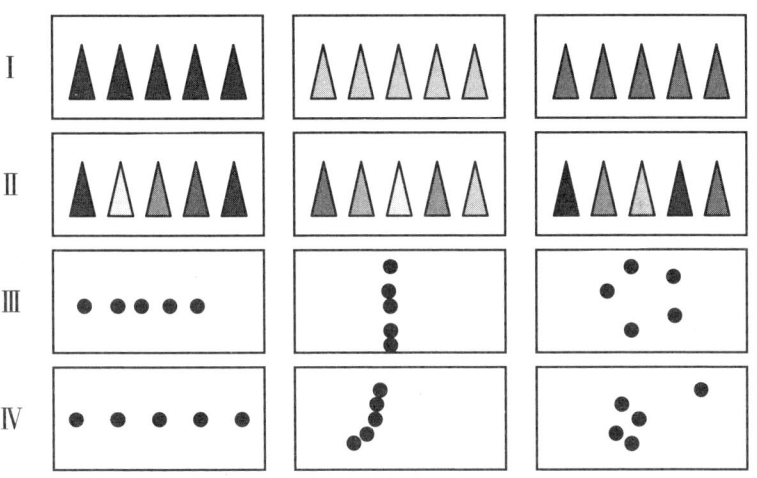

图39

幼儿操作时，教师仔细观察，及时鼓励幼儿大胆选择、仔细观察，完成记录。

②集体分享操作后的收获。

请四个组的小朋友代表分别围绕着"你的卡片上有什么，它们有什么不同和相同"介绍自己的发现，鼓励幼儿尝试说出物体数量与颜色、排列变化的关系。

小结：物体的数量不会因为颜色、排列方式以及形状、名称的变化而改变，数量自身是不变的。

3. 玩游戏"数字找朋友"，巩固对数的守恒的认识

（1）教师说儿歌"一二三四五，一定数清楚，我说数字3，请你快快找"，同时举出数字卡片"3"，鼓励幼儿马上从篮子里找出数量为3的水果卡片，然后将卡片向外展示给老师和同伴看，互相观察、验证。

小结：红色的草莓是3个，大的蓝莓是3个，圆圆的苹果也是3个。

（2）教师变换数字，引导幼儿重复游戏。

小结：物体的数量和它们的大小、颜色、排列方式、形状、种类都是没有关系的，我们可以通过仔细地点数知道数量的多少。

活动延伸

将幼儿再次分成4组，每组发一张写有数字的记录表，请他们分组到幼儿园的环境中寻找数量与此数字一致的物体，并记录在表中，然后大家再来分享，巩固幼儿对数的守恒的认识。

专家评析

中班幼儿对于5以内的数量已经能够进行准确的点数，但在判断两组或多组物体是否数量相同时，容易受物体大小、颜色、排列形式等因素的影响，不能做出正确的判断。本次活动正是针对这一现象，引导幼儿通过多种形式的练习，在操作中排除各种干扰因素，正确判断5以内物体的数量。

在这个活动中，教师首先带领幼儿玩"拍手游戏"，帮助幼儿复习5以内物体的数量。然后，通过"小熊买气球"的故事情境，让幼儿感知物体的数量与大小无关。接下来的操作活动进一步引导幼儿在观察、比较、记录操作结果的过程中不断地进行"反省抽象"，帮助他们排除物体颜色、形状、排列形式等外在因素的干扰，抽象概括出它们数量都是5这一抽象特征。当幼儿通过操作对数的守恒有了初步的认识以后，教师又借助游戏，和幼儿一起回归到数字，让幼儿通过选择发现同一个数字可以针对不同大小、颜色、排列形式的物体的数量，巩固了他们对数的守恒的理解。

这个活动为幼儿提供了大量的操作材料，既让枯燥的数学活动变得更加有意思，也能够使幼儿在多样化的经验和体验的基础之上加深对数学知识的理解。在材料的运用上，教师按照实物图片—形状图片—点卡—数字卡片的顺序逐步呈现，遵循了从具体到抽象的原则，让幼儿对数量守恒的理解不断内化，符合幼儿的认知规律。

61. 蔬菜汤

设计教师：王琪、王炳勤　评析专家：刘霞
幼儿园：山东省淄博市市直机关第二幼儿园

设计意图

　　学习比较数量的多少，并学会按数取物，是中班幼儿数学领域的关键经验之一。本次活动定位于6以内物体的数量的比较，为了增加活动的挑战性，第一次操作让幼儿练习从少到多进行图片的排列，第二次独立操作让幼儿练习从多到少进行图片的逆向排列。为了增加本次活动的趣味性，我精心创设了小兔子为妈妈制作蔬菜汤的情景，让孩子们跟随故事情境通过看一看、说一说、比一比、做一做来一步步达成活动目标，并在帮助兔子及模拟动手为自己妈妈制作蔬菜汤的过程中，萌发对妈妈爱的情感。

活动目标

　　（1）点数6以内的物体的数量，能按数取物，会认读数字6。

　　（2）学习比较6以内物体数量的多少，并按照从多到少和从少到多的顺序排序。

　　（3）能按菜单要求模拟为妈妈制作蔬菜汤，萌发爱妈妈的情感。

活动准备

　　PPT课件，胶棒，菜单操作纸，蔬菜卡片若干。

活动过程

　　1.故事导入，巩固幼儿对常见蔬菜的认识

　　创设情境，导入活动：兔妈妈身体有点不舒服，小兔想要为妈妈做一锅蔬菜汤，可小兔家只有胡萝卜，怎么办呢？小兔决定拿着自己家的胡萝卜出门去与别的小动物交换蔬菜。它用1根胡萝卜换了小松鼠的1颗卷心菜，用5根胡萝卜换了小鼹鼠的4个土豆和3个西红柿，用6根胡萝卜换了羊爷爷的5个菜花和2个茄子。

2. 认识菜单，帮小兔子为妈妈制作蔬菜汤

（1）出示兔妈妈的美味蔬菜汤菜单（见图40），引导孩子看懂菜单。

师：这是一份什么样的菜单？你能看懂菜单吗？菜单上说需要哪些蔬菜？每种蔬菜需要多少个？哪一种蔬菜最多？哪一种最少？

（2）了解做汤秘诀：要先放完一种蔬菜再放另一种，而且要按照从少到多的顺序放。

（3）教师先按菜单依次放两种蔬菜，再请幼儿帮助小兔子继续往锅里放蔬菜。（见图41）

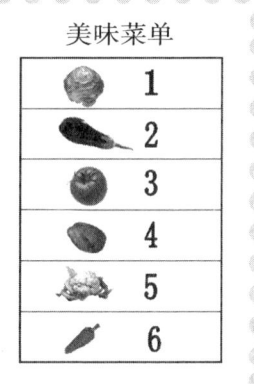

图40

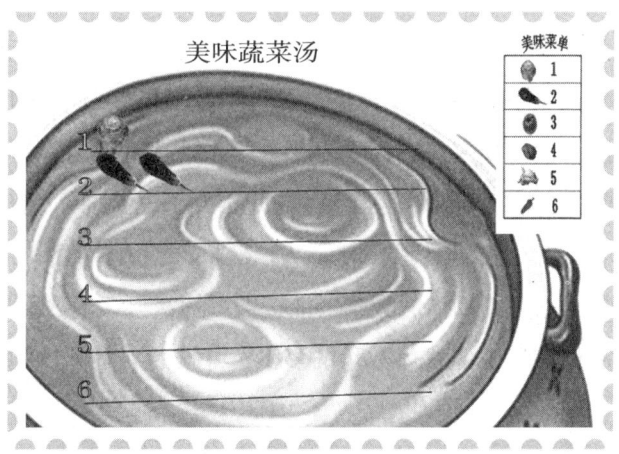

图41

3. 请幼儿为自己的妈妈制作蔬菜汤

（1）提出任务：你们想不想为自己的妈妈做一锅美味的蔬菜汤，让她也健康美丽？

（2）出示美味菜单（见图42），请幼儿先读懂菜单。

（3）了解菜单秘诀：往锅里放菜的时候，要先放数量最多的一种蔬菜，再放少的，要给每种蔬菜排好队往里放。（见图43）

（4）幼儿自己制作"蔬菜汤"，教师巡回指导。

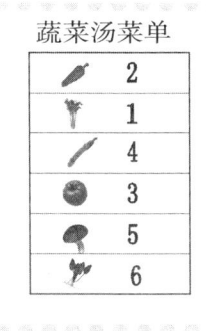

图42

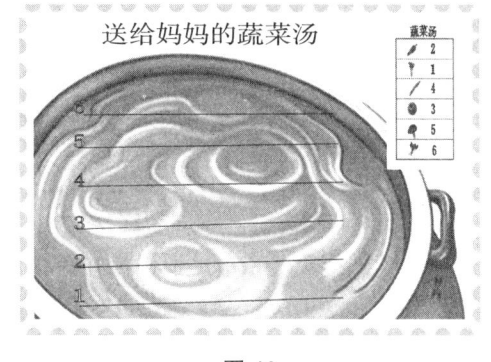

图43

4.分享展示蔬菜汤

请做好的小朋友说说自己的蔬菜汤是用什么蔬菜做的,都用了多少。

结束语:小朋友们可真棒!相信妈妈看到你们为她们做的美味蔬菜汤一定很高兴。请大家把这份汤带回家送给妈妈吧。

专家评析

这是一个充满爱心、暖意融融的活动。教师精心创设了为兔妈妈制作蔬菜汤的情境,让孩子们在帮助小兔子的过程中体验浓浓的亲情,复习巩固6以内数的认识,并按照从少到多和从多到少的规律排序。对中班上学期的幼儿来说,这样的活动是适宜的、有效的。

教师设计的活动过程,既有趣,又层次分明。幼儿最初是在帮助小兔子制作给妈妈的"蔬菜汤",按照从少到多的顺序放蔬菜,幼儿要点数、辨别数量的多少,然后才能完成任务;后来,教师又提出让幼儿给自己的妈妈煮一锅"蔬菜汤",这次的要求是按照从多到少的顺序来放蔬菜,难度又有一定的提升。相信幼儿带着对妈妈的爱进行模拟操作,一定是投入而认真的。

很多优秀的教师将一些优秀的绘本拿来设计各种活动,使幼儿园的教学活动越来越充满爱的味道和情感的熏陶。王老师用一个故事贯穿数学活动的始终,让原本比较枯燥的数学学习变得生动而有趣,富有吸引力。

62. 数一数，比一比

设计教师：张红梅　评析专家：董旭花

幼儿园：山东省济南二机床集团公司幼儿园

设计意图

中班幼儿对事物的理解和思维的概括性明显增强，但仍显表面化、肤浅化。10以内数的熟练点数和数的守恒是中班数学教育的重要内容，于是结合幼儿的兴趣，我设计了本次活动"数一数，比一比"，利用幼儿特别喜欢的废旧材料——五彩瓶盖，让幼儿在看看、数数、说说、比比、玩玩、摆摆、画画等游戏活动中愉快地进行10以内数的点数，初步理解数的守恒，提高其数学思维的灵活性。

活动目标

（1）初步感知物体的数量不随物体的大小、颜色、种类及排列形状的变化而改变。

（2）体验数守恒的有趣现象，准确熟练地点数10以内的数。

活动准备

课件（图片6张），彩色瓶盖若干，记录表4张，米老鼠玩具1个。

活动过程

1. 游戏"听指令变魔术"，练习10以内数的点数

（1）以米老鼠要来做客，请幼儿为米老鼠表演"瓶盖变魔术"为引子，激发幼儿参与活动的兴趣和热情。

（2）教师说出10以内不同的数量，请幼儿取出相应数量的瓶盖，并正确地点数，说出总数。

2. 游戏"看图变魔术一"，熟练地进行10以内数的点数并进行拼摆

（1）出示课件图1（见图44），引导幼儿进行点数、拼摆，要求与图上所用的瓶盖数量、颜色、造型都相同。

（2）幼儿相互检查纠正。

（3）请幼儿准确说出不同颜色的瓶盖的数量，教师记录在记录表上，并请幼儿根据记录表比较哪种颜色的瓶盖最多、哪种颜色的瓶盖最少。

3. 游戏"看图变魔术二"，数一数、比一比，理解数的守恒

（1）请幼儿根据课件图2拼摆（见图45），要求与图上所用的瓶盖数量、颜色、造型都相同，拼摆后幼儿相互检查纠正。

（2）引导幼儿说一说不同颜色、不同排列的瓶盖的数量是多少，教师记录。

（3）观看记录表，让幼儿比较瓶盖的数量，感知等量物品的数量不受颜色、排列形式的影响，总数不变。

（4）按同样方法操作课件图3（见图46），感知等量物品的数量不受颜色、排列形式以及大小的影响。

4. 游戏"数数水果的数量"，进一步理解数的守恒

指导语：米老鼠说小朋友变的魔术太精彩了，也很辛苦，它为大家带来了好吃的水果，咱们一起看看都有什么，各有多少个。

（1）出示课件图4（见图47），引导幼儿点数各种水果的数量，教师记录。

（2）引导幼儿根据记录结果进行比较，感知相同数量的物品不因颜色、大小、排列形式的改变而改变，也不受种类的改变而改变。

5. 游戏"火眼金睛"，巩固数的点数，灵活掌握数的守恒

（1）引导幼儿通过观察课件图5（见图48），准确点数，并说出谁多、谁少。

（2）引导幼儿点数课件图6中不同图形中鸟的数量（见图49），说一说它们是不是一样多。请大家一起欢送米老鼠，活动自然结束。

附：课件图片

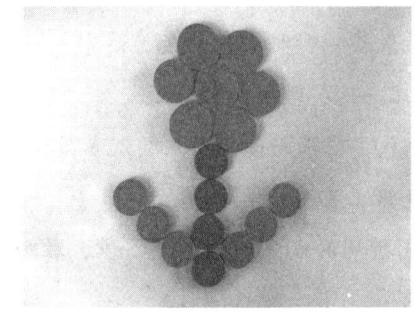

图 44

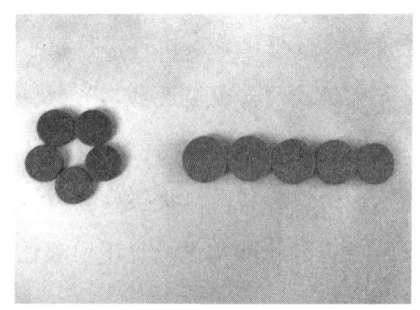

图 45

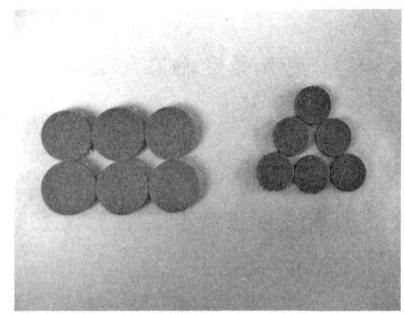

图 46

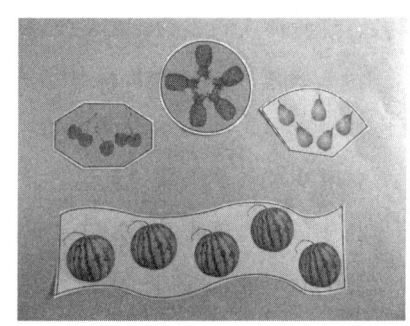

图 47

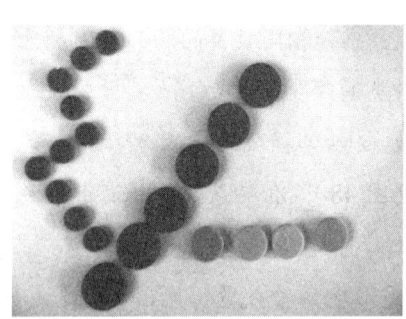

图 48

图 49

专家评析

幼儿园数学教育的重点是发展幼儿的数学思维结构，也就是在教给幼儿一些简单的数概念、数运算和几何形体、时空概念的同时，着重对幼儿进行思维方法、思维习惯和思维能力的训练，促进其思维水平从具体形象性向抽象逻辑思维过渡。对幼儿进行数的守恒方面的教育是思维训练的重要内容之一，一般都是通过体验和操作，让幼儿感知物体数量的多少不因其形状、大小、颜色和排列方式等的影响而改变。

在张老师设计的"数一数，比一比"活动中，教师以"瓶盖变魔术"为引子，引发幼儿对操作活动的兴趣，并选择生活中最常见的材料——瓶盖，让幼儿反复摆弄，排列瓶盖，点数瓶盖，在这样反复的摆弄中，让幼儿了解一组瓶盖的多少与大小、颜色、排列图案、摆放形式均无关。反复的点数活动，也有助于幼儿数数能力的提升，有助于幼儿进一步理解总数的概念，理解数概念。

在幼儿园的实际教学活动中，教师可以灵活地运用身边常见的自然材料和废旧材料，组织幼儿开展类似的活动，如小石子、建构雪花片、花生、大枣、豆子、树叶等，这些材料随处可见，数数活动也可以随机进行。最重要的是，不要只是让幼儿看和说，应该更多地让幼儿参与到活动中，用这些小物件摆出各种形状，再点数，这样就可以慢慢地让幼儿摆脱事物的具体特征的束缚，抽象到数的水平，促进其思维从具体形象向抽象逻辑思维层次过渡。

63. 破译密码

设计教师：殷平　评析专家：王翠霞

幼儿园：山东省淄博市市直机关第一幼儿园

设计意图

相邻数是一个抽象的概念，对于中班下学期的幼儿来说看似简单，但并不好理解。如何将枯燥的数学活动融入生活情境和游戏当中，让幼儿有兴趣地主动学习呢？我发现密码箱的密码大多由三个数字组成，很适合用于相邻数的学习,同时又有一定的神秘感,有利于增加游戏的趣味性。因此,本次活动利用密码箱上的三个数字巧妙地与相邻数相结合,用破译密码的形式让幼儿在游戏中学习数学,将数学知识与生活实践相结合,避免了数学活动的枯燥。

活动目标

(1)掌握10以内各数的相邻数,理解相邻数之间"少1"和"多1"的关系。

(2)了解密码锁的相关知识。

活动准备

(1)用点子表示的相邻数一组,1—9的数字卡一套。

(2)大展板上12张密码箱形状的卡片。(最上面标有编号,中间分为三列表示三个相邻数密码,有的用点子表示,有的用数字表示,但每一组相邻数中缺一个数,最下面空白处让幼儿往上贴相对应的密码数字小卡片)(见图50)

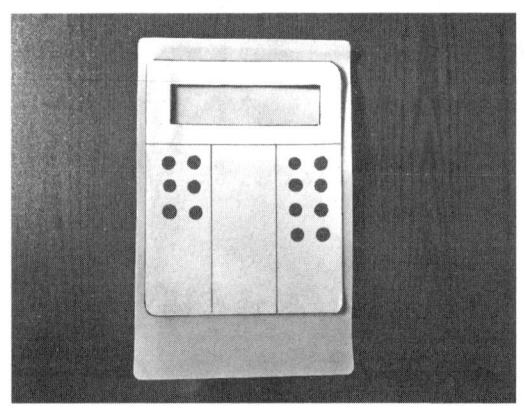

图50

(3)密码数字小卡片12张(印有与大展板上密码箱卡片相对应的相邻数)。(见图51)

图51

（4）密码箱若干（贴有与密码箱卡片一致的编码）。

活动过程

1. 幼儿尝试打开密码箱

（1）幼儿自由操作，发现箱子的秘密。

提问：这些箱子有什么特别之处吗？能打开吗？

小结：这是我们旅行常用的密码箱，上面有拉杆，还有数字和开关按钮，箱子锁上了，打不开。

（2）尝试打开密码箱，发现问题。

提问：箱子上的锁在哪里？和以前认识的锁有什么不一样？试一试怎样才能打开？

小结：密码箱的锁是用数字控制的密码锁，不是一般的钥匙就能打开的，只有知道密码，对好相应的数字才能打开。

2. 观察思考，破译密码

（1）观察思考，发现密码的秘密，了解相邻数的知识。

①师：这些箱子的密码有一个特别的要求，三个数字必须是相邻数才能够打开。

教师以"1"号箱为例，唤起幼儿已有的相邻数经验："1"号箱的密码卡片上第一格有1个点子，第三格有3个点子，中间会是几个点子呢？这三组点子有什么关系呢？

小结:密码卡片中间应该是2个点;三组点子的关系是,1和3是2的相邻数,1比2少1,3比2多1。

②出示数字2—9,引导幼儿依次说出每个数的相邻数。

小结:每个数都有两个相邻数。当数字按从小到大的顺序排列时,每一个数都比前一个数多1,比后一个数少1。

③出示展板上的密码箱卡片。随机破译其中1~2个密码,并提问为什么,让幼儿说出三个数字的关系。

(2)猜猜想想,破译密码,巩固认识相邻数。

①师:我们知道了密码的秘密,就一起来破译这些密码吧!(引导幼儿用相邻数的知识破译密码)

②出示密码数字小卡片,幼儿每人自选1张。师:看看你手中的数字会是几号箱子的密码呢?(先引导幼儿观察思考)

③请1~2名幼儿尝试将密码卡贴到箱子卡片上,说一说自己是怎么快速找到的,引导幼儿思考快速寻找的方法,避免幼儿一个一个去找。

④全体幼儿仔细观察、解读箱子卡片上的相邻数密码,将自己手中的数字卡片贴到对应的箱子卡片上。

3. 实践操作,打开密码箱

(1)打开密码箱。

幼儿取下破译出密码的箱子卡片,按照卡片的编码找到相应的密码箱,根据密码提示打开密码箱。

(2)拓展经验。配合课件,帮助幼儿了解密码锁在生活中的广泛使用。

师:你还知道哪里使用密码锁吗?使用密码锁应该注意什么呢?

幼儿讨论:不能忘记密码,注意保密等。

小结:不只是各种锁上使用密码,生活中还有很多地方使用密码,请小朋友回家和爸爸妈妈一起查一查还有哪些地方使用密码,好吗?

专家评析

幼儿对数学的兴趣往往开始于对材料的兴趣、对活动的过程和成果的兴趣。破译"密码"的兴趣，幼儿天生拥有。密码锁三位数的密码设置，与相邻数的学习贴切地吻合在一起，让幼儿在破译密码的过程中完成相邻数的学习，实在是一个巧妙的设计。

破译密码是本次活动的中心环节。在此过程中，设计者遵循了幼儿数学学习的特点，从具体到抽象，先用点子卡片介绍2的相邻数，直观地展现出2与其相邻数1和3之间多1和少1的关系，容易让幼儿理解；而后将点子卡片变成数字卡片，进一步调动幼儿的抽象思维，通过逻辑推理说出3-9各数的相邻数，掌握相邻数之间"少1"和"多1"的质的关系。

经过教师的讲解、逻辑的推理之后，幼儿是否真正获得了理解相邻数概念的"金钥匙"呢？教师又带领幼儿进入自我验证的环节。每个幼儿自选一组数字，要又准又快地从展板上的12组密码数字中找出相对应的一组相邻数。在这里，教师首先提出"怎样找"的问题，引发幼儿的思考和讨论，并请个别幼儿介绍自己的方法，然后再请全体幼儿开始寻找自己的答案。这不仅大大减少了幼儿不加思考直接选择的盲目性，更是一个培养幼儿运用排除法、一一对应、观察顺序、同伴学习等方法解决问题的思维过程，对于增强幼儿思维的主动性和独创性大有帮助。有了这一过程，幼儿在最后环节的破译密码活动也就具有了现实的意义——用数学的方式解决生活中的实际问题。

64. 有趣的图书馆

设计教师：巩青照　评析专家：韩冰川
幼儿园：山东省淄博市实验美达幼儿园

设计意图

最近我们班里的图书角很受欢迎，孩子们自发地产生了"图书管理员"的角色，有小朋友想看书，小管理员会帮助他找书、取书。在这个过程中，有的幼儿会说："我要第一本！"管理员不确定，追问一句："哪个

第一本?""这边,这边!"有时候,管理员找一本书要找半天。看到这种情况,我想到孩子们曾经接触过有关序数的知识,何不设计一个活动,让孩子们利用所学过的序数知识来解决游戏中的问题呢?于是,我结合图书角的情境设计了这个活动,希望通过排队、找座位、借书等活动巩固孩子对序数的理解,学会运用序数词正确地描述物体的位置,解决游戏中的问题,从而感受到数学活动在日常生活中的作用。

活动目标

(1)能从前后、左右、上下不同方向确定物体在序列中的位置。

(2)在游戏中合作、探索,感受成功的快乐。

活动准备

(1)创设图书馆的情境:椅子前后两排(各10把);图书若干,被整齐地放在书架上;图书管理员挂牌4个。

(2)箭头两个、游戏用的书架图片。

活动过程

1.排排队,从前后不同方向感知自己在队列中的序数位置

(1)幼儿排队进入"图书馆"。

(2)引导幼儿从队伍的前、后不同方向点数,感知自己在队列中的位置。

师:你排在第几?你是怎么数的?从前数和从后数一样吗?

2.找座位,从前后、左右不同方向感知物体在序列中的序数位置

(1)请幼儿找椅子坐下来,观察自己椅子的位置。

师:你的椅子在前排第几位?你是从哪边数的?

(2)教师出示不同方向的两个箭头。

第一排,从左往右数,可以用"1→"来表示;第二排,从右往左数,可以用"2←"来表示。

(3)教师出示"1→",幼儿要说出自己是第一排从左边数的第几个;教师出示"2←",幼儿要说出自己是第二排从右边数的第几个。

3.借书,从上下、左右不同方向感知物体在序列中的序数位置

(1)请4名幼儿扮演图书管理员,每人负责一个书架,其他幼儿扮演

借书者，借书的幼儿要说明自己想借的书在书架的第几排、第几格（从上面数、从左边数），如第一排，第四格；第三排、第五格……管理员要根据描述快速找到书。

（2）换个方向看一看。请幼儿从下面数、从右边数，再来说一说自己想借的书的位置。

（3）用最快的速度找到书。教师引领幼儿用最方便的办法告诉图书管理员找到自己喜欢的书，如第二排，最后一格；最后一排，第三格；最后一排，从左边数第二格等。

4．互动游戏"我说，你找"，巩固练习

（1）教师出示游戏用的画有书架的图片（书架分为6排，每排摆着5本书，书的封面都是幼儿比较熟悉的图画书）。

（2）幼儿两两结伴进行游戏。一名幼儿描述自己喜欢的书的位置，如"第二排，第一本"，另一名幼儿根据描述快速报出书名，如《好饿的毛毛虫》。几次之后互换角色，游戏继续。

活动延伸

生活中让幼儿运用新经验找一找、说一说自己的水杯在杯橱中的位置，自己的衣物在衣橱中的位置……

专家评析

巩老师设计的这个活动来源于孩子的生活，又服务孩子的生活，把学与用结合得非常好。

活动中的环节设计也与幼儿的生活紧密结合，排排队、找座位，自然而然地将数学知识的学习生活化了。在这两个环节，教师把幼儿对序数初步的零散的经验循序渐进地进行了梳理：先是从前后两个方向来感知自己在队列里的位置，让幼儿意识到从不同的方向出发同一个物体的排列顺序和序数位置是不同的；"找座位"时要求幼儿要从前后、左右两个维度来描述，有了一定的挑战性，箭头符号的运用起到了一个桥梁的作用。而"借书环节"除了增加难度外，"用最快的速度找到书"这一要求更体现了教师对"生活化"的理解,运用"如何在生活中灵活地运用知识"这一问题,给幼儿以生动的启发。

65. 开心小剧场

设计教师:王晓 评析专家:王翠霞

幼儿园:山东省淄博市实验幼儿园

设计意图

中班幼儿对序数已经有了一定的感性经验,但在实际生活中还不能正确地运用序数词,尤其对序数的方向性的理解还有些模糊不清。因此在本次活动中,我设计了"开心小剧场"的游戏情境,在和幼儿一起贴座位号、找座位号、说座位号的过程中,将幼儿原有的序数经验进行归纳和提升,帮助幼儿进一步理解数数的方向变了,序数就有可能发生变化,从而提高幼儿对序数的理解和实践应用能力。

活动目标

(1)进一步理解10以内的序数,会用序数词"第几"表达物体之间的位置关系。

(2)理解数数的方向发生变化,序数就有可能发生变化。

活动准备

(1)幼儿已有观看剧场表演的经验。

(2)"开心小剧场"座椅图一幅(见图52);1—10黄色、绿色数字卡片各两套。

(3)小剧场模拟场地,包括20把小椅子;入场券人手一张(上面印有剧场表演的内容、地点、时间、座号);动画视频《羊羊运动会》(内容和10以内的序数有关)等。

图 52

活动过程

1. 谈话导入,唤起经验

教师和幼儿交流看剧场表演或电影的经历,比如:小剧场中的椅子上有什么?怎么找到座椅号码?入场券上有些什么?告诉我们什么?

小结:小剧场里有许多座位,有横排,有竖排,椅子的靠背上有号码;人们到小剧场里看表演,要根据入场券上的座号找到座位,这叫对号入座;入场卷上的文字告诉我们要看的表演的内容和地点,从数字可以知道观看的时间,要准时到达。

2. 贴座位号,复习10以内数的正排序

(1)请幼儿在第一排的黄色椅子上贴上黄色数字卡1,引导幼儿思考2号椅子是哪一把。依此类推,把第一排座位贴上黄色数卡1—10。

(2)引导幼儿观察第二排椅子,请个别幼儿把第二排座位也贴上黄色数字卡1—10。

(3)游戏:找座位号。

玩法和规则:教师说座位号,幼儿要迅速找到相应的座椅。比如:第一排的第三把椅子在哪里?第二排的第四把椅子是哪个?(游戏反复进行)

3. 换方向再次贴座位号,在对比观察中理解方向变了,序数发生的变化

(1)引导幼儿观察、思考:如果从第一排的绿色椅子开始排号,结果会是怎样的呢?请幼儿把绿色1—10的数字卡从绿色椅子开始依次贴好。

(2)请个别幼儿把第二排的绿色数字卡1—10贴上。

(3) 引导幼儿观察第一排绿色椅子上的数字，讨论、分析：同样是1把椅子为什么会有两个不一样的号呢？

小结：数字排号的方向不同，序号就会改变。

(4) 游戏：找座位。

玩法和规则：教师说座位号，幼儿迅速找到座椅，比如：从绿色椅子开始数第五把椅子在哪里？从黄色椅子开始数，第五把椅子在哪里？

（教师可以灵活变化方向，从慢到快，要求幼儿快速做出反应）

4. 对号入座，观看剧场表演

请幼儿自选一张入场卷，并相互讨论：自己是几号座椅？在哪里？然后有序地进入小剧场模拟场地，对号入座，观看表演，如《羊羊运动会》。

专家评析

本次活动中，教师创设了"小剧场"这一游戏场境，引导幼儿给座椅排号、玩"找座位"的游戏、凭入场券找到座椅看表演，在这一连串富有生活气息的直接感知和体验中，幼儿对10以内的序数有了更加深入的理解。

该活动运用实际操作和对比观察的方法使幼儿看到序数的方向发生变化，序数接着就会发生变化，同一张椅子从这一边数是第三，换到另外一个方向数可能就是第七，让幼儿轻松地理解了序数的方向性，这是本次活动的一个重要突破。在很多教师的教学中，序数方向改变前后的结果往往很难同时呈现在幼儿眼前，本次活动则不同，教师先让幼儿按一个方向给第一排座椅贴上座号，然后在序号不动的情况下，再让幼儿换个相反的方向给同一排椅子贴上座号，这样，两个不一样的结果就被固定在同一张椅子上了。同一把椅子上出现了两个不同的序号，认知冲突出现了：同是一把椅子，为什么会排出不同的序号呢？幼儿通过观察、对比、思考，很快就发现：因为排号的方向不同，所以序号就会改变。这应该是序数教学的重点，也是难点。

66. 孙悟空选徒弟

设计教师：李玲　评析专家：董旭花

幼儿园：山东省济南市二机床集团公司幼儿园

设计意图

中班的幼儿已经有了丰富的生活经验，他们对身边的事物也都非常感兴趣。但是，他们在观察、分析事物的时候都比较粗心，不能从事物的多个角度去思考问题、发现问题，因此我设计了"孙悟空选徒弟"这个思维训练活动。此活动以孩子们都非常崇拜的神通广大的孙悟空选徒弟作为活动背景，贯穿始终，设计的操作活动也由易到难、由浅入深，核心目标是培养幼儿对事物细心观察、认真分析、谨慎判断的能力。

活动目标

（1）能根据物体的颜色、大小、形状、类别等找出不同特征的物体。

（2）尝试从不同的角度分析事物，提高观察、分析、判断的思维能力。

活动准备

（1）课前丰富幼儿的生活经验，使幼儿具有初步的图形形状、颜色、类别等经验。

（2）一张孙悟空图片，音乐《找朋友》、《一个师傅仨徒弟》。

（3）教学课件、操作卡片。

活动过程

1. 游戏"找朋友"导入

（1）播放音乐《找朋友》，教师找若干男孩、一个女孩及一位配班教师上台当自己的好朋友。音乐停止时，请小朋友看一看、说一说：谁和谁不一样，哪里不一样（如性别、高矮、服饰、发型等）。

（2）出示孙悟空图片，以孙大圣挑徒弟为情境进入下一个环节，让孩子们做好迎接挑战的准备。

2. 播放课件，过第一关

环节目的：请幼儿寻找谁和大家不一样（大小、形状、颜色区别）。

（1）出示四只小蝴蝶图片，它们身体的大小不一样，眼睛的大小也不一样。请幼儿找一找谁和大家不一样，哪里不一样。（大小不同）

（2）出示四只小熊图片，其中一只胸前图案的颜色不同，另一只较高。请幼儿找一找谁和大家不一样，哪里不一样。（颜色不同，高矮不同）

（3）出示四只小兔子图片，其中一只衣服上图案的形状不同，另一只衣服图案的颜色不同。请幼儿找一找谁和大家不一样，哪里不一样。（形状不同，颜色不同）

3. 操作卡片，过第二关

环节目的：请幼儿动手操作，寻找卡片里的不同。

（1）幼儿两人一组合作操作卡片，找一找并说一说西红柿、苹果、草莓、樱桃等卡片中，谁和大家不一样，哪里不一样。

（2）引导幼儿细致观察，发散思维，能说出多种答案，比如：草莓形状不是圆的，所以形状和大家不同；西红柿不是水果，类别和大家不同；苹果是绿的，颜色和大家不同。幼儿也可以说樱桃比别的东西都小，大小和大家不同。

4. 播放课件，过第三关"眼力大考验"

环节目的：请幼儿从类别、方向、数量等方面发现不同。

（1）出示小狗、玫瑰花、小熊、小兔子图片，请幼儿找一找谁和大家不是同一类。

（2）出示四只小熊的图片，其中有一只帽子方向不同，请幼儿找一找谁和大家不一样。

（3）出示四辆小汽车的图片，其中一辆车牌点数和其他的不同，另一辆大小不同，请幼儿找一找谁和大家不一样，哪里不一样。

5. 操作卡片，过第四关"动手又动脑"

环节目的：请幼儿从多个角度寻找物体的不同。

（1）给幼儿每人发四张卡片，分别是：小鸭子、小鱼、小乌龟、小船。请幼儿仔细观察，从中找出和别的不一样的物体。

（2）引导幼儿发散思维，从多个角度找不同，比如：小鱼和大家不一样，小鱼数量最多；小船和大家不同，因为它不是动物；小鸭子和大家不同，因为它游的方向和大家不一样；小乌龟和大家不一样，因为小乌龟的颜色和大家不一样，等等。

结束语：孩子们，你们的眼力太棒啦，能够把不一样的东西都找出来！孙悟空说要收你所有人做徒弟，现在我们一起去抓妖怪吧。

（3）播放音乐《一个师傅三徒弟》，大家一起表演，活动自然结束。

专家评析

李玲老师设计的这个活动不是一个单纯的数学活动，应该说是一个综合活动，或者像她自己说的那样是一个思维训练活动，活动中既有分类活动，也有观察训练和发散思维训练，核心指向幼儿的观察、比较、分析、判断等思维能力的培养。

在幼儿园数学教育中，单纯的思维训练活动很少，一般贯穿在各种具体的感知和操作活动之中。我们都承认"数学是思维的体操"，所以，我们都倾向于借助于数学操作活动，培养幼儿初步的逻辑思维能力，但在具体执行时，应该结合幼儿的年龄特点，循序渐进，而不是进行简单的"脑筋急转弯"训练。

李老师设计的这个活动尽管核心是指向思维训练的，但选用了一个有趣又有挑战性的"孙悟空选徒弟"这样一个故事性、游戏性极强的情境，让幼儿在一步步过关的活动挑战中，慢慢地战胜挑战，使观察力、注意力、思维力、判断力得到发展。活动设计由易到难、由浅入深，逐步递进，符合中班幼儿的认知特点。

67. 比较高矮

设计教师：王芳　　评析专家：韩冰川

幼儿园：山东省淄博市市直机关第三幼儿园

设计意图

升入中班的幼儿对物体的高矮已经有了初步的认识，他们在日常生活中排队时，常常会互相讨论、比较谁高谁矮。但大多数幼儿对物体高矮的相对性和多个物体按高矮排序的方法还不是很明确。因此，我从两个小朋友比高矮入手设计了本活动。在活动中，我力求带领幼儿通过观察、比较来辨别物体的高矮，并通过3个物体的比较知道高矮是相对的。在活动中，对于比较高矮的方法我也做了适度的引导，还用心设计了有趣的游戏、富有挑战性的活动，希望孩子们能够喜欢。

活动目标

（1）能区分高矮不同的物体，掌握正确的比较方法。

（2）初步感知高和矮的相对性。

（3）能按物体高矮的差异，对6个以内的物体进行正、逆排序。

活动准备

（1）课件《小动物比高矮》。

（2）操作材料：高矮不一的套娃、圆柱体每人一份。

活动过程

1. 小朋友比一比

活动目的：比较两个物体的高矮，初步感知高和矮，学习比较高矮的方法。

（1）第一次比高矮：请两名幼儿比高矮，引导幼儿说出谁高、谁矮。

（2）第二次比高矮：请高的幼儿站在地上，矮的幼儿站到椅子上，请其他幼儿再来比一比谁高、谁矮。

（3）教师引导幼儿明确：比较高矮要站在一样平的地方，不能有的站在地上，有的站在椅子上，从而理解"比较高矮的两个物体要在同一水平面上"这一比较抽象的前提条件。

2. 小动物比一比

活动目的：比较3个以上物体的高矮，感知高矮的相对性。

（1）到底是谁高？

①教师展示课件：小猴子和大熊比高矮，大熊说："我高我高！"长颈鹿来了，小猴子说："长颈鹿高！长颈鹿高！"那么到底谁高呢？

②教师组织讨论，引导幼儿得出结论：要比较谁高谁矮，要看和谁比；大熊跟小猴比是高的，和长颈鹿比就是矮的了。

（2）谁是最高的？谁是最矮的？

①教师继续播放课件：小老鼠又来了，小猴子高兴地说："我高我高！"教师提问："小猴子说的对吗？为什么？"请幼儿说出理由。

②师：4个小动物中谁是最高的？谁是最矮的？如果给它们排队的话，谁应该站在第一个？

③教师通过课件展示由高到矮和由矮到高两种排队方式。

3. 一起来，排排队

活动目的：幼儿自主操作，根据高矮排序。

（1）请幼儿把5个套娃按照高矮正逆排序，引导幼儿总结正、逆排序的方法。

- 第一种方法：先把所有套娃都放到桌子上，首先选择其中最高的（最矮的）放到第一的位置，再依次取出剩下的套娃里最高的（最矮的）放到第二、第三、第四的位置，直到全部摆完。

- 第二种方法：先找出最高的和最矮的套娃，放在两头，再找出剩下的套娃里最高的和最矮的，放到前两个的中间，把最后1个放到最中间。

（2）幼儿两两结伴，玩"哪个娃娃不见了"的游戏。将套娃按照高矮顺序排好后，第一名幼儿闭上眼睛，另一名幼儿迅速从序列中拿走一个，并将剩下的4个套娃重新摆好。第一名幼儿睁开眼睛后，要根据观察快速说出第几个娃娃不见了。

（3）把6个高矮递减而粗细递增的圆柱体按高矮正、逆排序。

①引导幼儿观察并说一说这组圆柱体的特点。

②鼓励幼儿尝试不受粗细的干扰来按高矮排序。

活动延伸

（1）在科学区投放多种按高矮配对、排序的材料，让幼儿在区域活动中进一步操作练习。

（2）在日常生活中，引导幼儿进行高矮的比较和排序，比如比较幼儿园的建筑物和树木的高矮，小朋友站队列时按高矮排队等等。

专家评析

认识高矮是与幼儿的生活联系比较紧密的数学活动内容之一。幼儿之间经常会自发地进行比高矮的活动，教师应该抓住这一教育契机向幼儿渗透比较高矮的相关知识和方法，并在这一过程中，锻炼幼儿对量的感知能力，提高幼儿观察、比较、判断的敏锐性和精确性。

王老师的教学活动就从两个小朋友比高矮入手，引导幼儿了解比较高矮的方法；又通过小动物比高矮让幼儿感知到高与矮的相对性，活动进行得非常自然，教师小结的语言也非常适合幼儿理解。

在按照高矮正、逆排序的环节，第一种排序方法是最常见的，而第二种方法估计很少有幼儿会想出来，通过教师介绍给幼儿也不失为一种拓展思路的方式，但不必强求幼儿使用。"哪个娃娃不见了"的游戏有意思又有挑战性，既能考察出幼儿对高矮的细微变化的感受能力，增强幼儿感官的敏锐性，又能培养幼儿认真仔细的学习习惯，可谓一举多得。

最后，对6个圆柱体的排序要求幼儿必须忽视粗细变化带来的干扰，将关注点集中在高矮这一特性上，这对中班幼儿也是蛮有挑战性的。

整个活动设计轻松自然，又不失严谨性与挑战性，相信孩子们会喜欢的！

68. 认识梯形

设计教师：只青　评析专家：韩冰川

幼儿园：山东省淄博市直机关第三幼儿园

设计意图

中班幼儿对图形已有了初步的认知，对圆形、半圆形、三角形、长方形、正方形等已比较熟悉，而对梯形的认识相对而言会稍有难度。因此，在本次活动中，我通过带领幼儿复习已经熟悉的图形，运用观察、对比的方式来帮助幼儿了解梯形的特征；又设计了多个环节让幼儿在亲自操作对比中进一步感知梯形的特征及其多样性；最后的"剪一剪，变一变"在加深幼儿对梯形的认识的同时，更希望能够激发幼儿对图形进一步探索研究的兴趣。

活动目标

（1）初步了解梯形的特征，感知梯形的多样性。

（2）提高观察、比较、判断及动手操作能力。

活动准备

（1）课件：《图形藏在哪里》、《会翻跟头的梯形》。

（2）三角形、正方形、长方形、梯形卡片若干，彩纸若干，剪刀人手一把。

活动过程

1. 找找图形藏在哪里，引出对梯形的认识

（1）教师展示课件，请幼儿找出隐藏在这些物品中的图形：衣服上圆形的纽扣、糖桶上圆形的棒棒糖、切成三角形的蛋糕、正方形的手绢、长方形的围巾等。

（2）利用课件将这些物品中隐藏的图形凸显出来，与物品对应放好。

（3）出示实物梯子的课件，请幼儿找一找这里面藏着的图形；利用

课件将梯子中的一格用梯形标出，凸显出来，并飞出画面，与梯子对应放好。

（4）向幼儿介绍梯形，引导幼儿说说它像什么，还在哪里见过它（房顶、裙子、桥梁、船等）。

2.看一看、比一比，初步感知梯形的特征

（1）教师为每个幼儿提供一组图形卡片（三角形、正方形、宽与正方形边长相等的长方形、与长方形或正方形一条边一样长的梯形），请幼儿找出哪个是梯形。

（2）请幼儿摸一摸、看一看，放在一起比一比，充分感知梯形与其他图形的不同。

（3）引导幼儿说说自己观察比较的结果：梯形和三角形不一样，它有4个角；梯形和正方形不一样，它的4条边不一样长；梯形和长方形不一样，它有两条边是不平行的。

3.观察与操作各种不同形状的梯形，感知梯形的多样性

（1）调皮的梯形翻跟头。在课件上依次展示以不同方向摆放的梯形（以翻跟头的方式出现），引导幼儿感知，不管如何摆放，它们都是梯形。

（2）多种多样的梯形。请幼儿操作比较各种梯形的卡片（直角梯形、等腰梯形、不等腰梯形），感知它们的共同点——总有一对边是平行的。

4.剪一剪、变一变，进一步感知梯形的特征

（1）为幼儿提供多个三角形、正方形、长方形彩纸，请幼儿用剪刀将它们变成梯形。

（2）展示幼儿的作品，组织幼儿交流不同的操作方法，肯定并鼓励幼儿。

（3）师：你还能将梯形变回刚才的图形吗？（请幼儿再次操作）

（4）将幼儿的作品布置成图形博览会，一起欣赏。

活动延伸

请幼儿运用剪出的图形拼搭图样。

专家评析

在幼儿园认识平面图形的活动中，经常会听到教师反复问幼儿："三角形是什么样子的？有几条边、几个角？正方形、长方形呢"……好像幼儿记住了这些概念就能分辨这些图形了。其实幼儿对图形的认识，是对图形的知觉，更多的是要靠他们的视觉、触觉充分地去感知图形，获得有关图形的感性经验，从而逐渐形成对图形的认知。

在这个认识梯形的活动中，只老师的设计带给我们一些新的启发。

（1）梯形的第一次亮相就与实物梯子相伴而来，使幼儿理解、记住梯形的名字变得更加容易。

（2）通过让幼儿看一看、摸一摸、比一比的方式与其他图形对比来感知梯形的特征，更符合幼儿的认知规律。比如：通过梯形和三角形的对比，幼儿会发现梯形有4个角的特征；通过与长方形的对比，幼儿会发现梯形有两条边不平行的特征……而这种认知是幼儿通过自己的视觉、触觉感知到的，是幼儿能够理解和接受的。

（3）梯形翻跟头的课件设计，让幼儿在充满趣味的过程中，自然而然地了解了梯形的多样性；而多种多样的梯形的展示更进一步让幼儿在感知多种梯形的过程中归纳总结出梯形的特征。

（4）"剪一剪、变一变"，是这个活动的高潮所在。幼儿在变过来变过去的操作过程中，更加深入地感知和理解梯形的特征。也正如只老师所希望的，这种充满快乐体验的活动一定会激发起幼儿对图形进一步探索研究的兴趣。

想提醒教师一点的是，这个活动对幼儿动手操作的能力、思维的灵活性都有很大的挑战性，建议放到中班下学期较晚的时间进行。

69. 和梯形宝宝做游戏

设计教师：阎莉　评析专家：王翠霞

幼儿园：山东省外贸厅幼儿园

设计意图

认识、了解梯形是数学活动中图形教学的重要内容之一，但对于中班幼儿来讲比较抽象，不易理解。为此，我围绕"游戏是幼儿的基本活动"这一理念，创设了"和梯形宝宝做游戏"这一游戏情境，通过"捉迷藏"、"打扮梯形宝宝"、"变魔术"几个小游戏，使幼儿在和梯形玩游戏的过程中自然地认识梯形、了解梯形，体现"在游戏中学习"的教育理念。

活动目标

（1）了解梯形的基本特征，认识直角梯形、等腰梯形等几种不同的梯形。

（2）能不受大小、颜色、摆放位置的干扰正确辨认梯形，探索将各种图形拼剪成梯形。

活动准备

（1）各种正方形、长方形、梯形图形卡片若干，贴有图形标志的分类盒三个。

（2）课件，内容包括：梯形，梯形斜边上有小狗在滑"滑梯"，各种不同方向摆放的梯形、直角梯形和等腰梯形。

（3）幼儿操作纸（见图53），彩笔。

（4）幼儿用的正方形、长方形、梯形纸及剪刀人手一套。

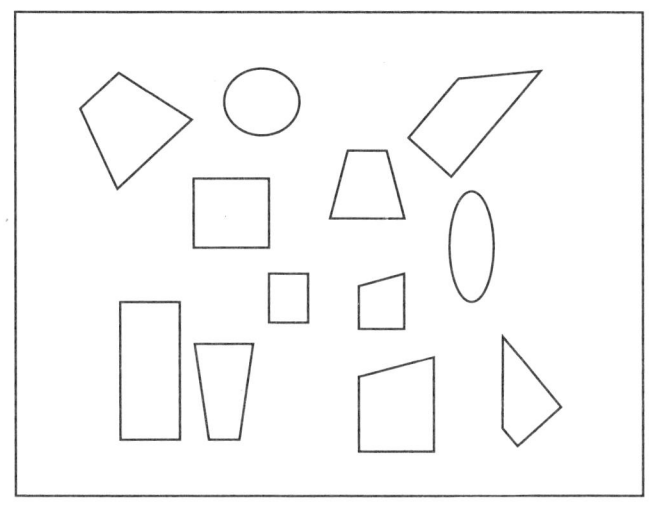

图 53

活动过程

1. 玩游戏"送图形宝宝回家",按照图形形状进行分类

(1)教师介绍游戏规则:这里有很多图形,请小朋友把图形宝宝送回自己的家。

(2)幼儿根据标记,把图形放入相应的盒子中,然后一起验证。

2. 观看课件,观察、了解梯形的基本特征

教师操作课件出示梯形,提问:这个图形有几条边?几个角?这几条边是什么样子的?像什么?(在梯形的斜边上用小狗滑滑梯形式激发幼儿的兴趣)

小结:上面的边短,下面的边长,上下两条边平平的,旁边两条边斜斜的,这个像滑梯的图形名叫——梯形。

3. 和梯形宝宝玩"捉迷藏"的游戏

环节目的:能不受大小、颜色、摆放位置的干扰正确辨认梯形。

(1)教师操作课件,鼓励幼儿在许多图形中找到倒立的梯形宝宝、摔倒的梯形宝宝、躺下的梯形宝宝。

(2)重点引导幼儿观察直角梯形、等腰梯形,提问:这个图形宝宝有滑梯吗?有几个滑梯?它们的滑梯有什么不一样?

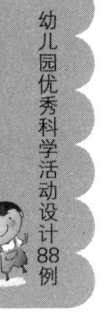

小结：直角梯形有一个滑梯，等腰梯形有两个一样的滑梯。

4. 自选游戏，进一步巩固了解梯形的基本特征

（1）游戏"打扮梯形宝宝"：在各种图形中找到梯形宝宝，并给它们穿上漂亮的衣服。鼓励幼儿说出有几个梯形宝宝，它们长得什么样。

（2）游戏"会变魔术的梯形宝宝"：自由选择正方形或长方形的纸，用剪刀将它变成梯形，或将梯形变成自己喜欢的其他图形，并鼓励幼儿说出自己变图形的方法。

（3）幼儿欣赏作品，交流自己的做法。

活动延伸

（1）鼓励幼儿寻找生活中的梯形或与其相似的物品。

（2）在区域活动中，引导幼儿认识、了解更多不同形状的梯形，巩固对梯形特征及守恒的把握。

专家评析

这个活动给人的第一个感觉是"好玩"，而好玩的活动能够更好地调动幼儿学习数学的积极性，让他们在玩中获得经验，掌握新知。在这个活动中，梯形是一个"像滑梯一样的图形"，"直角梯形有一个滑梯，等腰梯形有两个一样的滑梯"，课件中还有"倒立的梯形宝宝、摔倒的梯形宝宝、躺下的梯形宝宝"和他们玩"捉迷藏"，等着他们去寻找。这些形象的比喻和描述充满童趣，牢牢地吸引着幼儿的注意力。三个充满趣味的小游戏——"捉迷藏"、"打扮梯形宝宝"、"变魔术"，使幼儿在玩中自然地认识梯形、辨认梯形，并在探索梯形和长方形、正方形之间转换的过程中进一步把握梯形的基本特征。

在"好玩"的基础上，本活动在目标的达成上又是层层递进、水到渠成的。本次活动的环节设置由易到难、循序渐进，由一般梯形的感知，到不同梯形及特殊梯形（直角梯形、等腰梯形）的辨认，最后再到梯形与其他图形之间的转换，让孩子在观察、比较、排除、确认的过程中不断积累有关图形的知识，并能使这些知识在实际操作中得到巩固和提升。

幼儿学习数学始于动作。在各种图形中找到梯形宝宝并用彩笔给它们穿上漂亮的衣服，用剪刀把正方形或长方形变出梯形或是将梯形变成自己喜欢的其他图形，幼儿参与的这些摆弄实物的练习是帮助他们协调事物之间关系、不断内化梯形概念的过程，既符合他们的心理需要，也有助于他们的学习。同时也可以看到，在这个活动中，幼儿获取的不仅仅是一个抽象的概念，更是一种用数学知识解决问题的能力。

70. 图形变变变

设计教师：李青月　评析专家：董旭花

幼儿园：山东省济南二机床集团公司幼儿园

设计意图

在数学活动中，幼儿对几何形状的学习与认识要靠视觉和触觉的联合作用，通过自身的操作和探索活动才能完成。本次活动在幼儿认识长方形、正方形、圆形的基础上，引导他们探索尝试用多个小图形拼摆出大长方形、大正方形、大圆形，使他们在轻松、愉悦的氛围中发现图形之间的简单转换关系。

活动目标

（1）初步理解图形的不同组合方式。

（2）学习动手用小图形拼摆出大图形，并能够用不同形状的卡片摆出特定的图案。

活动准备

（1）课件《会变的图形》，正方形纸一张，图片一张（由小图形组成的小房子和火车）。

（2）幼儿操作材料：不同颜色的图形每人若干（小正方形、小长方形、小三角形、半圆、扇形），"小鱼图"操作纸每人一张（身体分别为圆形、正方形、长方形的三条小鱼），每人一张大正方形、大长方形纸。

活动过程

1. 教师操作正方形的纸，变魔术，引出活动主题

（1）教师出示一张正方形纸，请小朋友说一说它的形状。

（2）教师"变魔术"，将一张正方形的纸变成两张小长方形的纸，然后请幼儿说一说老师将正方形变成了什么形状，有几个，是怎么变的。

2. 操作活动：会变的图形

（1）幼儿每人一张大正方形纸，通过两次对折的方式，看看能分割成什么样的图形。

①对边折叠一次，再对边折叠一次，看看能分割成什么图形，有几个。

②对角折叠一次，再对角折叠一次，看看能分割成什么图形，有几个。

（2）按照同样的方法，请幼儿折叠大长方形纸，看看能分割成什么样的图形。

（3）观看课件《会变的图形》，帮助幼儿理解图形通过对边或对角折叠两次后，会分割成相同形状或不同形状的几个小图形。

3. 操作活动：为小鱼设计新衣

（1）出示小鱼图，引起幼儿的兴趣。

指导语：今天有许多小鱼来到了我们班，它们想和我们一起玩，但是它们没有漂亮的衣服。

①提问：它们的身体是什么形状的？你们能帮它们设计一件衣服吗？

②设计要求：衣服的形状要和它们的身体形状一样，衣服要求有两种颜色。

（2）幼儿操作：通过用两个小图形组合的方式，为小鱼设计正方形、长方形、圆形服装。

（3）请幼儿展示自己的设计，并说说是用哪两种图形组合成的。

（4）请小朋友通过用四个小图形组合的方式，为小鱼设计正方形、长方形、圆形服装，教师从旁指导。

（5）请幼儿说一说自己是用哪四种图形组合成的。

4.操作活动：有趣的图形拼摆

（1）请幼儿欣赏由各种小图形组成的房子和火车等图案，说说它们由哪些图形组合而成。

（2）请幼儿尝试用自己手中的小图形拼摆房子和火车。（幼儿自由组合，进行创造性图形拼摆活动）

（3）作品展示与交流。

活动延伸

将操作材料投放在活动区，请小朋友自由拼摆出更多的图案，进一步感知图形之间的关系，发展其创造力。

专家评析

在平面图形的认识活动中，很重要的一个方面就是通过图形的分割和拼合活动，认识图形之间的关系。分割就是把一个平面图形分成两个或两个以上的图形，李老师设计的此活动中的导入环节和第二个环节的折叠图形，都是分割活动，通过分割，让幼儿理解一个平面图形可以分成多个相同或不同的小图形。拼合就是把两个或两个以上的图形组合成一个图形。李老师设计的后面两个环节倾向于拼合活动，但不是拼合一个简单的几何图形，而是组合拼成一个图案，如火车、房子、鱼、花等。

"图形变变变"这样的活动应该在幼儿已经认识几种图形、掌握其基本特征的基础上进行，属于综合利用的实践活动。通过分割和拼合的操作活动，可以帮助幼儿感知图形之间的关系，加深对图形的认识，初步培养幼儿思维的变通性和灵活性。因为这是操作活动，幼儿会很感兴趣，也有利于幼儿创造性思维和表现能力的发展。

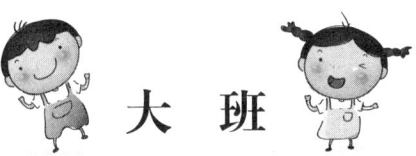

大 班

71. 我的数字信息

设计教师：刘曼曼　评析专家：王翠霞

幼儿园：山东省淄博市实验恒星幼儿园

设计意图

在我们的生活中，数字无处不在，也起着不同的重要作用。本次活动就是教师和孩子们一起寻找身边的数字。首先，引导幼儿从自己的身体入手，寻找身上的数字，比如两只手可以用数字2表示，五根手指可以用数字5表示等等，进而过渡到与自己有关联的数字，如鞋号、手机号、生日等数字。这个过程也是孩子们从自身延展到周围，从具体形象思维到抽象思维的过渡过程。活动中，幼儿尝试使用记录表的形式进行记录。最后采用游戏"数字大搜索"，大大激发幼儿的兴趣，鼓励幼儿探索周围数字的意义，感受数字信息在生活中的广泛应用。

活动目标

（1）尝试表述和记录与自己有关的数字信息，学习制作简单的数字信息图。

（2）感受数字信息在生活中的广泛应用。

活动准备

（1）经验准备：幼儿关注过生活中的数字信息。

（2）材料准备：PPT课件《数字信息》《数字信息大搜索》，作业纸《我的数字信息》、彩笔。

活动过程

1. 玩找数字的游戏，激发兴趣

教师请幼儿找找自己身上的数字，并说出这个数字所代表的意义。

小结：我们的身上有这么多的数字，它们代表着不同的意思，2可以表示两只手、两只眼睛，5可以表示五根手指。

2. 观察老师的数字信息，了解数字所代表的意义

出示PPT课件《数字信息》，请幼儿讨论思考：37、13508958271、11.23这些数字代表了老师的哪些信息？

小结：这些数字代表了老师的不同信息，37代表了我的鞋号，13508958271代表了我的手机号，11.23代表的是我的生日。

3. 尝试用数字和图画记录信息，制作《我的数字信息》

（1）寻找与自己相关的数字信息。

请幼儿讨论：生活中哪些和你有关系的信息也能用数字表示出来？

小结：在我们的生活中，也有很多的数字信息和我们有关，如家里的门牌号、车牌号、电话号码等。

（2）学习制作《我的数字信息》。

请幼儿讨论：数字信息这么多，如果把它们记下来，怎样才能够让大家一看就很清楚、很明白呢？

教师出示《我的数字信息》作业纸，请幼儿讨论怎样将信息记录得又明白又清楚。

我的数字信息	

（3）幼儿尝试记录数字信息，教师指导。

（4）交流分享《我的数字信息》。

小结：用表格的方法记录数字信息，又清楚、又准确。

4. 带领幼儿玩游戏"数字信息大搜索"，了解数字信息在生活中的广泛应用

播放PPT课件《数字信息大搜索》，玩"数字信息大搜索"游戏：让人民币、身份证、尺子、公交车牌、信封等生活中的数字信息画面在大屏

幕上滚动播放，幼儿齐喊"停"的时候，停止画面滚动，定格在某一画面，请幼儿观察讨论：画面中的这些数字信息代表了什么含义。

- 图1（公交车牌）：站牌上的数字可以告诉我们这是哪一路车，坐这一路车可以到哪些地方去。
- 图2（尺子）：尺子上的数字表示长度，我们可以用它来量物体的长短。
- 图3（人民币）：不同的数字代表不同的面值。
- 图4（电话）：数字代表了区号，我们全国每个地区的区号都不一样。
- 图5（身份证）：身份证上有不同的数字信息，每个人的身份证号是不相同的。
- 图6（信封）：上面的邮政编码代表的是收信人所在的地区，下面的邮政编码代表的是寄信人所在的地区，邮票上的数字代表的是邮票的面值。

小结：今天我们了解了许多的数字信息，还知道数字信息会给我们的生活带来很多方便。

专家评析

数字在我们的生活中可以说是无处不在，是生活的重要组成部分。设计者抓住身边的这些数学素材，引导幼儿感受数字在生活中的广泛应用，感受数字和我们生活的密切联系，意义深远。

活动以幼儿自身为中心，由近及远，依次展开。活动先让幼儿从自己的身体入手，找找身上的数字，轻松地唤起了幼儿已有的数字经验；转而让幼儿猜想、思考和老师有关联的数字信息——鞋号、手机号、生日等，使幼儿的数字视野得到初步扩展；制作《我的数字信息》，进一步引导幼儿由自身的数字向身外的数字扩展开去；最后的"数字信息大搜索"游戏，将幼儿的视野完全打开，天马行空于更加广泛的数字世界，如门牌号码、电话号码、人民币、公交站牌、尺子、信封、身份证等。四个连贯的过程，一次比一次深入地强化着幼儿同样的体验，这就是：身边的数字真多！数字的用处真大！我们的生活离不开数字！这些越来越深的体验，恰恰就是本次活动的重要追求。

学习制作《我的数字信息》别有一番意义。在此过程中，幼儿不仅寻找到了更多的与自己有关的数字信息，更加理解了不同数字信息所代表的不同意义，而且更重要的是，孩子们用归类法把这些信息进行了记录，数学认知和数学能力得到了同步发展。

生活是幼儿数学学习的源泉。

数学帮助幼儿更好地认识世界。

72. 10以内数的顺数和倒数

设计教师：张玉萍　评析专家：刘霞

幼儿园：山东省淄博市市直机关第二幼儿园

设计意图

关于10以内数的顺数和倒数，大班幼儿虽然能顺口说出"1、2、3、4、5、6、7、8、9、10"和"10、9、8、7、6、5、4、3、2、1"，但是在从任意数开始顺数和倒数时，我们就会发现，幼儿会出现一定的困难，这是因为幼儿对数与数之间的关系还不是很清晰明确，因此，我设计了这个活动。活动中，我通过创设有趣的故事情境，结合生活中的经验，利用操作等形式帮助幼儿掌握10以内数的排列顺序，了解数与数之间的大小关系。

活动目标

（1）了解10以内数的排列顺序，知道顺数时后一个数比前一个数多1，倒数时后一个数比前一个数少1。

（2）能从任意一个数开始顺数、倒数。

活动准备

楼房图一张，操作题卡若干，小数字卡若干。

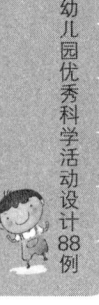

活动过程

1. 故事导入

环节目的:让幼儿在情境中初步感知1—10的顺数和倒数。

教师讲故事:邮递员花喜鹊给小猴送来了一封朋友的信,邀请它去奇妙的房子做客。小猴子来到朋友家,一踏上楼梯,奇怪的事情发生了:伴随着小猴子上楼的脚步,楼梯发出了好听的声音——1、2、3、4、5、6、7、8、9、10。小猴子飞快地跑下来,楼梯又跟着发出"10、9、8、7、6、5、4、3、2、1"的声音。"哈哈,好玩,好玩,真好玩!"调皮的小猴子不断地在楼梯上跑上跑下,楼梯也跟着不断地发出好听的声音"1、2、3、4、5、6、7、8、9、10"、"10、9、8、7、6、5、4、3、2、1"。

教师讲故事时,请幼儿跟着一起数数,初步感知10以内数的顺数和倒数。

2. 练习1—10的顺数、倒数

环节目的:让幼儿知道顺数时后一个数比前一个数多1,倒数时后一个数比前一个数少1。

(1)练习1—10的顺数,知道顺数时后一个数比前一个数多1。

①结合故事,教师可以设计问题,比如"小猴子上楼梯时,楼梯发出了什么声音?"请幼儿模仿小猴子上楼梯的样子及楼梯发出的声音来学习1—10的顺数。

②感知比较顺数时后一个数比前一个数多1。

导语:当小猴子上楼梯时,楼梯发出"1、2、3、4、5、6、7、8、9、10"的声音,数字是后一个数比前一个大还是小?大多少?

(2)练习1—10的倒数,知道倒数时后一个数比前一个数少1。

①结合故事,教师可以设计问题,比如"小猴子下楼梯时,楼梯发出了什么声音?"请幼儿模仿小猴子下楼梯的样子及楼梯发出的声音来学习1—10的倒数。

②感知比较倒数时后一个数比前一个少1。

导语:当小猴子下楼梯时,楼梯发出什么声音?10、9、8、7、6、5、4、3、2、1,这样数就是倒着数。倒数时,数字是后一个数比前一个大还是小?

少多少?

3. 出示十层楼房图（见图54）

环节目的：通过小猴子去朋友家做客的情景，让幼儿进一步巩固1—10的顺数、倒数，并学习从任意数开始的顺数、倒数。

10层	小松鼠
9层	小兔
8层	小猫
7层	小狗
6层	小羊
5层	小鹿
4层	熊猫
3层	小猪
2层	小熊
1层	小象

图54

可提问如下：

- 小猴子想到小松鼠家去，它要走哪几层楼？
- 从小松鼠家出来，小猴子要到小象家去玩，要走哪几层楼？
- 从小象家出来，小猴子又要到小鹿家去，小猴子要走哪几层楼？
- 从小鹿家出来，小猴子要到小兔子家去，要走哪几层楼？
- 从小兔家出来，小猴去了熊猫家，它走了哪几层楼？

……

4. 回忆自己家的楼层

环节目的：帮助幼儿进一步巩固从任意数开始的顺数、倒数。

（1）师：你家住在几楼？你回家要走哪几层楼？下楼去玩要走哪几层楼？

（2）师：小贝住在10楼，你去他家要走哪几层楼？下来又要走哪几层楼？

5. 操作练习

环节目的：请幼儿按标记顺排数字卡或倒排数字卡，巩固10以内数的顺数和倒数。

（1）练习1—10的顺数、倒数。（见图55）

| ▷ 1 | 5 | 10 |
| ▷ 10 | 4 | 1 |

图55

（2）练习从任意数开始的顺数、倒数。（见图56）

| ▷ 5 | 9 |
| ▷ 8 | 2 |

图56

专家评析

对于大班的幼儿来说，关于10以内数的顺数和倒数，看起来就像几十甚至100以内的唱数一样，似乎是没有问题的，孩子们顺口就能把"1、2、3、4、5、6、7、8、9、10"和"10、9、8、7、6、5、4、3、2、1"说出来。但就像张老师分析的那样，假如我们让幼儿从任意数开始数，可能就会发现有不少幼儿还是存在问题的。而我们的老师往往想当然地认为，幼儿能很顺利地说出来就是掌握了，其实不尽然。幼儿数概念的建立，是一个长期的发展过程，需要借助材料的操作和各种活动来实现，需要老师巧妙的引导。

在这个数学活动中，教师创设了有趣的故事情境，让幼儿通过小猴子上下楼梯来学习顺数和倒数，通过小猴到朋友家做客，练习从任意数开始的顺数和倒数，最后，又通过教师设计的难度不同的操作卡对获得的经验进行巩固，活动环节层层递进，有效地解决了幼儿在倒数过程中遇到的难点问题。活动设计也有助于教师准确观察每个幼儿对知识的掌握情况，并有效地进行指导。

关于顺数和倒数，教师还是应该借助大量的生活场景引导幼儿不断地练习，集体教学活动只是一次引入。幼儿园数学教育来源于生活，并且还要回归生活中。

73. 认识单双数

设计教师：庞海燕　评析专家：韩冰川

幼儿园：山东省淄博市市直机关第三幼儿园

设计意图

在区别和认识单双数的活动中，帮助幼儿理解"单"与"双"的概念和掌握区别单双数的方法是关键。因此在设计这个活动时，我从认识生活中成双、成单的事物入手，帮助孩子从自己的身体和身边常见的物体数量中理解"单"、"双"概念，继而引导幼儿通过实际操作学习和掌握区分单双数的方法，希望幼儿能够通过自己的探究发现单双数的特点，区分出10以内的单双数，同时也期待部分思维活跃的幼儿能够在教师的启发下，进一步运用规律、拓展经验、举一反三，尝试区分10以上的单双数。

活动目标

（1）理解"单"、"双"的含义，会区分10以内的单双数。

（2）能积极主动地参与探索操作活动，发展思维的灵活性。

活动准备

（1）课件，内容包括成单、成双的物品图片若干。

（2）苹果、橘子、香蕉实物若干；1—10的数字卡片，塑料瓶盖若干，篮子一只。

活动过程

1. 观察图片,理解单和双的意义

(1)出示课件,请幼儿观察图片:一双筷子、一把勺子、一双手、一顶帽子、一双袜子、一个杯子、一双鞋子。请幼儿说一说把它们分成两组可以怎么分。

小结:两个在一起的是"双",只有一个就是"单"。

(2)请幼儿找出自己身上成双和成单的东西。

2. 动手操作,探索区别单与双的方法

(1)探索如何判断一组物体是成单还是成双。教师拿出2个苹果、1个橘子、2个香蕉,请幼儿说一说什么是成双的,什么是成单的。

(2)教师出示一盘橘子和一串香蕉,请幼儿区分单和双。通过讨论,帮助幼儿理解:要看一组物体是单还是双,可以两个两个地数,如果全数完就是双,如果还余1个就是单。

3. 摆一摆、分一分,找出单双数

(1)幼儿分组合作,用自己的方法将10以内的数分成单数与双数两组。

将幼儿分成几组,每组发放一套1—10的数字卡片和塑料瓶盖若干,请各组幼儿分工合作完成任务。

(2)各组幼儿交流结果,说一说自己是怎样分出来的。

小结:可以在数字卡片下面放上相应数量的塑料瓶盖,然后用两个两个数的方法来判断是单数还是双数。在1—10的数字中,1、3、5、7、9是单数,2、4、6、8、10是双数。

(3)请幼儿在1—10的数字下面对应摆放两两排列的瓶盖,并按顺序排好,再将所有的双数涂上红色,让幼儿观察,启发幼儿发现单双数间隔排列的规律。

4. 互动游戏,巩固经验

(1)教师用小篮子盛放瓶盖,放到各组幼儿的桌上,请幼儿每人从篮中抓一把瓶盖,在规定时间内报出总数,并说出是单数还是双数。

(2)加快速度,提高幼儿快速判断的能力。

活动延伸

教师可将抓瓶盖的游戏拓展为：每人从篮中抓一把瓶盖，在规定时间内报出总数，并说出是单数还是双数后，教师再请幼儿找一个好朋友，将两人的瓶盖合到一起，再来判断总数是单还是双。这样就可以启发能力强的幼儿通过操作、归纳和总结，进行10以上单双数的类推；还可引导幼儿发现两个单数碰到一起会变成双数，两个双数碰到一起还是双数；单数和双数碰到一起仍然是单数……

专家评析

在这个数学活动中，我们看到，庞老师首先通过生活中一些常见的物品帮助幼儿理解什么是双、什么是单，这看似简单的环节，恰恰是幼儿掌握区分单双数方法的一个重要基础。有了这个基础，"两个两个数"的方法就变得自然而然、水到渠成。

如何让幼儿通过自己的操作去发现和区分出10以内的单双数？庞老师的设计给了我们很好的启发。在第二个环节，通过判断橘子和香蕉的数量是单还是双，幼儿学会了"两个两个数"的方法。在第三个环节，庞老师马上为幼儿提供了运用这一新经验的机会，让幼儿分工合作完成任务，依靠自己的操作得出结论，并发现单双数的排列规律。这样的设计使"教"变得无痕，而幼儿也会自然地沉浸在操作与思考的过程中，体验到探索与学习带来的满足感与成就感。

延伸活动非常有挑战性，同时也充满趣味性，教师可以根据本班幼儿的能力水平来开展。

74. 手拉手

设计教师：毕明霞　评析专家：王翠霞

幼儿园：山东省威海市文登教育实验幼儿园

设计意图

《纲要》指出，要"在生活和游戏的真实情境和解决问题的过程中逐渐形成幼儿的数学意识"。因此，在这个活动中，教师主要引导幼儿进行游戏和操作，让幼儿与教师之间、幼儿与幼儿之间以及幼儿与材料之间不断地进行交流和对话，帮助幼儿整理、归纳所获得的经验，从而了解单双数的特点并能够正确区分单双数。

活动目标

（1）知道能两两匹配的数是双数，不能两两匹配的数是单数。

（2）能从对身边事物的数数中区别10以内的单双数。

活动准备

（1）装有1—10不同数量雪花片的袋子人手一个，1—10数字卡片。

（2）黑板上贴有笑脸、哭脸标记的白纸各1张；"单数"、"双数"字卡。

（3）地板上贴有数字1—10；音乐《找朋友》。

活动过程

1.学习区分单双数，理解单双数的含义

（1）请幼儿点数袋子里的雪花片，并配上对应的数字。

师：数一数你的袋子里有几个雪花片，有几个就找出数字几放在一起。

（2）请幼儿把雪花片两个两个地进行摆放，玩"找朋友"游戏。全部找到朋友的，把数字卡片放在有两个笑脸的白纸上，不能全部找到朋友的，把数字卡片放在有一个哭脸的白纸上。

（3）区分10以内的单双数，给单双数起名字。

出示分别有笑脸、哭脸的白纸，请幼儿说一说：全部能找到朋友的数字都是几？有几个？不能全部找到朋友还剩一个的数字都是几？有几个？

请幼儿尝试给单双数起名字：想一想，都能找到好朋友的数字该起个什么名字？不能都找到好朋友的数字该起个什么名字？幼儿起名后，教师出示"单数"、"双数"字卡。

小结：全部能找到朋友的数字是双数，不能全部找到朋友还剩一个的数是单数。10以内的双数有2、4、6、8、10，单数有1、3、5、7、9。

2. 寻找生活中的单双数

（1）寻找身体上的单双数。

师：请大家找一找，我们的身体上哪些部位的数量是双数？哪些部位的数量是单数？

小结：手指有10个，腿、胳膊、眼睛、耳朵各有2个，它们的数量是双数；头、鼻子、嘴各有1个，它们的数量是单数。

（2）寻找活动室里物体数量的单双数。

师：找找看，咱们的活动室里哪些东西的数量是单数？哪些东西的数量是双数？

小结：风扇3个、电视1台、电脑1台、钢琴1架，这些东西的数量是单数；电灯4盏、桌子6张、门2个，这些东西的数量是双数。

3. 在游戏中区别10以内的单双数，巩固理解关于单双数的知识

（1）游戏"找朋友"。

游戏规则：地板上贴有1—10十个数字，《找朋友》音乐响起，小朋友们去找自己的朋友；音乐停止，根据教师的指令，说"双数"就马上踩到是双数的数字上，说"单数"就马上踩到是单数的数字上。

（2）游戏"抱一抱"。

游戏规则：老师说一个数字，如果这个数字是双数，就和你旁边的小朋友抱一抱，如果说的数字是单数，就自己抱一下自己。

活动延伸

请幼儿思考10以外的数字哪些是双数、哪些是单数，激发幼儿进一步探索单双数的兴趣。

专家评析

雪花片是幼儿喜欢的小玩具,幼儿摆弄、操作雪花片的经验可谓丰富。教师借助幼儿的这一动作经验,将单双数的概念学习融入其中:首先给雪花片两两配对找朋友,并配上相应的数字,再给单双数起名字,逐步抽象出单数、双数的概念。活动用极简单的配对动作,轻松地将单双数的概念印刻在幼儿的头脑中。

接下来,教师带领幼儿又进行了一系列"使用概念"的游戏:找找自己身上的单双数、找找活动室里的单双数;听着"单数"、"双数"的指令,踩踩地上的数字朋友,迅速地抱抱自己、抱抱同伴。在轻松的游戏变换中,由近及远、由易到难,幼儿把头脑中抽象的单双数概念一次次外化为具体的动作,实现着由内到外的深层体验和学习。

整个活动环节朴实无华,简洁小巧,呈现着一种轻松感。表面看来,孩子们在快乐地玩,但他们在内心建构的是抽象的单双数概念。小环节里有大学问,这真是一种"简洁"的智慧!

75. 艺术节的大舞台

设计教师:刘肇莹　评析专家:韩冰川

幼儿园:山东省济南市二机床集团公司幼儿园

设计意图

大班幼儿对模式排序已有了初步的经验,他们在游戏的时候,常常会很有兴趣地按颜色或形状用间隔排列的方法穿木珠、玩玩具等。为了帮助幼儿将这些经验加以统合整理,将幼儿对模式排序的认识提升到一个新的层次,形成初步的逻辑思维和推理判断能力,我根据大班幼儿的年龄特点和发展水平,特开展此活动。

活动目标

（1）运用已有经验进行模式排序，并对 ABAC、AABC、BAAC 等新模式产生兴趣。

（2）发现、认识并创编新的排序规律。

（3）感受按规律排列的数学美。

活动准备

（1）Flash 课件《美丽的盆花》、《艺术节的大舞台》。

（2）在场地布置小路 3 条，各种图形卡片若干；红、黄、蓝彩旗若干；舞台图片两人一张。

（3）3 种颜色、种类和大小的盆花若干。

活动过程

1. 铺小路——发现规律

（1）以"参加大耳朵图图的艺术节"为话题引出活动。

（2）请幼儿观察小路上的图形是怎样排列的，发现并分辨三种简单的排序规律（ABAB、AABAAB、AABBAABB）。

（3）引导幼儿根据发现的规律帮图图把三条小路铺完。

2. 帮图图挂彩旗——引导幼儿根据规律填空，完成模式排列

（1）引导幼儿观察、讨论几条中间有空缺的彩旗的排列规律（ABAC、BACA、AABC 等）。

（2）帮图图挂彩旗：幼儿通过发现规律、按规律填空的方式完成模式排列，帮图图把彩旗排好并挂起来。

（3）请各小组说出彩旗的规律并检查各组彩旗的排列是否正确。

3. 美丽的盆花摆起来——观察材料特点，创造规律进行排序

（1）第一次操作。

①出示课件《美丽的盆花》，引导幼儿观察并说说它们有哪些不同。（只有颜色不同：红、黄、白）

②组织幼儿讨论：如果把这三种颜色的鲜花都用上，4 盆一组，摆成一排来装点舞台，可以怎样摆放？

③幼儿操作材料，自己创编规律摆放。（1 白 1 红 1 白 1 黄、2 红 1

白1黄、1白2黄1红……)

④幼儿交流创编的规律,初步感受规律的多样性。

(2)第二次操作。

①提供更丰富的材料(盆花的颜色、种类、大小均有三种),引导幼儿多角度思考问题,不受干扰,抓住一个特征,创编新的规律进行模式排列。

②组织幼儿交流,教师帮助归纳。

4.一起欣赏美丽的舞台——拓展模式排序的经验

(1)通过课件引领幼儿发现舞台布置中更多种类的模式排列。

• 悬挂的气球:ABABBABBBABBBB……

• 幕布上的星星:ABACABBACCABBBACC……

• 舞台立面的护板:ABAABAAABAAAABAAABAABA……

(2)启发幼儿用口述的方式表达新的排列规律,进一步感受模式排列的多样性,比如:1白1红1白2红1白3红……

(3)引导幼儿感受模式排列带来的美感,感受数学的规律之美。

 **专家评析**

在这个教学活动中,刘老师首先以"参加大耳朵图图的艺术节"引出话题,将幼儿带入帮助图图装扮大舞台的任务情境中,紧接着就切入主题——模式排序,在接下来的活动设计中我们能感受到刘老师循序渐进的设计:

铺小路——两种元素的排列(中班的要求),是对已有经验的复习与运用;

挂彩旗——三种元素的排列(大班的要求),以填空的方式降低难度;

摆盆花,第一次操作——运用单一特征的三种元素创编规律;

摆盆花,第二次操作——运用同时具备多种特征的元素创编规律;

欣赏舞台——展示更有挑战性的模式排序,感受模式排序的多样性,拓展经验。

孩子们在老师的引领下,在一次次不同要求的操作探索中一步步积累、运用经验,迎接挑战、不断创新,在感受数学之美的同时也充分体验到创新带来的乐趣和成就感。

在整个教学活动中,幼儿有 4 次操作的机会,每次都有不同的目标,每次都有新的挑战,每一次又都是下一次的铺垫……在看过很多"为了操作而操作"的教学活动后,我们不得不再一次提醒教师,数学活动中需要幼儿的操作,但更需要真实、有价值、有意义的操作,要让幼儿的每一次操作都成为一次真正的探索发现之旅!

76. 上学路线

设计教师:马宗磊　评析专家:董旭花

幼儿园:山东省胜利石油管理局胜东社区学前教育中心

设计意图

在生活中,孩子们都有外出乘坐公交车的经验,但是大多是由家长带领,没有自主看公交路线图的经验。学会看路线图对于幼儿特别是即将入学的幼儿非常重要,基于幼儿的这一实际需求,本着"在生活中学数学,在数学中练思维"的教育理念,我设计了本次活动,通过让幼儿学看路线图,帮助幼儿理解站点、换乘的含义;通过寻找出多种乘车路线,培养幼儿的数学思维能力;通过让幼儿用语言和图表的方式记录路线,一方面能培养幼儿在生活中认识平面路线图或根据路线图找路的能力,另一方面也能提高幼儿运用空间方位解决实际问题的能力,促进幼儿空间知觉的发展。

活动目标

(1)能从任意起点开始数数。

(2)会看平面路线图,能根据要求寻找多种乘车路线。

活动准备

三张交通线路图,幼儿记录表,城市交通地图。

活动过程

1. 谈话导入，了解幼儿乘坐公共汽车的前期经验

可设计如下问题：

• 你打算去哪所学校上学？

• 离家有多远？

• 可以怎样去上学？

重点：了解幼儿乘坐公共汽车的前期经验。

2. 认识公共汽车线路图

（1）出示路线图一（见图57），引导幼儿观察。

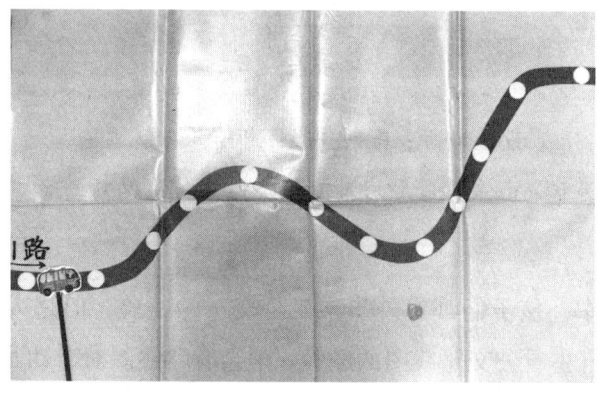

图57

师：图上的圆圈代表什么？起点在哪里？终点在哪里？大家数一数有几站？箭头代表什么意思？前面的数字代表什么？

（2）学习看图，能从任意起点数数。教师任意变化起点，请幼儿数数共有几站。

可设计问题：从这个站点到学校下车，汽车会经过几站？

重点：如何确定起点、终点，经过几站应该怎样数。（有些幼儿会简单数站点，而不明白经过几站是什么意思，需要教师边用图演示边讲解）

3. 增加交通路线，请幼儿寻找多种乘车路线

（1）出示路线图二（见图58），请幼儿观察两条交错在一起的交通路线，能独立寻找并记录乘车的多种方法。

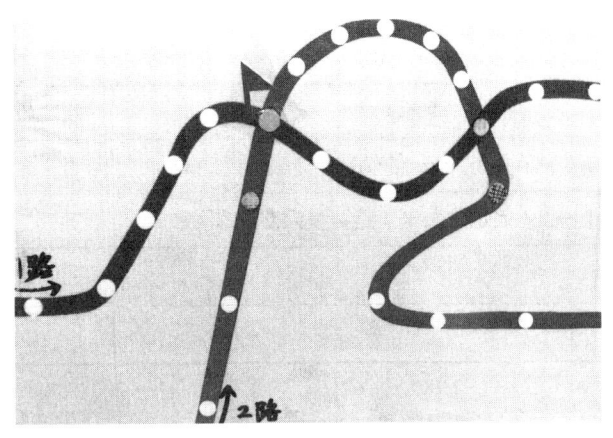

图 58

教师可以请幼儿寻找从××小区到学校乘坐汽车的路线和站数,也可以随意变化为从××景点到××景点的路线,最好选择幼儿喜欢和熟悉的地点。

重点:学会读图,了解从同一点上车去同一个地方可以坐不同班次的公交车,会有不同的交通路线,经过的站数也不同。

(2)出示路线图三(见图59),请幼儿观察三条交错在一起的交通路线,小组合作寻找不同的乘车方法和经过的站数。

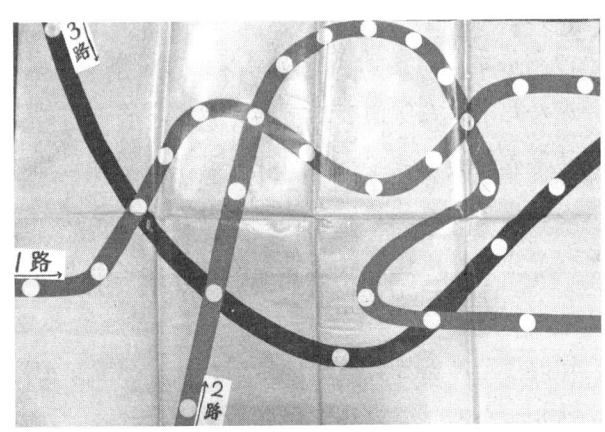

图 59

重点:掌握换乘车的方法和记录方法。(见下表)

记 录 表

乘坐的车	经过的站数
示范：1（表示乘坐××路车）	8
示范：1→2（表示先乘坐1路再换乘2路车）	7

活动延伸

出示城市交通地图，请幼儿找一找自己居住的小区、学校及周边著名景点的位置，寻找合适的乘车路线。

 **专家评析**

新颁布的《指南》特别强调幼儿园数学教育应该让幼儿"感知生活中数学的有用和有趣"，这应该是幼儿园阶段数学教育最重要的价值观之一。首先，数学是有用的，数学能帮助我们解决生活中各种各样的问题。对于大班的幼儿来讲，有机会"发现生活中许多问题都可以用数学的方法来解决，体验解决问题的乐趣"真的是特别重要。马老师设计的"上学路线"就是提供机会让幼儿感知数学的有用，解决自己即将面对的上学路线的问题。其次，数学是有趣的，数学不是坐在教室里简单地做加减题，数学学习中也会有很多有意思的感知活动、体验活动、操作活动，就像"上学路线"中的看图、寻找交通路线、数数经过的站点并记录下来进行比较和交流等，就很好玩。

马老师设计的活动遵循层层递进的原则，从一张简单的路线图开始引入，重点是让幼儿学会看平面路线图，知道起点和终点，能数出经过的站数；然后是两条交叉的路线图、三条纵横交错的路线图，逐渐复杂起来。在实际教学过程中，教师可以根据幼儿的现场表现进行选择，如果幼儿感觉有难度，仅仅呈现路线图二即可，第二课时再继续推进，也可以把路线

图三投放在区域内，供幼儿自主寻找和记录。

在这个活动中，马老师可能已经考虑到幼儿学习的个体差异性，所以观察路线图三、寻找路线和记录站数的任务是由小组集体完成的，这样可以降低学习的难度，提供机会让幼儿相互帮助、学习合作。

77. 有趣的二等分

设计教师：任云丽 评析专家：韩冰川

幼儿园：山东省淄博市市直机关第三幼儿园

设计意图

在日常生活中，"等分"对于幼儿来说并不陌生：过生日时分蛋糕，吃午餐时分点心等都会遇到此类问题。但大多数幼儿对于"等分"的概念仍模糊不清，对于等分方法的多样性更是缺少了解和思考。因此，我特意设计了此活动，通过对平面图形的等分到对实物的等分，引导幼儿在亲自操作的过程中积累经验、探索方法，进一步激发幼儿对数学活动的兴趣，提高幼儿解决实际问题的能力。

活动目标

（1）理解等分的意义，初步学习二等分。

（2）对不同形状、性质、数量的物体进行二等分，体会等分方法的多样性。

活动准备

（1）双胞胎女孩欢欢、乐乐的头像各一张，彩色纸（圆形、长方形、正方形、正三角形）若干。

（2）糖果、圆形蛋糕、方形蛋糕、瓶装矿泉水若干，剪刀以及等分用的容器（小盘子、杯子、空的矿泉水瓶等）。

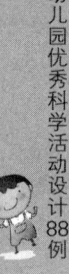

活动过程

1. 情境导入：圆形二等分——理解等分的意义

师：欢欢、乐乐是一对双胞胎，她们相亲又相爱，有什么东西都喜欢分享。妈妈买回一包彩色的手工纸，颜色非常漂亮，她们都很喜欢，可每种彩纸只有一张，她们想把每张纸都分成大小一样的两份，你们能帮帮她们吗？

（1）出示一张圆形彩纸，请幼儿讨论怎样才能将其分成一样大小的两部分。

（2）请几名幼儿讲一讲他们的方法，并实际操作。

（3）教师带领幼儿一起比对验证，引导幼儿理解把物体分成一样大小的两份就是二等分。

2. 正方形、长方形、正三角形的二等分——探索平面图形的多种等分方法

（1）出示正方形、长方形、正三角形彩纸，请幼儿自由选择操作，并鼓励幼儿探索不同的等分方法。

（2）集体交流以上图形的不同等分方法，体验不同图形等分的方法也会有所不同。

3. 实物的等分——体会等分方法的多样性

师：邻居阿姨又送来一些礼物，请大家也来帮欢欢、乐乐分一分吧！

（1）将幼儿分成几组，为每组提供10颗糖果、圆形蛋糕、方形蛋糕、1瓶矿泉水等实物以及相应的工具、容器一组。

（2）幼儿分组探索以上物品的等分方法，教师认真观察、了解幼儿的方法，并用提问质疑的方式，引导幼儿思考合理的方法。

（3）针对以上物品，各组介绍自己的等分方法。

（4）教师引导幼儿思考梳理，比如：糖果可以用数数比较的方法，也可以用一颗一颗逐一分到两个容器里的方法；圆形、方形的蛋糕可以迁移之前平面图形的等分经验，也可以渗透横切面以厚度等分的方法；矿泉水的等分可以通过目测的方法，将水倒到两个一样大小的玻璃杯中，也可以将水倒入同样大小的矿泉水瓶中，边倒边比对，直到分成一样多的

两份……

师：欢欢、乐乐也跟大家学会了很多二等分的好方法，她们要一起感谢大家呢！

活动延伸

教师提出延伸问题：

（1）师：如果把今天的物品等分成四份，要怎么分？

（2）如何把一袋大米进行二等分？

小结：在生活中，我们很多时候会遇到等分。等分的方法也有很多，有些工具也会帮助我们进行等分，如量杯、天平秤。

 **专家评析**

任老师的教学设计简单、严谨，层次清晰。从对圆形的二等分到其他平面图形的二等分，再到对实物的二等分，层层递进的环节设计使得教学目标得以圆满完成。

理解二等分的意义对于大班的幼儿来讲并不是多么困难的事情，但探索等分的多种方法、体验等分方法的多样性有着重要的意义。它会打破幼儿单一固定的思维模式，激发幼儿深入探索的欲望。

在这个活动中，任老师在"实物的等分"这一环节所提供的材料无疑是非常重要的。这些直接与生活实际相联系的材料与之前的材料相比更富有挑战性：从平面变成立体，从单一性质变成多种性质，等分的方法会有很大的变化。正是这些材料的投放使得"体会等分方法的多样性"成为可能，也使得我们的数学活动不只是让幼儿学到知识和技能，而且能够让幼儿锻炼和发展思维，学会多种解决问题的方法和途径。

78. 摩登派对

设计教师：王良智　评析专家：王翠霞
幼儿园：山东省淄博市实验恒星幼儿园

设计意图

分类活动有利于幼儿感知集合和数概念，可以帮助幼儿形成初步的数概念。在本次活动中，我设计了摩登派对这一轻松的游戏方式，让孩子们自己搜集服装和道具，并把服装、道具按照道具篮的提示分类放好，进行初步的分类。结合大班幼儿喜欢展示这一兴趣点，整个活动在整理道具、模特表演等游戏中进行。设计具体的、有趣的游戏活动，会帮助幼儿很容易理解和接纳比较抽象的、不易理解的集合和数概念知识，让幼儿真正地在游戏中学习，在学习中提升综合能力，达到快乐学习数学的目的。

活动目标

（1）能根据物体的不同特征，进行多角度、多层次分类。

（2）学习记录分类结果并能用准确的语言表述出来。

（3）在合作操作、游戏的过程中感知集合的概念。

活动准备

（1）与幼儿人数一致的红、绿两色入场券。

（2）活动道具帽子10顶（）、演示板（见图60）、分类记录表（图61）、记录笔。

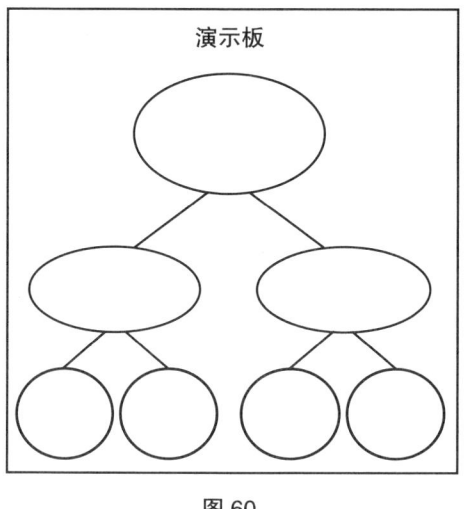
图60

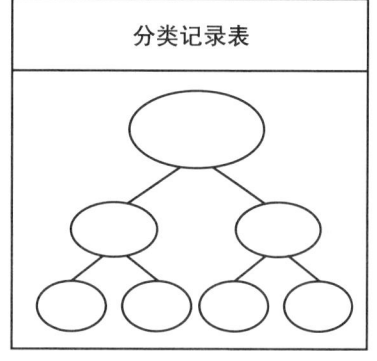
图61

（3）幼儿操作板（同演示板）；特征不同的操作类道具，如围巾（有红色的围巾和绿色的围巾，红色和绿色围巾里又有长的围巾和短的围巾）、蝴蝶结、眼镜等，数量均为10。

（4）幼儿作品展示板。

（5）走秀音乐，装扮用道具如围巾、项链、帽子、眼镜等。

活动过程

1. 在游戏情境中进行初步分类

幼儿取自己喜欢的颜色的入场券进入活动场地，教师引导幼儿讨论：如果把小朋友们分成两组，可以怎么分？

小结：可以按照入场券的颜色分成两组，绿色入场券的一组，红色入场券的一组；也可以按照性别分成两组，女生一组，男生一组。

2. 根据道具的不同特征进行多角度、多层次分类

（1）引导幼儿尝试把演示道具按照不同角度分成两类。

①教师出示演示板、道具帽子，请幼儿按不同的分法把帽子分成两类，并在分类记录表上用符号和数字记录下来。（见图62、63）

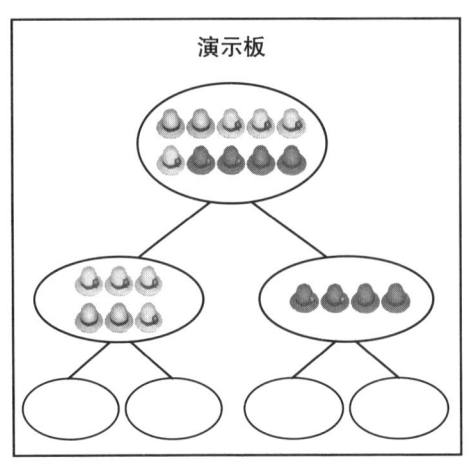

图 62

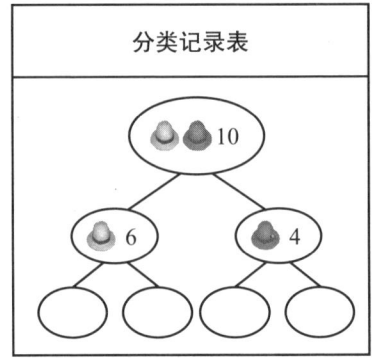

图 63

小结:按照帽子的颜色可以分成红色的帽子一类、黄色的帽子一类;按照帽子的款式,可以分成带花的帽子一类、不带花的帽子一类。

②请两名幼儿把分好的帽子进行二次分类,一名幼儿操作道具,另一名幼儿在记录纸上用符号和数字记录操作结果。(见图64、图65)

师:你们还能把黄色的帽子和红色的帽子分别再分成两类吗?

小结:红帽子还可以再分成带花的红帽子一类、不带花的红帽子一类,黄帽子可以再分成带花的黄帽子一类、不带花的黄帽子一类。

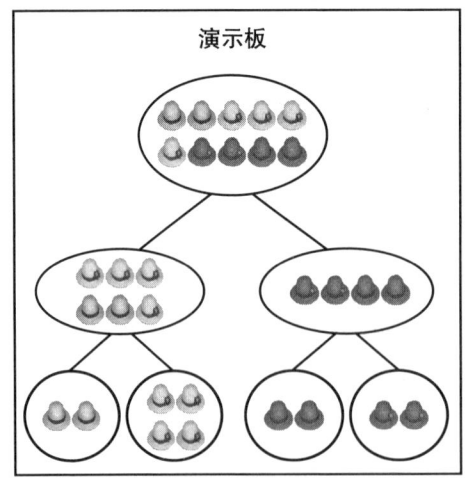

图 64

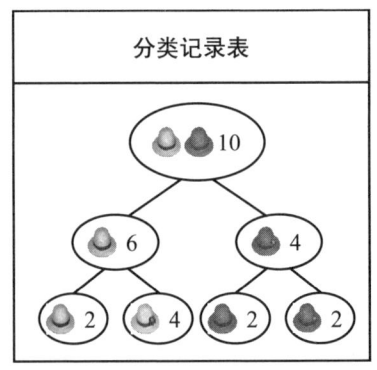

图 65

（2）幼儿两人一组尝试在操作板上进行道具分类并记录，教师巡回指导。

①幼儿操作、记录，教师在指导过程中，请幼儿说一说自己是按照什么方法分类的。

②幼儿把完成后的道具单和分类表贴到演示板上面，教师指导未完成的幼儿比较分析道具的不同点，完成分类表。

③展示幼儿的操作板，进行集体分享，请幼儿说一说是按什么进行分类的。

小结：小朋友们两两合作，有的按照道具的颜色、有的按照道具的种类、有的按道具的款式进行了分类，也把数量记录下来了，我们的道具更加有秩序了。

3.教师和幼儿进行摩登派对游戏，巩固幼儿多层次、多角度分类的能力

（1）幼儿选择自己喜欢的服装道具打扮起来，准备参加摩登派对。

（2）播放音乐，教师发出指令，如"请戴帽子的模特儿上台展示"或"下面出场的是穿牛仔裤戴帽子的模特儿"等，幼儿按照教师发出的指令，随乐曲节奏上台进行表演和展示。

活动延伸

在活动室设置表演区，把服装、道具投放到表演区供幼儿进行模特表演活动。

**专家评析**

我们知道，"类"是逻辑学上的一个概念，从数学上讲，类就是集合。通过进行多种特征的分类练习，幼儿会在实际操作中了解类的包含关系，为建立数的类包含关系打下基础。

经过小班、中班的分类学习，大班幼儿已经具有了对同类特征的事物进行归类的能力，所以本次活动的目标定位在根据物体的不同特征进行多角度、多层次分类，是充分考虑了幼儿的经验基础的。在此基础上，教师设计了"摩登派对"的游戏情境，这个充满时尚感的字眼，给生活经验

越来越丰富的大班幼儿带来一种极大的兴致，教师的主持人身份也因幼儿的兴致而更加贴切。活动开始，教师先请幼儿根据性别、入场券颜色坐座位，一次分类的活动已经开始；接下来，引导幼儿根据道具"帽子"的颜色、款式进行了一次分类基础上的二次分类；两人合作进行分类的环节为幼儿提供了充分的自主探索和练习的机会；最后通过摩登走秀游戏，巩固幼儿对多角度、多层次分类的认识。整个活动脉络清晰，体现了从幼儿的已有经验开始，在"理解—内化"的过程中逐步建构"多角度、多层次"分类新经验的完整过程。

活动中，教师引导幼儿学习使用符号、数字、简笔画等方式记录分类的结果，把幼儿在活动过程中获取的分类经验进行梳理、抽象和概括，是一个很好的方法。因为要使幼儿头脑中的具体经验变成概念化的知识，需要符号体系的参与。注重用准确的语言表述分类操作的过程和结果，这是对分类动作进行的有效监控和确认，有助于幼儿的动作内化。这不仅是本次活动的难点所在，也是幼儿整个数学学习的难点所在。教师在活动中重视这两个目标的落实难能可贵！

79. 认识人民币

设计教师：赵彦峰　评析专家：王翠霞

幼儿园：山东省淄博市实验幼儿园

设计意图

大班幼儿已经对人民币有了初步的认识及接触，部分幼儿会在家人的陪伴下购买文具、图书、小食品等，也有的幼儿拿来游戏币和同伴一起玩游戏。孩子们已经了解了人民币的功用，对人民币上面的图案有着浓厚的兴趣，但对于人民币的面值还比较模糊。针对这种情况，我设计开展了本次活动，引导孩子们认识各种币值的人民币，了解不同币值人民币上的图案，并学习兑换面值小的人民币，通过游戏加深幼儿对人民币的认识。

活动目标

（1）认识1角、5角、1元的纸币和硬币。

（2）学习掌握元与角之间的兑换关系。

活动准备

（1）人手一套1角、5角、1元的纸币和硬币，兑换记录表。

（2）开小超市用的物品，包括铅笔、本子、转笔刀、小玩具等。

（3）部分国家的货币图片。

活动过程

1. 出示纸币和硬币，引起幼儿的兴趣

教师出示1角、5角、1元的纸币和硬币，引导幼儿观察、思考：这是什么？它们是哪个国家的？它们的名字叫什么？有什么用？

小结：这是我们中国的钱，也叫货币；中国的货币叫人民币，人民币是用来购买物品的。

2. 认识、区分1角、5角、1元的纸币

（1）每人一套1角、5角、1元的纸币，引导幼儿观察、触摸并说一说：它们是什么颜色的？正面、反面都有什么图案？摸上去什么感觉？

小结：不同币值的人民币，它们的颜色、图案是不一样的，摸上去有凹凸不平的感觉。

（2）区分1角、5角、1元纸币的异同。师：找找看，这些纸币上哪些地方是不同的？哪些地方是相同的？

小结：不同币值的人民币的大小、颜色、图案是不一样的，代表纸币面值的数字和纸币的编号、发行年份也是不同的；不管哪种纸币，上面都有中国的国徽图案和"中国人民银行"的字样。

（3）做游戏"对对碰"，复习巩固对纸币的认识。

教师说出一种人民币的面值（或图案），幼儿说出相应的图案（或面值），说完后教师、幼儿分别拿出所说的钱币碰在一起，看看是不是一样的。若说对了，相互击掌两次，并一起说："嗨嗨！真棒！"

3. 认识、区分1角、5角、1元的硬币

（1）幼儿每人一套1角、5角、1元的硬币，自由观察、探索。

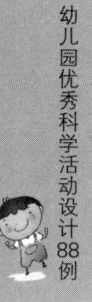

师:这是什么?这是多少币值的硬币?它们是什么颜色的?什么形状的?上面都有什么?

(2)幼儿交流与分享。

(3)教师小结,提升经验。

不同点:图案、数字、年份、大小不同;有的有国徽,有的没有;5角的是金色的,其他的是银色的。

相同点:都有花的图案、代表硬币面值的数字、年份、"中国人民银行"的字样。

4.玩游戏"小银行",学习1元、5角、1角之间的兑换

(1)教师交代游戏玩法:幼儿3~4人一组,一人做银行出纳员,其余人做顾客,玩人民币兑换游戏。比如:顾客说:"我想把1元钱换成5角的,可以吗?"或者"我有3个1角和2个1角的钱,可以给我换成5角的吗?"出纳员根据顾客的要求进行兑换,请顾客核对是否正确。

(2)幼儿自由结合进行游戏,教师参与游戏,进行指导。

活动延伸

(1)开展"小超市"区域活动,投放人民币游戏币及多种材料,供幼儿练习人民币的使用及兑换。

(2)鼓励幼儿和自己的爸爸、妈妈一起了解几种其他国家的货币及其名称,如英镑、美元、澳元等,开阔视野。

专家评析

孩子们从小就会接触到钱,知道钱是个很神奇的东西,好吃的、好玩的、有用的都可以用钱买到,但多数孩子对钱只是有个模糊的概念。随着年龄的增长,尤其到了大班,孩子们的观察力及对数的认识都不断提高,此时,让孩子来认识人民币、了解不同币值的人民币、学习简单的兑换是非常有必要的。

本活动从认识不同币值人民币的图案入手,让孩子们通过眼看、手摸,了解不同币值人民币在颜色、图案及凹凸上的相同点及不同点,发展

孩子们细微的观察力，并了解代表中国文化的一些名胜古迹、建筑等；紧接着，通过幼儿最喜爱的游戏"对对碰"，加深幼儿的认识，对下面的兑换活动起到承上启下的作用。

根据大班幼儿的认知水平，引导幼儿学习1元、5角、1角之间的兑换，符合大班幼儿的年龄特点。"小超市"游戏，让孩子们置身于真实的实习场景中，像成人一样购物，在满足了孩子们爱游戏以及自由支配、自由购物的愿望的同时，让孩子们将习得的技能运用到实际生活中。此外，该游戏还锻炼了幼儿的语言表达能力。

最后，让幼儿了解世界各国的货币，拓展了幼儿的视野，激发起幼儿探究的欲望及对大千世界的认识，使活动起到抛砖引玉的作用。

80. 文具超市

设计教师：白黎明　评析专家：韩冰川

幼儿园：山东省淄博市市直机关第三幼儿园

设计意图

对于大班幼儿来说，认识和使用人民币是他们学习内容的要求，更是他们提升独立自主的生活能力的需要。因此，在活动设计中，我将认识、使用人民币与到超市购买文具结合起来，引导幼儿运用已有的10以内的加减运算经验，在购买文具的过程中不断累积认识与运用人民币的新经验，同时在小组购物的过程中，培养幼儿与同伴共同协作的能力。

活动目标

（1）认识人民币，能按照要求用10元钱购买文具，并学会用算式记录结果。

（2）愉快地与同伴协商，合作购物并记录。

活动准备

实物投影仪，布置好的文具超市，不同面值的钱币若干，记录表格多份。

活动过程

1. 话题导入，认识人民币

（1）聊聊关于"入学准备"的话题。

师：小朋友们就要上学了，需要准备哪些东西呢？购买文具需要什么呢？

（2）借助实物投影仪，认识不同面值的钱币，知道人民币有纸币和硬币。

师：这些钱币中你认识哪些？这些是几元钱？（1元、5元、10元）

2. 合作取钱，记录方法

（1）三个幼儿自由组合，组成家庭并分配角色。

师：请小朋友三人一组，组成一个家庭，每个家庭商量一下，分配好角色。

（2）分组取钱（10元），记录取钱方法。

将1元、5元等不同面额的钱币放到不同的盒子中，每个家庭可以用自己的方式取10元钱。（比如1个5元和5个1元、两个5元等）

师：请用算式说说你们家是怎么取的10元钱。（教师引导幼儿用算式说明自己小组取10元钱的方法并记录下来，用实物投影仪进行展示和交流）

3. 购买文具，记录结果

（1）介绍文具超市的简单布局，提出购物要求。

师：这是文具超市，文具都被摆在两边的货架上，两边都有收银台和收银员。

师：每个家庭有一个购物篮和一个钱袋，选好文具，算好钱数，然后排队去收银台结账。每个家庭有5分钟购物的时间，家庭成员商量好了就可以购买文具了。

（2）购买文具，分组记录。

幼儿分组逛文具超市购物并结账。购物回来的家庭分工合作，对购买的文具进行记录和结算。（教师进行简单示范）

（3）分享记录，集体交流。

将每一组的记录表通过实物投影仪进行展示，帮助每个家庭明确他们分别用多少钱买了哪些文具。

4. 交流与总结

针对分组购买文具过程中出现的不同问题进行现场讨论、评析和小结。

（1）没有听清要求和协商不到位导致购买的文具超支、漏买或买得不合适：有的小组成员一拿到购物篮就冲进文具超市盲目购买，结算时发现超支又匆忙退回，结果出现漏买或者只重复买了一类文具的现象。要解决这个问题，首先要听清要求，然后要提前商量、做好计划、合理分工。

（2）由于粗心大意或者结算失误，导致最终购买文具的费用和结算结果不符：有的是忘记了拿收银员找回的钱，有的是减法算错，有的是记录失误……

小结：我们在购买文具时要做好计划，避免漏买或重复购买；在计算时要认真细心，认清人民币的面额，准确地计算。

附：取钱记录表和购物记录表

取钱记录表

取钱：10 元			
家庭	1元	5元	合计
1号			
2号			
3号			
4号			

购物记录表　　　　　　　　＿＿＿＿＿号家庭

物品								
计价	（元）	（元）	（元）	（元）	（元）	（元）	（元）	（元）
结算								

专家评析

认识人民币的教学内容既有认知的成分，又包含对10以内数的组成及加减运算的复习巩固与灵活运用，还有很重要的一点就是要让幼儿懂得人民币在实际生活中的用处，并初步学习如何在生活中去使用它。白老师将该教学内容融入到"购买文具"这一与大班幼儿的实际生活密切相关的活动中，用真实生动的情境激发幼儿参与活动的积极性，并让幼儿运用所学的经验解决实际问题，这是值得肯定的一点。

在第一个环节"认识人民币"中，教师没有教条地教孩子去逐一认识所有的钱币，而是从"这些钱币中你认识哪些"入手，充分尊重了幼儿的已有经验，这样的切入方式将幼儿参与学习的积极性一下子就调动起来了。"合作取钱，记录方法"的环节，教师在带领幼儿对人民币面值进行复习巩固的同时，巧妙地引导幼儿灵活地运用他们的原有经验——"10以内数的组成与加法运算"——完成取钱的任务。"购买文具、记录结果"是本活动中最富挑战性的环节，也最容易暴露幼儿在学习中的问题。很显然，白老师没有将活动目标简单定位在"完成购买任务"上，而是用心地观察这一过程中幼儿的表现，找出有代表性的问题，将问题作为契机，实现了幼儿学习经验与学习品质的提升。

值得注意的是，幼儿对人民币的认识与使用不会仅仅依靠一次数学活动就能完成。它需要幼儿在生活中反复认识，多次运用，逐渐积累起经验。因此，与家长沟通、请家长在生活中有意识地引导幼儿认识和使用人民币就显得非常重要。

81. 购买文具

设计教师：阎莉　评析专家：董旭花

幼儿园：山东省外经贸厅幼儿园

设计意图

《纲要》中提出，幼儿要"能从生活和游戏中感受事物的数量关系并体验到数学的重要和有趣"。文具店是幼儿在日常生活中最熟悉的场所之一，店里各种各样的文具吸引着幼儿。为此，我创设了幼儿感兴趣的"文具用品店"的情境开展数学活动，将幼儿从"课堂"带到"社会情境"中，通过第一次、第二次采购及幼儿感兴趣的"兑奖"游戏，不断提高幼儿10以内数的加减法运算能力，让幼儿真正体验到在生活中可以运用数学解决遇到的问题，在游戏化的活动中，体验数学的重要和有趣。

活动在设计的过程中，还关注了幼小衔接的内容，如选购合适的文具以及独立意识、规则意识的培养等，激发了幼儿对上小学的向往之情。

活动目标

（1）能根据要求进行模拟购物活动，提高10以内数的加减运算能力。

（2）积累有关文具种类的经验，体验独立购物的自豪感。

活动准备

（1）班级布置一个文具用品店，分别摆放各种真实的文具或文具的小图片，文具标价为1—9元；幼儿每人一个购物筐。

（2）摇奖机1个，里面装有标号为1—10的乒乓球若干；小奖品（或小粘贴）若干。

（3）每个幼儿一套1—10的数字卡及标有"+"、"-"、"="的卡片。

活动过程

1. 谈话导入，激发幼儿的兴趣

指导语：小朋友们，再过一段时间你们就要上小学了，小学生学习的

时候需要文具,今天,我们要一起去文具用品店选购文具。

提问:你都知道哪些文具?它们有什么用处?(鼓励幼儿结合已有经验进行交流,如橡皮是用来擦掉写错的字等)

2. 第一次采购,巩固10以内数的加法运算

(1)提出采购要求:请你选购两件或三件自己需要的文具,总价必须少于10元。

(2)幼儿模拟采购。

(3)请幼儿用数字卡摆出自己购买的文具的加法算式,比如:2+5=7,或者3+5+2=10。

(4)引导幼儿交流:说说你买了哪些文具?一共花了几元钱?你是怎么算出来的?

在交流环节,教师要引导幼儿验证运算的结果,帮助幼儿提高运算的准确性,如出现购物超过10元的幼儿,请幼儿自己更正。

3. 第二次采购,巩固10以内的减法运算

(1)提出采购要求:这次要买两件文具,正好要花完10元钱。

(2)幼儿模拟采购。

(3)请幼儿用数字卡摆出自己购买的文具的减法算式,比如:10-3-7=0。根据幼儿的实际情况,如果连减算式有难度,可以进行两步运算,比如:10-3=7,7-7=0。也可以运用加法算式进行验证,比如:3+7=10。

(4)两人一组,互相检查对方采购的文具是否符合采购要求,请不符合采购要求的幼儿重新采购文具并验证。

(5)教师选取2~4个幼儿购买的文具,和大家一起列出减法算式进行检验。

4. 游戏"兑奖",进一步提高熟练进行加减运算的能力

(1)出示摇奖机,交代"兑奖"规则。

指导语:文具店为了答谢大家,组织了抽奖活动。凡是来选购文具的顾客,可以随意挑选2种文具,价格不可以超过10元。如果我摇奖开出的号码正好是你这两种文具的总价,这两种文具就可以送给你,还另加一个小奖品。

（2）摇奖游戏中，教师可根据幼儿的兴趣重复多次，并逐渐提高难度，如限制兑奖时间等。

专家评析

对于大班的幼儿来讲，练习加减运算最简单、最合适的活动可能就是真实的或模拟的购物活动。购物活动是幼儿喜欢的，又是真实生活需要的技能，而且可以让幼儿真切感受到加减运算在解决生活中实际问题的重要作用，所以，这样的活动通常会调动幼儿学习的积极性和主动性，富有意义。

阎莉老师设计的这个活动并不复杂，就是三次购物活动。第一次购物，让幼儿练习10以内数的加法运算。无论是买两样还是三样东西，列出加法算式应该都不难，关键是不超过10元钱。第二次购物的要求层次递进，让幼儿进行10以内数的减法运算。因为减法是逆运算，幼儿的逆向思维比较差，在生活中积累的经验也比较少，所以相对要难一些。教师需要根据本班幼儿的实际情况灵活调整要求，如果幼儿运用减法进行验证有难度，可以改成用加法列算式进行验证。第三次购物，教师巧妙设计了"兑奖"游戏，激励幼儿快速进行运算，因为只有快速购物和快速运算得出的结果，才有可能兑到奖品。在这个过程中，教师要关照个别运算速度不够快的幼儿，尽量不要让幼儿产生挫败感。

这个活动设计的目标是通过一次次购物的要求呈现的，是通过幼儿购物后列出算式进行验证逐步实现的，所以教师一方面要注意每次给幼儿提出购物要求时的准确和清晰，另一方面也要提示幼儿列出算式进行验证时的准确。鼓励幼儿相互检验的方法很好，既是验证，又是再一次的运算。

这个活动设计适合安排在大班下学期末期，在幼儿已经掌握10以内数的加减运算的基础上进行，是一次综合活动，也是幼小衔接主题活动的一部分。

82. 有用的统计

设计教师：崔俊秀　　评析专家：王翠霞

幼儿园：山东省淄博市实验幼儿园

设计意图

统计学是一门科学，主要通过收集数据和分析数据，让貌似静止的数据资料能开口说话，从而为我们的决策提供依据，带来效益。可以说，统计在我们的生活中无处不在，也与孩子们的生活密切相关。那么，如何让孩子们感受到统计在生活中的运用，感受统计给生活带来的帮助呢？为此，我设计了本次活动。

活动目标

（1）尝试运用不同的方法统计物品，提高计数能力。

（2）感受统计给生活带来的帮助。

活动准备

（1）空白记录纸4张，贴有黑线的记录板8块；绿粉蓝橙四色计数条1—10各一套；记号笔8支。

（2）4个货架摆放4类商品，包括文具、食品、玩具、水果。

活动过程

1. 在"超市管理员统计商品"的任务情境中，初次合作记录，交流分享

（1）交代任务，分组记录。

带领幼儿观看货架上的商品，提出任务："我要准备进货了，请你们做'超市管理员'，统计一下每个货架上有什么商品，每一种商品有多少。"

幼儿四人一组统计一个货架上的商品，并将统计结果记录在纸上，教师指导。

（2）交流分享统计结果。

师：每一组请一个管理员来介绍，货架上有什么，每一种有多少。

小结：你们用了不一样的办法，把货架上的商品都统计了出来，知道了货架上有哪些商品以及每一种商品有多少，可是不能一下子看出哪种商品最多、哪种商品最少。

2. 第二次合作，尝试用计数条统计，根据结果确定进货商品

（1）介绍材料。

师：请你们用带线的记录板和计数条再来做一次统计，看能不能很清楚地看出哪种东西最多、哪种东西最少。

（2）幼儿再次统计，教师重点指导幼儿运用计数条的情况。

（3）分享统计结果。

师：每一组换一个管理员来介绍货架上有几种商品、哪种商品最多、哪种商品最少、你是怎么看出来的。（幼儿介绍，部分调整）

小结：用计数条的办法能够很快地告诉我们货架上有几种商品，计数条的下面紧贴着黑线，能够很清楚地看出哪种最多、哪种最少。

（4）根据统计结果确定进货商品。

师：一起说说看，需要进哪种货？（水果中需要进梨，玩具中需要进魔方，文具中需要进铅笔盒，食品中需要进面包）

小结：你们统计商品帮了我的忙，让我知道了该进什么货。在我们的生活当中，很多时候都会用到统计，它能帮助我们解决更多更复杂的问题。

3. 观看课件，拓展生活经验

师：一起来看一看，在咱们的生活当中还有什么时候会用到统计。

组织幼儿分别观看他们的身高、体重、均衡营养、全年平均气温、奥运会奖牌榜统计图，再次感受统计在生活中的作用。

活动延伸

（1）请幼儿搜集、了解统计在生活中的其他运用，与教师、同伴进行交流、分享，进一步感知统计的作用及其给我们的生活带来的帮助。

（2）开展有关统计的区角活动，比如针对本班或全园幼儿身高、体重、性别或当地气温等进行统计。

专家评析

(1) 设置任务情境，促进有效感知。大班孩子喜欢挑战且好胜心强，教师紧紧抓住这一年龄特点，创设了"统计商品"的任务情境，引导孩子们在统计商品的过程中，切身感受分类、点数、计数的统计过程，并学习运用图画、表格、统计图（计数条）记录统计结果，积累真实的统计经验。

(2) 运用独特的材料，促进经验提升。以往的统计仅限于简单记录，幼儿对统计的作用并没有深切的感受，这样的统计已不能有效提升幼儿原有的经验、满足幼儿的发展需要。为此，教师一方面利用指向明确、操作性强的具体问题帮助幼儿梳理零散的统计经验，另一方面借鉴有关数学教育的理念，设计了1—10按倍数递增的计数条，为幼儿搭建起数的多少与量的高矮之间的桥梁。

(3) 及时丰富认知，激发探究欲望。在两次统计超市商品以后，孩子们具有了初步的统计经验。紧接着，教师引导孩子们一起来观看丰富多样的统计图，通过介绍身高、营养搭配、平均气温、奥运会奖牌榜等统计图，让孩子们更直观地了解、感受统计的广泛用途，感受统计给我们的生活带来的便利。就这样，教师逐渐在孩子的幼小心灵中播下一颗智慧的种子：原来，统计能帮助我们了解生活、改善生活！原来，统计这么有用！

83. 我给大树量腰围

设计教师：张庆春　评析专家：董旭花

幼儿园：山东省胜利油田胜中社区学前教育中心校园幼儿园

设计意图

幼儿园门前种植了许多大小不一的树，每当午饭后散步时，孩子们总会去抱抱它们、摸摸它们，还有的用小手比画，尝试用手来量树的粗细。

看到孩子们对树有这样浓厚的兴趣，我设计了"我给大树量腰围"这一活动。《纲要》和《指南》科学领域都强调让幼儿感知和了解数学的重要和有趣，这次活动设计的核心就是让幼儿学习用简单的数学方法来解决生活中某些简单的问题。

活动目标

（1）学习用绳子等自然物测量树的粗细的方法。

（2）学习记录测量的结果，并能利用测量结果比较树的粗细。

活动准备

（1）户外有粗细不一的各种树。

（2）长短不同的绳子、毛线，各种尺（直尺、卷尺、三角尺等），小棍、记录表、笔等。

活动过程

1. 组织幼儿到户外（幼儿园院子、小区、附近公园等）观察树

（1）请幼儿说说自己喜欢哪一棵树，并请幼儿走近树，看一看、摸一摸、抱一抱。

（2）请幼儿说一说这些树哪些地方长得不一样，引出树的粗和细不同。

小结：我们附近有很多树，树的品种不一样，有的开花，有的结果；有的叶子大，有的叶子小；有的高，有的矮；有的粗，有的细。

2. 寻找测量树干粗细的适宜方法和工具

（1）请幼儿讨论用什么办法可以知道树的粗细。

（2）请幼儿用自己的方法试一试测量一棵树，如目测、用手环抱、用手掌测量、用绳子量、用毛线量、用尺量……

（3）交流讨论测量的方法和结果。

小结：要想知道一棵树有多粗，最好选用软的绳子、毛线绳、卷尺来测量。

3. 再次测量，学习测量的基本方法，寻找园子里最粗的树

（1）大家一起给附近的树贴上标号：1号、2号、3号。

（2）每人取一根绳子，3人一组，每人去量这3棵中的一棵，小组内比较哪棵树最粗、哪棵树最细。

（3）一起交流测量方法和结果。

小结：测量时一定把绳子的一端作为测量的起点固定好，测量最后的终点要对准起点，用手捏住；比较时起点要对齐。哪根绳子最长，测量的那棵树就是最粗的。

4.用小棍继续测量绳子的长短，学习准确判断树的粗细

（1）教师提出问题：这棵树到底有多粗？我们能不能用数字表示出来？

（2）请幼儿两人一组，选用绳子去测量树，再用小棍测量绳子的长度，记录到表中。（见下表）

项目＼序号	1号树	2号树	3号树
长度	—— 4 －	—— 2 ＋	—— 1 ＋
最粗的树	√		
备注	＋表示多一点，如2＋表示绳子比2根小棍长一点。 －表示少一点，如4－表示绳子不到4根小棍长。 √是对号，表示对应的1号树最粗。		

（3）交流与讨论。

小结：要想准确知道树有多粗，可以用尺子或小棍再测量绳子，结果可以用数字表示。记录的数字越大，表示这棵树越粗。

活动延伸

请幼儿继续关注周围环境中的树，选用各种工具进行测量，丰富对树的认识，积累测量粗细的经验。

专家评析

在幼儿园进行的测量活动主要是自然测量，即选用各种自然物如小棍、绳子、脚步、手掌、书本等工具进行的测量，尽管自然测量的结果不那么准确，却是生活中我们常用的测量方法，也是幼儿学习使用精确工具

测量的基础。自然测量的学习是从测量物体的长短、宽窄、高矮等长度测量开始的，测量粗细相对难一些。一般来讲，要在幼儿进行过长宽高等长度测量，学习掌握了测量的基本方法（如首尾相接等）之后，再安排他们学习测量粗细。

对于粗细的测量，教师可以结合季节和主题需要，安排在与树的认识有关的活动中，也可以安排在与幼儿成长有关系的活动中，比如"我长高了"、"我长胖了"等。测量树和测量自己的腰的粗细都会是幼儿感兴趣的活动。

张老师设计的活动从引导幼儿对树的观察开始，让幼儿自然地发现有的树粗、有的树细，如此一来，测量树的粗细的活动主题就会自然地引发出来。测量粗细与测量长短不同，尤其是工具的选择不同，所以，本活动在第一次测量时是开放式设计，请幼儿自己选用工具，自己尝试各种方法，最后通过实践和交流，让幼儿明白测量粗细最好选用软的材料作为测量工具。再次测量树时，是在选定的三棵树中寻找最粗的树，这一环节的目标明确地指向测量的基本方法。在这个环节中，教师可以根据幼儿的具体情况，选择2棵树、3棵树、5棵树或者更多，可以让每个幼儿只测量一棵树，小组内比较；也可以每个幼儿测量多棵树，自己比较或与同伴相互比较测量结果，以寻找最粗的树。最后一个环节的测量相当于二次测量，把绳子的长度转化为小棍的长度，可以方便幼儿比较简单地用数字表达出来，更有利于比较。

量的学习和比较是幼儿园数学学习很重要的一部分内容，它和数的学习相辅相成，不可分割。

84. 比较远近

设计教师：姜文婷　评析专家：韩冰川

幼儿园：山东省外经贸厅幼儿园

设计意图

孩子们在接触到自然测量后对其产生了浓厚的兴趣，经常会用手、胳膊、小棒的等量一量身边的物品。如何引导孩子们更深入地探索自然测量的方法呢？我结合大班"我要上小学"主题中"认识上学的路"这一内容延伸出这个活动。我通过投放多种测量工具让幼儿探索比较两条路线远近的方式，让幼儿亲自参与、发现问题，从而明白：比较两条路线的长短，要选用同一种测量工具；要测量得准确，就要掌握好测量的方法。同时，在活动中我适时地引领孩子，及时拓展了他们的经验，而亲自操作、动手体验所带来的快乐也进一步激发起他们对此类探索活动的兴趣。

活动目标

（1）探索用自然测量的方法比较物体的远近，初步感知测量工具与测量结果之间的关系。

（2）喜欢与同伴一起探索测量远近的方法，感受多种测量方法在生活中的用处。

活动准备

（1）幼儿已有初步的自然测量的经验。

（2）每组一幅《上学路线图》（见图69），测量工具（小棒、彩带等）、记录表格每组一份。

活动过程

1. 出示课件《上学路线图》，引出活动主题

师：从乐乐家到学校有两条路，哪一条更近呢？你怎么知道的？到底哪条路更近一些，怎么才能比较出来呢？（幼儿讨论，教师适时引导，调

动幼儿原有的自然测量的经验）

2. 第一次操作，探索如何利用自然测量比较远近

（1）将幼儿分成3组，每组一张放大的《上学路线图》、测量工具（小棒、长积木、彩带）、记录表。

（2）请幼儿与同伴合作，探索测量路线的方法，教师观察并及时指导。

（3）幼儿交流测量结果，介绍自己的测量方法，分析出现的问题。

教师演示幼儿的操作方法，组织幼儿讨论：

• 不同的测量工具测出的结果一样吗？为什么？

• 两条路线用不同的测量工具能不能比较出结果？

• 用同一种工具怎样才能测得更准确？

• 怎样分工，测量得会更快？

（4）教师小结：不同的测量工具，测出的结果不一样，测量工具越大，结果越小；要比较两条路线的远近，要选用同一个测量工具；用小棒、长积木测量，衔接处要紧密，做好标记。要紧贴路线沿直线测量，并记住总数；用彩带测量时，要将彩带拉直，做上标记等；合作时，可将同一小组再分成两组，运用同一工具，小组成员分别负责测量、计数、记录结果，最后对比，得出结论，这样合作会更快更好地完成任务。

3. 第二次操作，测量并记录结果，进行比较得出结论

（1）幼儿小组协商选择一种工具进行测量，根据测量的结果判断两条路的远近，并将操作结果记录在表格中。

（2）小组交流：各组介绍自己选用的工具、测量的结果以及最终的结论。

（3）鼓励幼儿选择其他工具再次测量验证结果，同时，再次"体验不同的测量工具，测出的结果不一样，测量工具越大，结果越小"。

活动延伸

带领幼儿到室外利用脚步、绳子等测量不同物体间的远近，鼓励幼儿发现更多生活中"比较远近"的方法，如数地砖、用步量、数路灯、数站牌等。

附：上学路线图

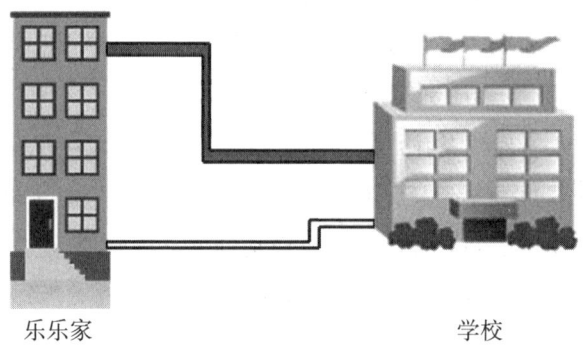

乐乐家　　　　　　　　　学校

图66

附：记录表

路	工具	结果	哪条路近

专家评析

在这个教学活动中，姜老师通过"比较两条上学路线的远近"这一问题情境的设计，让幼儿带着任务开始了操作探索活动。

在第一次操作中，一开始教师没有过多地讲解、示范、提要求，而是在讲明任务、提供材料后就让幼儿展开操作，这样幼儿在操作中必然会出现各种各样的问题，比如：幼儿用不同的测量工具去测量，最终的测量结果却无法用来比较两条路线的远近；幼儿在测量时方法不正确导致测量结果不准确；分工不明确致使合作过程混乱，效率不高等。这些问题的出现恰恰是这个活动设计的用心之处，因为只有让幼儿在探索中遇到问题、发现问题，才会引发幼儿的思考，调动幼儿的思维，促使幼儿在解决问题的过程中去寻找正确的方法，找到解决问题的途径，从而获得经验。

从这个活动中，我们能够看到，自然测量作为一种方法和技能，对于学前阶段的幼儿来说还是比较有挑战性的。因此，激发幼儿的兴趣、让幼儿在具体的操作中通过实践获得相关的经验显得尤为重要。

这也让我们再一次明确：学前儿童数学教育的任务最重要的不是学习知识和技能，而是培养幼儿对数学的兴趣和主动探究的欲望；不在于让幼儿掌握多少数学知识和概念，而在于发展幼儿的思维能力和解决问题的能力。

85. 嘀嗒嘀嗒几点了

设计教师：郭晓云　评析专家：韩冰川

幼儿园：山东省淄博市市直机关第三幼儿园

设计意图

《纲要》指出幼儿园数学教育的内容要从幼儿身边取材，更多地为幼儿的生活服务。而时钟就是我们生活中常见、常用的东西。和幼儿一起探索时钟，会让幼儿真正体验到学习内容对自己的生活有意义、有帮助。这样，幼儿才能积极主动地去探究，才会对周围生活中的数学问题保持强烈的好奇心和求知欲。

在带领幼儿认识时钟的过程中，我尽可能多地为幼儿提供亲自动手操作和探索的机会，改变以往单纯的教师讲、幼儿被动听的状态，在互动中提高幼儿参与活动的兴趣，培养幼儿主动学习的意识和能力。

活动目标

（1）认识时钟，能区分时针、分针，认识整点和半点。

（2）体验时钟在生活中的作用。

活动准备

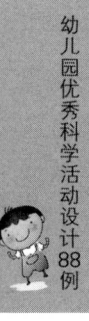

（1）能发出"嘀嗒嘀嗒"较大响声的钟表1个，其他各种形状的钟表若干。（选择表面有数字的，且只有时针与分针的）

（2）可以拨动分针并同时带动时针运转的演示钟，大的1个，小的同幼儿人数。

活动过程

1. 倾听钟表声

（1）"嘀嗒嘀嗒"是谁呀？

教师将一只能够"嘀嗒嘀嗒"走的钟表用布蒙起来，请幼儿屏息细听，猜一猜是谁在里面发出"嘀嗒嘀嗒"声。

（2）出示钟表，请小朋友说说钟表有什么用处，还在哪里见过钟表。

2. 观察认识时钟

（1）教师拉开幕布，将事先准备好的各种钟表全都呈现在幼儿面前，请幼儿欣赏、观察，说一说这些钟表有什么相同的特点。

（2）教师出示一个可以转动表针的钟表，与幼儿共同观察钟表的特征：钟表上面都有数字，共12个，是1—12，它们是按顺序排列的；钟面上还有长针和短针，长针叫分针，短针叫时针。

3. 观察钟表的长针与短针的运动，认识整点和半点

（1）操作演示钟表，引导幼儿观察时针、分针的变化。

①认识12点。教师将演示钟调到12点的位置。

小结：两个针都指着12时，这就是12点钟。

②观察指针走向。教师将分针沿着1、2、3……12的方向拨动，请幼儿观察时针的变化，并请幼儿用手指随着两个针的运动轨迹移动，感受指针的走向，告诉幼儿时针和分针总是朝着这个方向走的。

③了解时针、分针的运转规律。请幼儿操作演示钟，说说自己的发

现。引导幼儿发现分针走得快、时针走得慢;分针走一圈,时针走一格。

（2）认识整点。

幼儿观看教师演示,从12点开始,依次认识1、2、3……12点。教师应引导幼儿总结出:分针走一圈、时针走一格,就表示过了一个小时;分针指到12,时针指到几就是几点。

（3）认识半点。

幼儿观看教师演示,从12点开始,依次复习1点,认识1点半;复习2点,认识2点半;复习3……教师应引导幼儿总结出:分针走半圈指到6,时针处在1过去一点时就是1点半……

4. 游戏:老狼老狼几点了

（1）请幼儿当老狼。教师边操作演示钟,边问"老狼老狼几点了",请幼儿说出钟表上的时间。可以先从12点开始,由整点的问答,到加入半点的问答;可以视幼儿的掌握情况采取依次问答,或者间隔提问,比如,问了1点后不再提问2点、3点,到4点时再问,增加挑战性。

（2）教师当老狼,幼儿先问:"老狼老狼几点了?"教师报出时间,并联系幼儿的一日作息,加入该时间幼儿的活动（比如:8点了,我要吃早饭了;9点半了,我要做早操了）,请幼儿操作自己的演示钟,将指针拨到相应的位置,拨错的幼儿会被老狼发现。

活动延伸

在一日生活中,引导幼儿复习巩固,并学会利用钟表有规律地作息。

专家评析

时钟的认识是大班年龄段时间概念教学中的一个重点和难点,教学活动很容易陷入说教,变成知识点的灌输。郭老师的活动设计在关注幼儿兴趣激发的同时,对幼儿获得知识经验的方式也很费了些心思。比如对钟的认识,郭老师是通过带领幼儿欣赏、观察各种各样的钟表,引导幼儿去发现它们的共同点,从而由幼儿自己总结归纳出钟表最主要的结构;再比如,

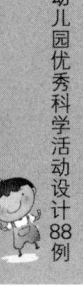

在了解时针、分针的运转规律时,请幼儿在反复操作中发现"分针走得快,时针走得慢;分针走一圈,时针走一格"这一规律。这样,幼儿在获得知识经验的过程中,不是被动地接受,而是主动地探索,在亲自操作与体验中,学会思考,学会学习。

郭老师在活动设计中由易到难、层层递进的特点也非常突出。从引导幼儿认识12点开始,到观察指针走向,再到了解时针、分针的运转规律,再到认识整点和半点,环环相扣、层层深入;最后,两个"老狼老狼几点了"的游戏活动的设计更让我们感受到她对幼儿学习特点的熟悉与把握。

86. 看电影

设计教师:车红艳、周燕 评析专家:刘霞

幼儿园:山东省淄博市市直机关第二幼儿园

设计意图

许多家长都带孩子去电影院看过电影,看电影的过程中蕴含着很多教育因素,比如,看电影要阅读电影海报、买票、对号入座,要了解电影演出的时间、场次,等等。结合大班幼儿对整点和半点的初步认识,我设计了这个数学活动,引导幼儿在已有经验的基础上,通过观察、分析、判断、推理等方法解决生活中遇到的与时间有关的实际问题。活动中,我注重引导幼儿在情境中、游戏中建构数学知识,并利用自己的数学经验解决看电影过程中遇到的各种问题。

活动目标

(1)进一步提高对整点和半点的认识,学习利用规律推算时间。

(2)能借助已有的经验解决生活中的实际问题。

活动准备

(1)自制电影海报一份(海报中钟表的指针做成可以活动的),幼儿

操作材料每人一份。

（2）电影《黑猫警长》中的主题曲。

活动过程

1. 谈话导入，唤起幼儿关于看电影的原有经验

可设计问题如下：

- 你们看过电影吗？看电影之前要先干什么呢？
- 你怎么知道要看的电影是上午还是下午播放？

小结：看电影要买票，票上有电影播放的时间。

2. 观察电影海报，说说发现的问题，巩固对钟表整点和半点的认识

（1）引导幼儿观察电影海报，重点观察电影放映时间和钟表指针指示的时间，引导幼儿发现问题，巩固对整点、半点的认识。

师：丽丽和美美也想看电影，她们来到了电影院，看到电影院的海报，发现了一些问题，我们一起看看她们看到了什么。

电影海报及时间表参考如下：

图67

师：丽丽和美美会发现什么问题？你看出来了吗？

（2）问题：钟表上的两个指针各是什么？（时针和分针）分针走一圈是几个小时？钟表上的一大格是几分钟？

小结：钟表上分针走一圈正好是一个小时，分针走一大格是5分钟，两格是10分钟。

（3）问题：分针指到4是多少分钟？要是这场电影在8:30放映，分针应该指到几？如果电影在9:20放映，分针应该指到几？

（4）引导幼儿帮助丽丽和美美改正钟表上的错误。

3. 观察讨论海报的排列顺序，并按照时间先后正确排序

（1）再次观察海报，讨论发现问题：丽丽和美美正要去买票，但是她们又发现海报排列的时间顺序有点问题，你们发现了吗？（见图67）

（2）人手一份同上面的海报顺序相同的操作材料，请幼儿动手操作，按一天中时间的先后顺序将海报正确排序。

（3）交流操作结果，在讨论中解决幼儿出现的问题。

4. 引导幼儿用获得的经验解决看电影中的实际问题

（1）问题：丽丽和美美非常感谢大家的帮助，她们就要去买电影票了，现在是9:50，她们想看离这个时间最近的一部电影，应该买哪一部电影的票？如果她们午饭后还想看电影，她们可以选择几点的电影看？

（2）播放电影《黑猫警长》中的主题曲，带幼儿一起买票观看电影。

导语：听！电影的音乐响起来了，真的是《黑猫警长》！好，咱们和丽丽、美美一起赶紧买票看电影吧。

专家评析

大班上学期，孩子们认识了钟表以及整点和半点，但他们真的掌握了吗？在生活中遇到问题，他们会不会正确地运用？本活动非常巧妙地将整点、半点的知识与幼儿看电影的情境结合起来，既有对原有经验的复习巩固，又有新经验的提升，比如时针与分针的匹配问题，一天中时间的先后顺序问题等等。对于孩子来说，该活动略有难度但又有一定的挑战性，是适合大班下学期幼儿年龄特点和接受水平的。

在活动设计中，教师首先设置问题情境，让幼儿寻找海报上的问题。5个时间中，只有一个海报上标明的时间与钟表上显示的时间是完全一致的，其他4个分别存在不同的问题，比如时针正确、分针不正确，分针正确、时针不正确等，让孩子在发现问题的过程中，巧妙地复习巩固了有关整点、半点的知识，进一步分辨钟表上时针与分针的位置代表的时间。除此以外，教师还适度提出了更难一点的要求，就是让孩子按照一天中的时

间顺序排序，并选择时间最近的电影观看。孩子们在难度层层递进的环节设计中，进一步将关于时间的知识运用到生活中，解决生活中的数学问题。

数学来源于生活，我们的数学教育也应该回归生活，真正让孩子能够运用数学知识解决生活中的问题，这才是我们数学教育的根本目的所在。相信孩子们在看电影的情境中获得的有关时间的经验，对他们将来适应小学生活也有一定的帮助。

87. 认识左右

设计教师：陈芳　评析专家：韩冰川

幼儿园：山东省淄博市市直机关第三幼儿园

设计意图

在日常生活中，大班幼儿能正确辨别上下前后，而对于左右的方位感知，特别是左右的相对性还容易混淆。儿童在掌握空间方位的过程中，会先把不同的方位与自己身体的一定部位相对应，所以在本次活动中教师先带领幼儿认识自己的左右手，然后通过各种游戏让他们亲身参与和动手实践，逐步积累关于左右的经验，做到以自身为中心区分左右，并逐渐加深对左右方位的体会和理解。

活动目标

（1）以自身为中心区分左右分清自己的左边和右边。

（2）理解左右的相对性，初步发展空间方位知觉和判断力。

活动准备

（1）手环每人一个，玩具熊一个。

（2）多媒体课件，内容包括"上下楼梯靠右走"、"马路上车辆、行人靠右行"、"路口分别左拐、右拐的车辆"等图片若干张。

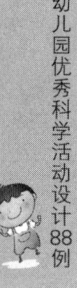

活动过程

1. 正确认识左右手

（1）夸夸我们的左右手。

请幼儿说说哪是自己的左手、右手，平时都用左右手来做哪些事情。教师观察了解幼儿区分左右手的情况。

（2）引导幼儿正确区分左手与右手。

教师背对幼儿举起自己的右手，请幼儿举起相同方向的手，并把准备好的手环戴到手腕上，告诉幼儿："戴手环的这只手就是我们的右手。"

（3）玩"我说你做"游戏，巩固认识。

教师说"举左手，请放下，举右手"等口令，小朋友做相应的动作。

2. 学习以自身为中心区别左右

（1）引导幼儿区别左右空间方位。

师：现在小朋友分清了左右手，谁能分清你的左右脚呢？你是怎么分的？

师：我们左手这一边的是左边，我们右手这一边的是右边，请小朋友动动脑筋，我们身体的左边除了有左手，还有什么？

师：我们身体的右边除了有右手，还有什么？

（2）通过游戏练习区别左右空间方位。

"找一找"：用左手摸一摸你身体左边的部位，如左腿、左脚；用右手摸一摸你身体右边的部位，如右耳、右眼等。

"看一看"：看看坐在自己左边的朋友是谁、坐在自己右边的朋友是谁，然后用一句完整的话说出来，比如：我的左边坐着××，我的右边坐着××。

"动一动"：请全体小朋友起立，根据"往前走一步，往左走两步，往右跳一下"等口令，做相应的运动。

3. 感受左右的相对性、可变性

（1）玩具熊在哪边？

教师背对幼儿举起右手，与幼儿一起确认后戴上手环，再将玩具熊放到右手边，请幼儿确认"玩具熊在老师的右边"。

教师慢慢转向幼儿，举起右手，再请幼儿看看玩具熊在哪边，并提问"玩具熊没有动，为什么现在是在老师的左边？"

请全体幼儿跟老师一起重复前面的动作，帮助幼儿初步体验左右的相对性与可变性：左右的位置不是固定的，你自己的位置变了，左边和右边的位置也变了。

（2）找个朋友碰一碰。

随音乐做游戏"找个朋友碰一碰"：幼儿找到朋友后面对面站好，教师发出"碰左手，碰右手；碰左脚，碰右脚"等指令，引导幼儿感知自己的右边却是朋友的左边，进一步体验左右的相对性。

4.了解左右在生活中的用处

（1）摆一摆。出示若干成双的鞋子，请幼儿将其中左右放反的找出来，正确摆放。

（2）看一看、讲一讲。出示课件中"上下楼梯靠右走"、"马路上车辆、行人靠右行"、"路口分别左拐、右拐的车辆"等图片，一起说一说左右在生活中的应用。

（3）试一试。结合活动结束后摆放椅子、喝水、如厕等环节，请幼儿进一步加深体验。

专家评析

幼儿空间方位概念发展的过程有以下的特点：从以自身为中心到以客体为中心，从近的区域范围扩展到远的区域范围。陈老师的教学活动从孩子的小手导入，让他们在一个个亲自参与的游戏活动中慢慢分清自己的左右手，延伸到自己的左边、右边，再到感受左右的相对性与可变性。活动扎扎实实、层层递进，充分尊重和体现了幼儿的认知特点。

认识左右是幼儿空间方位认识中比较有挑战性的内容，也往往会因为教师过多的说教导致幼儿缺少兴趣。陈老师在本次教学活动中通过实际体验和互动游戏等方式充分调动起幼儿参与活动的积极性。尤其值得我们学习的是，陈老师对游戏的运用没有仅仅停留在活跃气氛这一简单

的层面上，她的每一个游戏设计都有明确而清晰的目的："我说你做"是为了巩固认识，"找一找"、"看一看"、"动一动"三个小游戏将幼儿对左右的认识非常自然地从自己的身体扩展到了身体以外的空间，"玩具熊在哪里"、"找一个朋友碰一碰"则通过问题引领幼儿主动地去探索和发现左右的相对性与可变性，最后一个环节的游戏则把幼儿的学习与生活自然地结合起来……

88. 认识正方体

设计教师：丁秀梅　评析专家：董旭花

幼儿园：山东省潍坊市奎文区樱园幼儿园

设计意图

大班幼儿已经有了对平面图形的认识，认识正方体是幼儿从平面图形向立体图形过渡的开始，所以我把"探索正方体六个面一样大"作为本次活动的重点。活动先是让幼儿自己想办法操作验证，了解了正方体的特征，然后提供了常见的泡沫地垫，请幼儿在认识正方体的基础上自己建构正方体，从多种角度发展幼儿的操作探究能力，最后通过游戏巩固其对正方体的认识，并尝试让幼儿发现问题、解决问题，充分感知生活中数学的有用和有趣。

活动目标

（1）认识正方体，了解正方体的基本特征。

（2）乐于与同伴合作进行搭建和垒高游戏，提高操作探究能力。

活动准备

魔术箱，卡纸做的大正方体一个，一样大的不同颜色的正方形6个，卡纸做的小正方体18个，泡沫地垫18块（大中小各6块），白纸、彩笔、小正方形卡片若干，游戏音乐，各种几何形体若干。

活动过程

1. 魔术导入，引出正方体，激发幼儿探索的欲望

（1）出示6个一样大的不同颜色的正方形的纸，并一一放入魔术箱中。

（2）教师演示魔术，从魔术箱中取出一个正方体，激发幼儿的好奇心。

（3）出示正方体，让幼儿了解正方体的名称。

2. 通过操作探究、观察、比较，发现正方体的基本特征

（1）呈现一个正方形和一个正方体，请幼儿观察比较，发现正方形和正方体有什么不一样。

小结：正方形只有一个面，而正方体有很多个面。

（2）操作发现：正方体有6个面。

①请每个幼儿取一个小正方体，教师提出要求：用自己的方法数一数正方体有几个面。

②幼儿操作，教师观察幼儿数的方法并进行指导。

③幼儿相互交流。

小结：正方体有6个面。

（3）探究操作：正方体的6个面都是一样大的正方形。

①教师提出问题：正方体的6个面一样大吗？我们可以用什么方法验证？

②请幼儿用比一比、画一画等方法操作验证正方体6个面的大小，教师对幼儿的验证方法进行观察指导。

小结：正方体不仅有6个面，而且每一个面都是一样大的正方形。

3. 小组合作搭建正方体，巩固幼儿对正方体特征的认识

（1）教师介绍材料及规则：自由结合，六个人一组，当音乐响起的时候，请每人取一块泡沫地垫，开始搭建正方体；当音乐停止，搭建活动结束，看一看哪一组的正方体搭得又快又结实。

（2）幼儿合作搭建正方体，教师对幼儿的分组和搭建方法进行观察指导。

（3）幼儿相互交流。

小结：搭建正方体需要6人一组，每人都选一样大的正方形泡沫地垫

才可以搭成正方体。

4.正方体垒高游戏：请幼儿寻找正方体的盒子进行垒高

（1）教师交代游戏玩法和规则：幼儿自由分成两队，当音乐开始的时候，请第一个小朋友从篮子中找出正确的正方体放到指定的位置，快速返回拍第二个小朋友的手，并排到队伍的后面；第二个小朋友快速出发，从篮子中找到正确的正方体垒到第一个正方体的上面……依次进行垒高游戏；当音乐停止的时候，游戏结束，看看哪一队垒得又高又准确。

（2）幼儿游戏，教师指导幼儿的常规，观察幼儿找出的正方体是否正确。

（3）找错和交流。

①请幼儿检查两队的结果，重点找出错误的（不是正方体），并进行纠正。

②请幼儿比较，说一说哪一队垒得又高又快，给予表扬和鼓励。

（4）第二次游戏，让幼儿了解正方体的大小与垒高的关系。

①同样还是分成两组玩游戏，请幼儿检查结果，找出错误，并进行纠正。

②引导幼儿数数每一组用了多少个正方体，说说为什么有的小组可以让正方体垒得高高的不倒。

小结：大的正方体放在下面，就会垒得又高又稳。

活动延伸

请幼儿回家找一找日常生活中的正方体，并记录下来，第二天带来比比看谁找得又多又正确。

 **专家评析**

关于幼儿对立体图形的认识，教师应主要安排在大班年龄段，主要目标应定位在让幼儿知道形体的名称和基本特征，了解立体图形与平面图形的关系，能在日常生活中加以运用。对于幼儿来讲，认识立体图形，涉及的是三维空间的感知，有一定的难度，所以不能脱离具体形象的感知活动

和生活经验的迁移。

丁老师设计的"认识正方体"活动，目标明确，重点突出，前面的两个环节主要是为了让幼儿感知和了解正方体的基本特征，而后面的两个环节，即正方体的搭建和垒高游戏，则是进一步巩固和检验幼儿的认识，并帮助幼儿将其迁移运用到实际生活中。整个活动一直让幼儿处于直接感知和实际操作、游戏的过程中，有趣又富有变化，层层递进。

了解立体图形与平面图形的关系可能是大班幼儿认识上的一个难点，教师在教学设计上要下功夫。在本次活动中，教师采用了多种方式方法逐步破解这个难点。比如，导入环节的魔术表演，教师把投入魔术箱的平面图形变成了一个正方体，已经预示给幼儿：正方体就是由六个一样大的正方形组成的。接下来，教师又设计了比一比、数一数、量一量等活动，让幼儿通过自己的动手操作发现：正方体有六个面，而且六个面一样大。在小组合作搭建正方体时，教师投放的材料有大中小三种不同规格的地垫，如果幼儿选择得不对，六个人就很难组合搭建成正方体，这个环节既是对前面的认识的巩固，也是检验。如此一系列的活动下来，幼儿渐渐就明白了正方体是由六个一样大的正方形组成的，由此达成"认识正方体，了解正方体的基本特征"的活动目标。

万千教育 学前教育类书目

书号	书名	著、译者	定价(元)
幼儿园区域活动指导			
1935	幼儿园户外环境创设与活动指导（全彩）	董旭花 等 著	72.00
2103	幼儿园社会区材料设计与评价（四色）	王微丽 霍力岩 主编	60.00
1950	幼儿园科学区材料设计与评价（全彩）	王微丽 霍力岩 主编	60.00
1951	幼儿园生活区材料设计与评价（全彩）	王微丽 霍力岩 主编	60.00
1782	幼儿园数学区材料设计与评价（全彩）	王微丽 霍力岩 主编	60.00
1800	幼儿园语言区材料设计与评价（全彩）	王微丽 霍力岩 主编	60.00
2598	幼儿园艺术区材料设计与评价（全彩）	王微丽 霍力岩 主编	60.00
9613	幼儿园区域活动——环境创设与活动设计方法（全彩）	王微丽 主编	60.00
9149	小区域，大学问——幼儿园区域环境创设与活动指导	董旭花 等 著	30.00
9548	幼儿园创造性游戏区域活动指导（角色区·建构区·表演区）	董旭花 等 编著	32.00
9549	幼儿园自主性学习区域活动指导（生活操作区·美工区·益智区·科学区）	董旭花 等 编著	35.00
0156	幼儿园区域活动现场指导艺术——透视38个区域故事	董旭花 等 著	38.00
9134	如何有效实施幼儿园主题性区域活动	秦元东 等 著	24.00

7937	幼儿园科学区（室）——科学探索活动指导117例	董旭花 主编	28.00
幼儿园区域活动指导合计			679.00
幼儿园园所管理			
2102	破解幼儿园园长的50个管理难题	苏晓芬 等 著	48.00
1784	幼儿园危机管理策略与实例	周丛笑 等 编著	52.00
1596	幼儿园安全管理策略	张春炬 李芳 主编	42.00
0039	园本培训促进幼儿教师专业发展	晏红 著	32.00
9883	幼儿园教研活动设计与实施	莫源秋 著	32.00
9620	幼儿园保育员工作指南	伍香平 等 主编	20.00
9438	幼儿园园长的领导艺术	任民 李迎春 著	32.00
9006	幼儿园园长临场应变技巧50例	卢俊 著	20.00
9012	幼儿园园长易犯的80个错误	伍香平 主编	25.00
幼儿园园所管理合计			303.00
幼儿园教师专业成长指导			
2113	做会沟通的幼儿教师	胡剑红 等 主编	38.00
2236	幼儿园文案撰写规范与技巧	刘敏 等 著	52.00
2311	幼儿园探究性环境创设（四色）	康丹 等 译	48.00
2056	小脑袋，大问题（四色）	孟晨 译	48.00
2309	破解幼儿园教师的90个工作难题	杜长娥 徐钧 主编	52.00

2112	幼儿园优质教研活动设计方案	朱　清　等　著	38.00
1781	给青年幼儿教师的建议	吴邵萍　著	40.00
8470	答新手幼儿教师120问	刘洪霞　主编	28.00
1798	幼儿园新手教师指导手册	王　芳　等　著	48.00
1783	从新手到骨干——幼儿教师专业成长故事	尹坚勤　编著	42.00
1780	幼儿教师追求幸福的方法	余胜兰　著	42.00
9111	做个幸福快乐的幼儿教师——为你的专业成长支招	莫源秋　著	28.00
9047	幼儿教师临场应变技巧60例	冯伟群　著	25.00
8930	幼儿教师易犯的150个错误	伍香平　编著	32.00
0070	幼儿教师必知的礼仪规范	向多佳　编著	38.00
9611	幼儿园教师必知的60条教育政策与法规	洪秀敏　编著	34.00
幼儿园教师专业成长指导系列合计			**633.00**
幼儿园教师教学技能与活动指导			
2253	理解儿童心理从绘画开始（全彩）	陈　侃　著	38.00
0760	幼儿园备课·说课·听课·评课	俞春晓　等　著	42.00
8598	幼儿园集体教学活动设计方法与实例	俞春晓　著	28.00
9499	幼儿教师必须修炼的10项教学技能	俞春晓　著	25.00
9454	幼儿园教学诊断技巧与对策58例	王春燕　等　著	38.00
1799	幼儿园电影主题活动创意设计（全彩）	王微丽　等　主编	72.00

9612	幼儿园综合主题活动——设计技巧与优秀案例	赵旭莹 等 主编	42.00
1235	幼儿园绘本美术活动创意设计（全彩）	郭莉萍 赵福云 主编	68.00
9323	幼儿园美术活动创意设计（全彩）	罗 梅 赵福云 主编	56.00
0180	给幼儿教师和家长的81条美术教育建议（全彩）	李力加 著	62.00
9150	幼儿园节日活动精彩设计方案	刘洪霞 主编	35.00
9590	幼儿园语言活动创新设计	郭咏梅 著	32.00
0157	幼儿园优秀语言活动设计70例	郭咏梅 主编	26.00
0453	幼儿园优秀体育活动设计99例	朱 清 侯金萍 主编	45.00
9892	幼儿园优秀美术活动设计99例（全彩）	陈学群 余 晖 主编	58.00
9591	幼儿园优秀健康活动设计80例	范惠静 主编	38.00
9439	幼儿园优秀社会活动设计65例	伍香平 主编	25.00
9385	幼儿园优秀科学活动设计88例	董旭花 主编	35.00
9951	幼儿园科学探究故事20例	王明珠 主编	40.00
幼儿园教师教学技能与活动指导合计			805.00
幼儿行为观察与应对指导			
2308	0—8岁儿童纪律教育——给教师和家长的心理学建议（第七版）	蔡菡 译	72.00
9138	幼儿行为的观察与记录（第五版）	马燕 等 译	32.00

……
欲了解更多图书信息，请登录：www.wqedu.com
联系地址：北京市西城区三里河路6号院2号楼213室　万千教育
咨询电话：010-65181109，65262933

*本目录定价如有错误或变动，以实际出书为准。